国家社会科学基金项目（14BZZ012）；浙江省哲学社会科学重点研究基地"浙江省中国特色社会主义理论体系研究中心"课题成果（17JDZZ02）；杭州市哲学社会科学重点研究基地"杭州市委党校杭州基层党建研究中心"课题成果（2019JD33）；杭州师范大学人文艺术社会科学优秀作品项目资助成果；杭州师范大学公共管理省级一流学科经费资助成果

龚上华 著

长三角农民政治意识分化与基层治理创新研究

中国社会科学出版社

图书在版编目（CIP）数据

长三角农民政治意识分化与基层治理创新研究 / 龚上华著. —北京：中国社会科学出版社，2021.3
ISBN 978-7-5203-8304-2

Ⅰ.①长… Ⅱ.①龚… Ⅲ.①长江三角洲—农民—政治思想—研究 Ⅳ.①D422.85

中国版本图书馆 CIP 数据核字 (2021) 第 068004 号

出 版 人	赵剑英
责任编辑	张靖晗
责任校对	李　惠
责任印制	张雪娇

出　　版	中国社会科学出版社
社　　址	北京鼓楼西大街甲 158 号
邮　　编	100720
网　　址	http://www.csspw.cn
发 行 部	010-84083685
门 市 部	010-84029450
经　　销	新华书店及其他书店
印　　刷	北京君升印刷有限公司
装　　订	廊坊市广阳区广增装订厂
版　　次	2021 年 3 月第 1 版
印　　次	2021 年 3 月第 1 次印刷
开　　本	710×1000　1/16
印　　张	15.5
插　　页	2
字　　数	252 千字
定　　价	99.00 元

凡购买中国社会科学出版社图书，如有质量问题请与本社营销中心联系调换
电话：010-84083683
版权所有　侵权必究

自　　序

改革开放以来，随着工业化、市场化、城镇化及信息化的深入发展，农村利益结构、社会结构以及农民的思想观念日益分化和多元化，对农村治理结构和治理方式也产生了深刻影响。在新的历史时期，如何立足日益变化的经济社会结构及人们的思想观念构建新的治理体系，提升治理能力，是农村基层治理体系和治理能力建设中必须解决的问题，也是乡村振兴战略实施中亟待探讨的重要理论课题和实践问题。

长三角地区是我国农村改革和发展的先行者，也是我国工业化、市场化、城镇化和信息化发展最快的地区之一，农业、农村和农民的变化及其对基层治理体制和治理方式的冲击和影响也最为典型和突出。在实践中，长三角地区的地方政府和基层组织在乡村治理方面也进行了大量的探索和创新，迄今仍处于全国前列。先行者承载着历史的未来！长三角的实践和探索对我国其他地区具有先发性和典范性的意义，正因如此，对于长三角地区社会经济结构及农民思想观念的变化与基层治理创新的研究具有独到的价值，对于引导农民政治意识良性发展，完善基层治理体制机制，打造共建共治共享的社会治理格局具有重要的参考价值。

本书以马克思列宁主义、毛泽东思想、中国特色社会主义理论体系为指导，贯彻党的十九大精神和习近平新时代中国特色社会主义思想，实事求是，深入实际调查研究，在掌握大量第一手资料和收集有关思想材料的基础上，重点研究农民政治发展与农村基层治理的一系列理论问题和实际问题，并在以下几个方面作出了努力。

第一，从农民政治意识分化的角度，分析了当代中国农民政治意识的走向有两种趋势，一种是良性发展进而促进农村有序发展，另一种就是非良性发展进而导致农村无序或失序状态。从当今中国农村社会发展的总体状况来看，阶层分化、利益变动、制度变迁等因素影响和制约着农民政治意识的发展走向。在引导农民政治意识良性发展理路上，需要从理念、组织形式以及教育方式等方面进行创造性的转换，推动法治赋权、农民合作以及思想引导，以规避非良性发展的风险。

第二，从农民政治意识分化的角度，紧密结合农民对基层政府治理创新的认知、情感和态度维度，全方位考察基层政府治理创新之发生机制、运作模式、影响变量以及发展走向，指出，治理体系的现代化不能照搬西方模式，中国政府的强大自主性和动员能力是我们完善基层治理方式的基础。要有效把握基层治理中的"理念、体系、机制和能力"的关系，以基层的党员、乡贤、能人为中心，将基层治理能力与组织能力作为重点，达成政府管理与社会自治双向主体之间的有效互动。

第三，中华人民共和国成立七十年以来，从我国农民赋权体系的发展进程来看，执政党在政治、经济、文化和社会各个方面制定系列法规政策来保障农民权益，赋权农民，确保农民成为权利主体、经济主体、治理主体和发展主体，农民的权利逐渐获得了广泛、深入发展。在法治中国建设的新时期，执政党在农民赋权的思路选择上，应当适度减少行政赋权，增强对农民的法治赋权，实现赋权与治权的对接，以推动农民的各项权利协同发展。

第四，通过基层政府治理创新案例比较研究，指出农民是基层治理创新的重要主体。农民创设了许多重要制度，如被习近平总书记称为"符合基层民主管理的大方向，符合当前村务改革的要求"的以村务监督委员会制度为核心的浙江金华武义"后陈经验"在全国推广，深深地影响了中国农村基层民主自治的进程；如浙江温岭首创的起源于1999年的以民主恳谈、农民论坛等活动为主的"民主恳谈会"已然成为全国基层协商民主样本。而这些创新，都有一个共同的特征，即都是土生土长的农民自己的创新，而且都得到了基层党委等多方合力推动，都走出了基层，走向了全国。只有真正尊重农民的首创精神，不断吸纳农民的创新，才能为基层治理长效发展提供动力和源泉。

本书把农民的赋权、解放和发展问题，与农村的民主监管、社区协商治理和党建嵌入治理问题联系起来，共同放在全面建成小康社会、加快推进社会主义现代化强国建设和实现中华民族伟大复兴的历史进程中进行分析和思考，从农民政治意识发展的时代意义、理论基础、历史演进、现实状况及路径选择等方面做了较为全面深入的研究，提出了许多具体对策建议，这对于解决农民发展的重要理论问题具有一定的推动作用，对于构建乡村治理体系、助力乡村振兴具有积极促进作用。

本书的阶段性成果产生了一定的社会效益。比如，笔者参与调研和撰写的研究报告《创新和完善村级民主监督制度的几点建议》（作者：卢福营、沈威、龚上华、赵光勇）得到浙江省人民政府副省长孙景淼同志批示并被浙江省农办采纳（2017年7月16日）。作为杭州余杭区"省级城乡社区治理和服务创新实验区建设专家智库协作项目"专家组咨询专家、嘉兴海盐县"城乡社区治理和服务创新建设专家智库协作项目"专家组咨询专家，笔者的标志性成果就是与团队共同促成杭州市余杭区以及嘉兴海盐沈荡镇入选2018年民政部首批全国农村幸福社区建设示范单位（县级和乡级）。此外，课题的相关成果分别在《马克思主义研究》《科学社会主义》《中国社会科学报》《浙江学刊》《中共杭州市委党校学报》《中共浙江省委党校学报》《观察与思考》《中国社区报》等报刊上发表，并受到了一定的关注，其中部分成果被人大复印报刊资料《中国政治》全文转载、中共中央党校《党政干部参考》转载。这些成果都已经收录在本书的相关章节。

作为农民的儿子，笔者对三农问题非常关心，但真正开始全身心投入农民问题研究却是在2009年，至今已经整整10年。经过近十年的凤凰涅槃，取得了一定的成果，先后申请成功了浙江省哲学社会科学规划课题、教育部人文社会科学基金项目以及国家社会科学基金项目，先后出版了《农民政治意识分化与政府治理创新研究》（浙江大学出版社，2014）、《农民思想意识流变视域中的乡村治理：基于改革开放以来长三角地区的实证分析》（浙江大学出版社，2015）、《当代农民思想变迁与农村和谐有序发展研究》（江西篇）（执笔，中国社会科学出版社，2017）三本书，作为国家社会科学基金的最终成果，本书已是有关农民思想问题的第四部专著了，但笔者并没有如释重负的感觉。因为，农民是一个特殊的社会阶层，他们的思想观念都是通过他们自己的话语、风俗习惯、行为动作等形式表现出来，是很难系统化理论化的。中国农民又是长期存在的庞大群体，他们的所思所想，又直接影响到农村的和谐有序发展，因此，如何从农民思想的角度研究中国基层社会的政治秩序，是一个有价值的需要长期努力的研究领域。笔者将继续努力耕耘，以期取得更多的成果。

同时，本书也存在着诸如理论研究尚需加强、实证分析尚需强化等缺陷，相信在以后的研究中会进一步弥补。在本书即将同读者见面之际，写下以上一些话，是为序，希望读者给予批评指正。

龚上华

2020 年 5 月 1 日

目 录

第一章 绪论 (1)
  一 问题缘起与选题意义 (1)
    (一) 问题缘起 (1)
    (二) 选题意义 (2)
  二 研究现状与简要评述 (2)
    (一) 农民问题及其理论发展脉络 (3)
    (二) 国内外关于农民政治意识的研究 (5)
    (三) 国内外关于基层治理创新的研究 (8)
    (四) 研究述评 (13)
  三 研究方法与研究框架 (15)
    (一) 研究方法 (15)
    (二) 研究框架 (17)
  四 研究区域与样本选择 (17)
    (一) 农民政治意识调查区域 (17)
    (二) 农民政治意识调查样本 (20)
    (三) 基层治理创新案例样本 (23)

第二章 核心概念与理论视角 (30)
  一 核心概念 (30)
    (一) 社会转型 (30)
    (二) 农民政治意识分化 (33)
    (三) 基层治理创新 (36)
  二 理论视角 (39)

（一）社会转型、农民政治意识分化与基层治理创新…………（39）
（二）农民政治意识分化与农村有序发展…………………（42）

第三章 改革开放以来长三角农村社会的转型与变迁…………（45）
一 农村体制的变动…………………………………………（45）
（一）经营体制的变动………………………………………（45）
（二）土地关系的变动………………………………………（46）
（三）管理体制的变动………………………………………（48）
二 农业结构的变动…………………………………………（53）
（一）产业结构的变动………………………………………（53）
（二）所有制结构的变动……………………………………（54）
三 农民结构的变动…………………………………………（55）
（一）农民水平结构的变动…………………………………（55）
（二）农民垂直结构的变动…………………………………（57）

第四章 转型期长三角农民政治意识的流变与分化……………（61）
一 转型期农民政治认同意识的流变与分化………………（61）
（一）农民对国家和民族的政治认同………………………（62）
（二）农民对执政党和基层政府的政治认同………………（66）
二 转型期农民权利意识的流变与分化……………………（101）
（一）农民的法律认知水平显著提高………………………（102）
（二）农民权利保护意识提高较快…………………………（104）
（三）农民权利意识存在偏差和分化………………………（111）
三 转型期农民政治参与意识的流变与分化………………（113）
（一）农民对村民自治的理解非常到位……………………（114）
（二）农民政治参与积极主动………………………………（115）
（三）农民参与意识存在偏差和分化………………………（125）
四 长三角农民政治意识分化的多维特点…………………（128）
（一）传统性与现代性互融…………………………………（129）
（二）依附性与自主性共生…………………………………（129）
（三）利益性与结果性双驱…………………………………（131）

第五章　长三角基层治理创新的实践探索与经验启示 (132)
一　长三角推进农村基层治理创新的实践 (132)
（一）以增强农民认同为目标，推进基层民主改革和公共服务体制改革 (132)

（二）以维护农民权利为目标，促进平安社会建设 (143)

（三）以扩大农民参与为目标，改善乡村基层治理机制 (155)

二　长三角推进农村基层治理创新的经验与启示 (163)
（一）必须紧密结合乡村区域特色来创新 (163)

（二）必须尊重农民的首创精神 (164)

（三）必须契合农民政治意识变迁的趋势 (164)

第六章　农民政治意识分化下长三角基层治理创新的困境与挑战 (166)
一　宏观挑战 (166)
（一）长三角新型城镇化背景下农民政治意识分化带来的问题与困境 (166)

（二）长三角城市群转型发展背景下农民政治意识分化带来的问题与困境 (168)

（三）长三角农村结构分化和利益格局变动中基层治理在具体实践中存在的问题 (169)

二　具体挑战 (174)
（一）农民认同意识差异对基层治理创新的影响和挑战 (174)

（二）农民权利意识增强与分化对基层治理创新的影响和挑战 (175)

（三）农民参与意识变动与分化对基层治理创新的影响和挑战 (177)

第七章　有效回应农民政治意识分化的基层治理创新路径 (179)
一　我国推进农村基层治理创新的基本思路 (179)
（一）探索中国特色的农民问题解决之路 (179)

（二）创新基层社会治理，加强平安社会建设"大气候" (186)

（三）完善村民自治，推动中国农民权利的建设 (188)

（四）全面推进农村社区协商制度化、规范化、程序化 ……（192）
二　新时期有效应对农民政治意识分化的治理创新具体路径 ……（194）
　　（一）善政为怀，增能增效，强化认同 ……………………（194）
　　（二）法治为本，赋权赋能，夯实基础 ……………………（198）
　　（三）需求为导，扩大参与，提升素养 ……………………（203）
　　（四）"两众"为源，三社联动，推进协商………………（208）
三　讨论与思考 ………………………………………………（212）
　　（一）农民政治意识分化与基层治理创新的内在关联和生成
　　　　　机理…………………………………………………（212）
　　（二）需要进一步探讨的几个问题 ………………………（216）

参考文献 ………………………………………………………（220）

索　引 …………………………………………………………（233）

后　记 …………………………………………………………（236）

第一章 绪论

绪论探讨了本书选题的背景、意义、方法和内容等。主要围绕四个版块展开：问题缘起与选题意义、研究现状与简要评述、研究方法与研究框架以及研究区域与样本选择。

一 问题缘起与选题意义

(一) 问题缘起

党的十八届三中全会提出了推进国家治理体系和治理能力现代化建设的总目标，强调"创新社会治理，必须着眼于维护最广大人民根本利益，最大限度增加和谐因素，增强社会发展活力，提高社会治理水平"，这是我党首次在党的文件中提出"社会治理"的概念。党的十九大报告在此基础上进一步对社会治理创新提出了新的格局，强调要在共建共治共享目标上下功夫，举全党之力加强和创新社会治理。由此，社会治理研究已经成为当代中国学术研究中的显学，同时党的报告中关于社会治理的有关论述为中国社会治理的理论研究和实践推进指明了方向。社会治理的目的主要是规范社会秩序，调节利益关系，解决利益冲突，维护公平正义，使人民的安全感更有保障、更可持续。社会治理究其实质是对人的管理。随着经济社会体制改革的不断深入，对人的管理也越来越呈现出复杂多元的趋势。在经济发展到一定阶段后，在加快转型升级的关键时刻，在如何有效满足人民群众对美好生活的需要时，提出加强和创新社会治理是十分必要和可行的。

改革开放以来，随着"四化"联动的深入发展，农村原有的社会结构、利益结构以及农民的思想观念日益分化和多元化，对农村治理结构和治理方式也产生了深刻影响。农村和谐有序发展是有效推进农村政策落实的重要保障，也是实现中国特色社会主义的重要战略选择。在新的历史时期，如何立足日益变化的经济社会结构及人们的思想观念构建新的治理体系，提升治理能力，是农村基层治理体系和治理能力建设中必须解决的问题。长三角地区是我国农村改革和发展的先行者，也是我国工业化、市场化、城镇化和信息化发展最快的地区之一，农业、农村和农民的变化及其对基层治理体制和治理方式的冲击和影响也最为典型和突出。在实践中，长三角地区的地方和基层在乡村治理方面也进行了大量的探索和创新，迄今仍处于全国前列。先行者承载着历史的未来。长三角地区的实践和探索对我国其他地区具有先发性和典范性的意义，对于长三角地区社会经济结构及农民思想观念的变化与基层治理创新的研究具有独到的价值。

（二）选题意义

本书是一项综合性研究，其选题意义至少体现在两个方面：

首先，在理论意义上，我国目前正处于向可持续性、创新性、和谐性社会过渡的关键时期，国家与社会或者政府与公民关系发生了深刻变化，要求政府创新要兼顾有效性与合法性并寻找二者最佳的结合点。本书通过对相关研究资料的全面分析，揭示了农民政治诉求的内在形态，剖析了农民政治意识分化对基层政府治理创新行为的影响和制约因素，对长三角地区基层政府治理创新的可持续发展有一定的理论指导意义。

其次，在实践意义上，基层政府治理创新的生长、发展机理是基层政府治理创新研究的重要内容。通过研究农民政治意识分化是如何影响基层治理创新及其生长的，并在此基础上，来勾勒和挖掘基层治理创新的内在逻辑，从而为进一步推进基层治理创新发展提供指导。而且通过对农民政治意识的分化分析，梳理出农民对政治体系的"内在需求及其差异性"，在此基础上有效吸纳农民的政治智慧，实现官民良性互动，优化地方治理。通过理论与实践的考察，提出完善地方治理创新运行机制、推进长三角地区基层政府治理创新之可行建议。

二 研究现状与简要评述

党的十八大报告提出："积极开展基层民主协商。……健全充满活力的基层群众自治机制……保障人民享有更多更切实的民主权利。"在此背景之下，基层政府在扩大有序参与、推进信息公开、加强议事协商、强化权力监督、提升公共服务供给能力等方面进行了大量行之有效的治理创新实践，也形成了诸多模式，但如何针对农民政治意识分化来分析其创新内在的动力以及完善基层政府治理创新，目前实践中还存在诸多可探讨的空间，以农民政治需求为导向的改进和完善政府治理的任务依然十分迫切。在研究此问题之前，有必要全面把握理论界和学术界对农民、农民政治意识以及基层治理创新的研究现状，以此为撰写本书提供研究基础。

（一）农民问题及其理论发展脉络

农民问题一直是学界关注的热点和焦点。通过对农民问题研究的梳理，为本书提供相关性帮助和方法论启示。

1. 对农民及农民分化的研究

关于农民定义的研究，国外大体上有三种意见和看法。[①] 一是认为农民是一种职业。二是认为农民是社会结构中的一个阶段。因此，农民就成为前工业社会的代名词。三是认为农民是一个阶级。

在国内，对农民的定义更为复杂。林后春共总结出了十三种不同的农民概念，[②] 综合来看，一是从职业群体角度对"农民"的描述性释义。二是制度层面的定义，农民是作为身份意义上的农民。三是政治层面的定义，即从阶级的角度理解农民。

著名社会学家陆学艺等认为，农民就是有农村户口，有土地且把种养作为唯一生活来源的群体，同时还把农民分为八个阶层。[③]

本书所指的"农民"是从较宽泛意义上来谈，既指农业劳动者，又指农村居民，也指长期流动在外、但户籍仍在原地的农民工，还指保有一份

[①] 方江山：《非制度政治参与：以转型期中国农民为对象分析》，人民出版社2000年版，第42页。
[②] 林后春：《当代中国农民阶级阶层分化研究综述》，《社会主义研究》1991年第1期。
[③] 参见陆学艺《当代中国社会阶层研究报告》，社会科学文献出版社2002年版，第10—23、252页；陆学艺《当代中国社会结构》，社会科学文献出版社2010年版，第396页；谢志强《现阶段中国社会阶层结构研究》，《中共中央党校学报》2002年第4期；朱光磊《当代中国社会各阶层分析》，天津人民出版社2007年版，第206页。

集体所有的土地、在乡村从事非农行业的工作者。① 在设计调查问卷时，还包括部分农村干部人群（绝大多数为村委层面的农村干部，仅有极个别乡镇干部）（见表1-1）。②

表1-1 　　　　　　　　　　对农民定义的综合

代表性	定义	类别
国外	3种定义	一是认为农民是一种职业；二是认为农民是社会结构中的一个阶段。因此，农民就成为前工业社会的代名词；三是认为农民是一个阶级
林后春	13种定义	一是从职业群体角度对"农民"的描述性释义；二是制度层面的定义，农民是作为身份意义上的农民，从2007年以来，逐步取消了农业户口和非农业户口的二元户口性质划分，统称为居民户口，实现了公民身份法律意义上的平等；三是政治层面的定义，即从阶级的角度理解农民
陆学艺	狭义上的农民	具有农村户口，承包集体所有的耕地，主要从事种植业或养殖业，并以此作为唯一或主要收入来源的劳动者，他们是真正意义上的中国农民。分为八个阶层：农业劳动者阶层、农民工阶层（即农民工人）、雇工阶层（即雇佣工人）、农民知识分子阶层（智力型职业者）、个体劳动者和个体工商户阶层、私营企业主阶层、乡镇企业管理者阶层（集体企业管理者）以及农村管理者阶层
本书	从较宽泛意义上来谈	既指农业劳动者，又指农村居民，也指长期流动在外、但户籍仍在原地的农民工，还指保有一份集体所有的土地、在乡村从事非农行业的工作者，还包括部分农村干部人群（绝大多数为村委层面的农村干部，仅有极个别乡镇干部）

2. 对农民问题的研究

国外学者关于农民问题的研究，形成了一些理论观点，综述如下：一是农民社会地位低下论（如沃尔夫；格尔哈斯·伦斯基；特奥多·沙宁等）。二是分析了农民的落后性特点及原因（如埃里克·霍布斯鲍恩、罗

---

① 陈胜祥：《分化与变迁——转型期农民土地意识研究》，经济管理出版社2010年版，第32页。
② 龚上华、柯红波：《发达地区的农民生活品质提升：现状与问题——基于杭州市萧山区两镇的实证研究》，《中共浙江省委党校学报》2016年第4期。

伯特·霍德菲尔德、哈姆詹·阿拉维等）；三是关于农民社会关系的研究（如梅·迪亚兹、杰克·波特等）；四是从人类学角度研究农民的文化思想；五是从经济学角度研究农民（如恰亚诺夫、詹姆斯·斯科特、西奥多·舒尔茨等）。[1]对中国农民问题的研究，主要是对农业、农村、村民自治、民俗文化等方面的研究（如弗里德曼、韩丁、马德生、黄宗智、周雪光、杜赞奇、李连江、戴幕珍、萧凤霞、弗里曼、陈向明、阎云翔、派伊、哈扎德等）。[2]

近现代以来，农民问题以及与此相关联的农业、农村问题引起了我国早期知识界的广泛关注，形成了以梁漱溟、晏阳初为代表的乡村建设派，以费孝通为代表的学院派和以陈翰笙为首的中国农村派三支主要的研究力量。[3]早期中国共产党人如毛泽东等对农村问题的研究及对农民运动的组织开展为认识农民问题提供了重要的理论和实践支撑。中华人民共和国成立后尤其是改革开放以来，我国理论界再次掀起了农民问题研究的新热潮。出现了如王沪宁、张厚安、徐勇、孙达人、王铭铭、项继权、张静、曹锦清、于建嵘、周晓虹、贺雪峰等一批有影响的学者和有影响力的著作。概括来讲，形成了八种不同的研究视角，即从国家与社会关系视角、从社会转型视角、从社会冲突视角、从社会排斥视角、从公平与效率视角、从社会地位垂直变化视角、从权利与利益和从农民思想观念等视角来分析农民。

（二）国内外关于农民政治意识的研究

长期以来，对农民的研究，学术界一般侧重于农民的经济层面和农民的政治层面，而对农民的精神层面或者意识层面关注尚不多。20世纪90年代以后，学界开始关注农民的意识、心理、精神等方面，其中对农民政治意识的关注散见于各类论著中。归纳起来看，主要有以下几种研究理路：

---

[1] 参见李强《当代中国社会分层与流动》，经济管理出版社1993年版，第82—86页。
[2] 参见周晓虹《当代中国研究的历史与现状》，《南京大学学报》（哲学·人文科学·社会科学版）2002年第3期；俞可平等主编《马克思主义研究论丛：农业农民问题与新农村建设》，中央编译出版社2006年版。
[3] 参见徐增阳《20世纪"三农"问题研究的代表性观点述评》，载俞可平等主编《马克思主义研究论丛（第5辑）：农业农民问题与新农村建设》，中央编译出版社2006年版，第165页。

一是从农民意识形态角度来分析农民政治意识。这种说法认为农民的政治意识就是农民意识形态。理论界一些大家如邢贲思（1992）、俞吾金（1993）、胡隆辉（1996）、俞可平（1998）、朱虹（1998）、李会滨（1999）、郑永廷等（1999，2002）、王东（2001）、王绍臣（2002）、林泰（2002）、王永贵等（2005）等对意识形态的研究为本书研究农民政治意识提供了启示和帮助。此外，主要代表性研究成果有于建嵘（2001）关于中国农村政治问题的研究；① 牟成文（2008）关于中国农民意识形态的变迁；② 等等。

二是从农民政治心理角度来分析农民政治意识。主要研究成果是20世纪90年代以来的，如徐勇（1992）、孙达人（1996）关于中国农民变迁的研究、张鸣（1998）关于中国近代化过程中农民意识变迁的研究；周晓虹（1998）关于现代化进程中的中国农民研究；袁银传（2000）关于小农意识与中国现代化问题的研究；程贵铭（2000）关于当代中国农民社会心理的研究；吴敏先（2000）关于中国共产党与中国农民关系问题的研究；陈桂棣等（2004）关于中国农民问题的调查研究；骆正林（2008）、季丽新（2009）、彭正德（2009）、王洪秀（2010）、陶振（2012）、谢治菊（2013）、刘伟（2015）、杨勇（2016）、李俊（2016）从农民政治社会心态角度分析农民维权的行为逻辑；③ 张文雅（2017）分析了农民社会心理因素和政治心理因素与政府信任的关系；④ 等等。

三是从农民政治认同或政治信仰角度来分析农民政治意识。主要代表有乌丙安（1996）关于中国民间信仰的研究；郭正林（2002）、别红暄（2004）、王晶（2004）关于中国农民信仰问题的研究；⑤ 孔德永（2006），季丽新、南刚志（2007），彭正德（2007，2010），李云（2008），吕传振（2009），龚上华、朱俊瑞（2013），郑建君（2015）关于政治沟通在政治

---

① 于建嵘：《转型期中国乡村政治结构的变迁——以岳村为表述对象的实证研究》，博士学位论文，华中师范大学，2001年。
② 牟成文：《中国农民意识形态的变迁——以鄂东A村为个案》，湖北人民出版社2008年版，第3页。
③ 李俊：《转型期农民维权的行为逻辑——基于政治心态的检审》，《政治学研究》2016年第3期。
④ 张文雅：《影响农民政府信任的心理机制研究》，《云南行政学院学报》2017年第3期。
⑤ 王晶：《社会转型期中国农民信仰问题研究》，博士学位论文，东北师范大学，2004年。

认同与国家稳定关系中的作用分析;① 以及贺平（2015），秦燕、万海玲（2015），谭德宇、张业振（2015），②陈鹏、臧雷振（2015），高斐（2015），李俊（2016），陈自强（2017）；等等。

四是从农民民主意识角度来分析农民政治意识。主要代表有杨海蛟（1993）③，文小勇、夏群娜（2002），尹德志、顾航宇（2004），崔朝阳、董琼华（2005），张丽超、皮海峰（2006），冀恩科（2006），范和生、范荣跃（2008），包先康（2012）等。

五是从农民权利意识角度来分析农民政治意识。主要代表有王方玉、杨春福（2003），钟丽娟（2003），郑磊（2003），姚梅娟、王志永（2005），郭哲（2006），阙祥才、种道平（2005），李春海（2006），张学亮、杨军（2006），邢亮（2006），王佳慧（2007，2009），李斌、连宏萍（2008），贾静（2008），邢乐勤、刘涛（2011）④，杨帆（2011）⑤ 等。理论界常用的"日常抵抗"⑥、"依法抗争"⑦ 和"以法抗争"⑧ 三种解释框架以及出现的"合法性困境""草根动员"⑨"权力—利益的结构之网"⑩"隐性维权""显

---

① 郑建君：《政治沟通在政治认同与国家稳定关系中的作用——基于6159名中国被试的中介效应分析》，《政治学研究》2015年第1期。

② 谭德宇、张业振：《乡村治理中的农民政治认同问题探讨》，《湖北社会科学》2015年第11期。

③ 杨海蛟：《农民民主意识》，《政治学研究》1993年第1期。

④ 邢乐勤、刘涛：《论农民的权利缺失与保护》，《浙江工业大学学报》（社会科学版）2011年第3期。

⑤ 杨帆：《浅析农民权利保护之实现》，《农业经济》2011年第3期。

⑥ 斯科特"日常抵抗"的观点参见 [美] J. C. 斯科特《农民的道义经济学：东南亚的反叛与生存》，程立显等译，译林出版社2001年版；[美] J. C. 斯科特《弱者的武器》，郑广怀、张敏等译，译林出版社2007年版。

⑦ 李连江和欧博文的"依法抗争"观点参见李连江、欧博文《当代中国农民的依法抗争》，载吴国光《九七效应》，太平洋世纪研究所1997年版。

⑧ 于建嵘的"以法抗争"观点参见于建嵘《当前农民维权活动的一个解释框架》，《社会学研究》2004年第2期；于建嵘《当代中国农民的以法抗争——关于农民维权活动的一个解释框架》，《乡村中国评论》2008年第3期。

⑨ 应星的"合法性困境"下的"草根动员"观点参见应星《草根动员与农民群体利益的表达机制——四个个案的比较研究》，《社会学研究》2007年第2期。

⑩ 吴毅的"权力—利益的结构之网"与农民群体利益的表达困境观点参见吴毅《"权力—利益的结构之网"与农民群体性利益的表达困境——对一起石场纠纷案例的分析》，《社会学研究》2007年第5期。

性维权"① 等视角为我们理解农民的维权活动提供了理论视角。

六是从政治意识本身通过个案来研究农民政治意识。如邵冬霞（2002），蔡文学（2002），陈晓莉（2003），郭惠川（2003），潘庆月、王燕（2003），刘伟（2005），王瑞芳（2006），赵文正（2006），王亚新（2007），王春林（2009），李朝祥（2010），王智、王龙玉（2010），牟成文（2010），昝剑森（2013），章秀英（2013）通过调查问卷分析了城镇化与农民政治意识之间的相关性，并重点分析了城乡一体化对农民政治意识良性发展的重要性；② 龚上华（2013，2014）③、高斐（2016）分析了中华人民共和国成立初期时农民政治意识的萌生和构建，并指出这一过程就是农民政治认同与基层政权建设的同构过程。④

（三）国内外关于基层治理创新的研究

1. 国内外关于政府创新的研究

国外关于政府创新的研究主要包括以下几个方面：第一，在基础理论研究方面，学者们多从国家与社会、政府与公民关系的角度，探讨治理与民主、治理与公共管理关系以及治理艺术⑤等基础要素（Donald F. Kettl, 2002; Patricia W. Ingraham & Laurence E. lynn, 2004; Arthur Benz & Yannis Papadopoulos, 2006 等）。第二，在动因研究方面，主要集中在对政府创新怎样扩散的研究（J. Walker, 1969; Berry, F. S. and W. D. Berry, 1999; Walker, 2006），创新推广的动力研究（Berry, F. S. and W. D. Berry, 1999; Robert Arthur Vau, l Jr., 2003; John D. Donahue, 2005）以及政府创新的可持续性问题研究（莱特，2004）等。第三，在模式和建构路径方面，一些学者在新管理主义指导下，集中于官僚制的改革和政府流程再造（戴维·奥斯本，2002；拉塞尔·M. 林登，2002；麦克尔·巴兹雷，2002；简·E. 芳汀，

---

① 何绍辉的农民"隐性抗争"观点参见何绍辉《隐性维权与农民群体性利益表达及困境——来自湘中 M 村移民款事件的政治人类学考察》，《人文杂志》2008 年第 6 期。
② 章秀英：《城镇化对农民政治意识的影响研究》，《政治学研究》2013 年第 3 期。
③ 龚上华：《九十年来中国农民政治意识的历史演进与启示》，《观察与思考》2013 年第 6 期；龚上华：《当代中国农民政治意识的良性发展理路》，《观察与思考》2014 年第 8 期。
④ 高斐：《试论新中国成立初期农民政治意识的构建》，《河南师范大学学报》（哲学社会科学版）2016 年第 5 期。
⑤ 赵光勇：《治理转型、政府创新与参与式治理》，博士学位论文，浙江大学，2010 年。

2004),另一批学者从公共行政范式转换的角度来探讨政府与市场、政府与社会的新型关系,寻求新的治理模式(如 B. 盖伊·彼得斯,2001;E. S. 萨瓦斯,2002;保罗·C. 莱特,2004;欧文·休斯,2007)。

国内学界出现了如杨瑞龙、俞可平、谢庆奎、刘靖华、郭小聪、陈天祥、金太军、乔耀章等一批有影响的学者,并推出了大量研究成果。具体体现在以下三个方面:第一,在基础理论研究方面,学者们主要是对基层政府治理创新研究的一些基本要素如内涵、作用意义、形式分类等予以界定(刘靖华,2002;乔耀章,2002;俞可平,2005;谢庆奎,2005)。第二,在动因研究方面,制度经济学中的"第一行动集团"理论得到了广泛应用(杨瑞龙,1998;郭小聪,2000;陈天祥,2000;傅大友,2003;陈国权,2009;等等)。第三,在模式和建构路径方面,一些学者注重从实际案例中推演出政府治理方式的变迁模式(俞可平,2003;傅大友,2004;陈家刚,2004;沈满洪,2005;等等)。

2. 从农民视角来看基层治理创新研究

国内外理论界在谈基层治理创新时普遍关注农村农民问题,试图把二者紧密结合起来研究,从视角上我们可以归纳如下:

从治理角度来看,自 20 世纪 80 年代末以后,国内外学者们普遍关注农村基层民主政治生活与农村公共秩序建构问题,涉及农民的政治参与、农村选举、农民集体行动、农民政治文化等一系列主题。国内出现了如陆学艺、景天魁、李培林、施雪华、林尚立、徐勇、贺雪峰、党国英、唐鸣、彭向刚、刘广登等一批有影响的学者。在具体的研究视角上,费孝通的农村经济和文化视角、吴毅的村治变迁中的权威视角、毛丹的村落单位化视角、贺雪峰的农村秩序均衡视角以及仝志辉的国家—社会分析视角对提升农民政治意识、落实农村有序发展的基本价值目标提供了诸多有益的理论指导。

从赋权的角度来看,权利与自由是一个永恒话题,也是各国学者长期关注的重要议题,[①]"赋权(Empowerment)理论"是西方学者用于分析弱

---

① 参见 [美] 罗纳德·德沃金《认真对待权利》,信春鹰、吴玉章译,中国大百科全书出版社 1998 年版;[美] 阿玛蒂亚·森《以自由看待发展》,任赜、于真译,中国人民大学出版社 2002 年版;[美] 菲利克斯·格罗斯《公民与国家——民族、部族和族属关系》,王建娥译,新华出版社 2003 年版;[荷] 何·彼特《谁是中国土地的拥有者?——制度变迁、产权和社会冲突》,林韵然译,社会科学文献出版社 2008 年版。

势群体保障的基本理论，经过修正以后学者们逐渐拓展了其应用领域和范围，自20世纪90年代开始，"赋权"概念已经广泛运用于社会工作、社会心理和行政组织等领域。国外关于赋权的研究主要包括以下几个方面：从概念内涵来看，学者们对"赋权"从个人、社会、制度等层面进行了阐述，如有的认为赋权就是要消除个人与弱势群体的无助感；[1] 有的认为赋权是指发展积极的自我能力意识；[2] 有的认为赋权就是权力的动化与行使[3]；等等。从赋权的内容及测量来看，学者们从不同层面进行了归类，如李（Lee）提出的赋权包括自我效能、批判意识以及资源和策略三个方面；[4] 斯基文斯提出的赋权包括心理的、社会的、政治以及经济的四个层面；[5] 郎维提出的赋权包括福利、资源使用、觉悟、参与、资源支配的五个层面[6]；等等。从赋权的效果来看，赋权不仅是一种让人们意识提升并参与的过程，同时也是参与的结果。此外，学者们还从赋权客体、目标、策略等方面进行了多角度的探讨。总体来看，西方的研究在赋权理论上有较大的突破和创新，但由于文化和体制不一样，其关注点更多在于种族以及妇女等群体的赋权层面上，虽然未能关注农民赋权，但其基本理论为农民赋权还是提供了重要的理论营养。赋权引入我国以后，学界对赋权理论进行了本土化改造，尤其是紧密结合农民这个中国最大的群体进行研究，赋予了其中国化的特点，出现了如徐勇、毛丹、徐增阳、于建嵘等一批有影响的学者，并出版了大量研究成果。具体体现在以下方面：第一，在基础理论研究方面，学者们主要是对赋权理论研究的一些基本要素如内涵、

---

[1] B. B. Solomon, "Black Empowerment: Social Work in Oppressed Communities", *Journal of Social Work Practice*, Vol. 2, No. 4, 1976, pp. 79–91.

[2] C. H. Kieffer, "Citizen Empowerment: A Developmental Perspective", *Prevention in Human Services*, Vol. 3, No. 2–3, 1984, pp. 2–3.

[3] 转引自［美］E. O. 考克斯、R. J. 伯森斯《老人社会工作：权能激发取向》，赵善如、赵仁爱译，中国台湾：扬智文化出版社2001年版。

[4] Susan P. Robbisn Pranab Chatterjee & Edwarb R. Canda, *Contemporary Human Behavior Theory: A Critical Perspective for Social Work*, Published by Allyn and Bacon, 1998, 105.

[5] Scheyvens R., "Ecotourism and the Empowerment of Local Communities", *Tourism Management*, Vol. 20, 1999, pp. 245–249.

[6] 参见［英］坎迪达·马奇等《社会性别分析框架指南》，社会性别意识资源小组译，社会科学文献出版社2004年版，第128—133页。

作用意义、形式分类等予以界定;① 第二,在赋权过程研究方面,现代发展理论中的"参与式发展"理论得到了广泛应用;② 第三,在模式和建构路径方面,一些学者注重从实际案例中推演出政府赋权式治理方式的变迁模式,分别有"赋予农民更多土地财产权利"③、"赋予农民空间权"④、赋予农民"自由"权⑤、"平等赋权与不平等赋权"⑥、"行政赋权与劳动赋权"⑦、"自我赋权与他者赋权",以及"个体赋权迈向集体赋权与个体赋能"⑧ 等。总体上来说,我国学界更多偏重于对农民权利及其获得这样较宽泛概念的分析,对党的赋权式治理的历史梳理关注度不多。⑨

　　从协商的角度来看,协商本意就是共同商量,当事人双方在发生争议后直接进行磋商,以便自行解决纠纷。作为政治学领域的一个重要研究主题,协商民主近年来越来越受到国内外学者的关注和认同。西方首次从学术意义上使用协商民主的是美国的约瑟夫·贝赛特。继伯纳德·曼宁、乔舒亚·科恩之后,协商民主开始流行。哈贝马斯出版了《在事实与规范之间——关于法律和民主法治国的商谈理论》,从而成为西方协商民主理论的领军人物,为协商民主提供了重要基础。此外,罗尔斯、大卫·米勒、詹姆斯·塔利、辛格、乔治·瓦拉德斯等为协商民主理论的发展作出了巨大贡献。国内最早关注协商民主理论的是我国台湾地区学者,从 2000 年

---

① 参见徐勇《村民自治的成长:行政放权与社会发育——1990 年代后期以来中国村民自治发展进程的反思》,《华中师范大学学报》(人文社会科学版) 2005 年第 2 期;于嵘《当前农民维权活动的一个解释框架》,《社会学研究》2004 年第 2 期;胡永佳《村民自治、农村民主与中国政治发展》,《政治学研究》2000 年第 2 期;邢亮《农民权利缺失的宪政分析》,《马克思主义与现实》2006 年第 5 期;陈国申《以农民平等选举权缓解"三农"问题》,《东南学术》2008 年第 5 期;等等。
② 参见李小云等《参与式贫困指数的开发与验证》,《中国农村经济》2005 年第 5 期;毛丹《赋权、互动与认同:角色视角中的城郊农民市民化问题》,《社会学研究》2009 年第 4 期等。
③ 王友明:《中国农村土地产权制度的历史变迁》,《中共党史研究》2009 年第 1 期。
④ 钱玉英、钱振明:《走向空间正义:中国城镇化的价值取向及其实现机制》,《自然辩证法研究》2012 年第 2 期。
⑤ 李增元等:《农民"自由"及其当代实现途径》,《马克思主义与现实》2014 年第 5 期。
⑥ 魏文彪:《平等赋权比设农民工日更重要》,《江苏农村经济》2008 年第 1 期。
⑦ 蔡禾:《行政赋权与劳动赋权:农民工权利变迁的制度文本分析》,《开放时代》2009 年第 6 期。
⑧ 孙中伟:《从"个体赋权"迈向"集体赋权"与"个体赋能":21 世纪以来中国农民工劳动权益保护路径反思》,《华东理工大学学报》(社会科学版) 2013 年第 2 期。
⑨ 龚上华:《农民赋权:政策历程、效度分析与思路选择》,《科学社会主义》2017 年第 1 期。

开始着手研究。大陆地区首次引入协商民主理论的学者是俞可平[①]。此后，国内学者如林尚立[②]、余逊达[③]、陈家刚[④]、朱勤军[⑤]、陈剩勇[⑥]、李君如[⑦]、燕继荣[⑧]、郎友兴[⑨]等积极引介协商民主的基本理论，同时进行了协商民主中国化的大量研究。

从合作的角度来看，国内早期学界代表人物有费孝通、陈翰笙、梁漱溟以及晏阳初等。乡村建设派的重要代表人物梁漱溟（1989，1990）认为只有农民联合起来才能实现中国现代化。人类学的重要代表人物费孝通（1997，1998，1999，2006）则分析了乡土中国的社会结构及其运作特点。而马克思主义者对农民合作的研究服从于其革命与建设的需要，因此赋予了农民合作以浓烈的政治意义。自 20 世纪 60 年代起，萧公权（1960）、施坚雅（1965）、马若孟（1970）、黄宗智（1985）、杜赞奇（1989）等就涉及农民合作问题研究。改革开放以后，王铭铭、曹锦清（2000），张鸣（2007），金太军（2005）等均谈到要强化农民合作。

从教育角度来看，国外学者如萨伊、阿弗里德·马歇尔、舒尔茨、刘易斯、舒马赫等借助人力资本理论论证了农民教育的重要性，为农民教育提供了理论视野。其中有代表性的是舒尔茨在《改造传统农业》[⑩]一书中专门阐述了农民教育的迫切性和重要性。裴斯泰洛齐、苏霍姆林斯基、郎格朗也都论证了农民教育在农村发展中的特殊使命。国内早期如毛泽东、费孝通、黄炎培等均对提升农民教育水平进行了阐述。黄炎培提出必须重视乡村教育，实施农民再造工程。新时期，胡鞍钢、刘玉来、陶少刚、李恺等对提高农民的思想素质、文化素质、科技素质等作了探讨。

[①] 俞可平：《当代西方政治理论的热点问题》，《学习时报》2002 年 12 月 16 日。
[②] 林尚立：《协商政治：对中国民主政治发展的一种思考》，《学术月刊》2003 年第 4 期。
[③] 余逊达：《民主治理是最广泛的民主实践》，《浙江社会科学》2003 年第 1 期。
[④] 陈家刚：《协商民主引论》，《马克思主义与现实》2004 年第 3 期。
[⑤] 朱勤军：《中国政治文明建设中的协商民主探析》，《政治学研究》2004 年第 3 期。
[⑥] 陈剩勇：《协商民主理论与中国》，《浙江社会科学》2005 年第 1 期。
[⑦] 李君如：《协商民主是重要的民主形式》，《人民日报》2006 年 4 月 7 日。
[⑧] 燕继荣：《协商民主的价值和意义》，《科学社会主义》2006 年第 6 期。
[⑨] 郎友兴：《商议式民主与中国的地方经验：浙江省温岭市的"民主恳谈会"》，《浙江社会科学》2005 年第 1 期。
[⑩] ［美］西奥多·W. 舒尔茨：《改造传统农业》，梁小民译，商务印书馆 2006 年版。

（四）研究述评

1. 学术贡献与不足之处

通过对国内外学术界研究内容的梳理和回顾，本书认为上述学界研究成果为本书至少提供了三方面的帮助：一是多视角的研究成果有助于拓宽农民政治意识的理论视野；二是较丰富的调查资料有助于夯实农民政治意识的实证基础；三是多种可行的研究方法有助于提升农民政治意识研究的理论深度。

但是由于学界不同的理论视野和理论关怀，存在不同理论逻辑和侧重点，尽管均涉及了农民政治意识问题，但是，未能也不可能把农民政治意识单独列出来进行系统完整的研究。概括来看，当前关于农民政治意识问题的研究，尚存在以下几方面的问题：

一是总体来看，理论界论及农民政治意识这个范畴的还不是特别多，无论从成果还是对问题研究的广度和深度都不是特别强，可以说还处于初始阶段。从论文和论著来看，论著较少，虽然涉及政治意识，但专门而又系统研究农民的就更加少。

二是综合来看，理论界研究农民意识的范畴相较于其他内容来说，还是成果比较丰富，但对农民政治意识层面研究较少。就农民政治意识研究本身来看，从国家主体层面或者说从国家驱动层面研究较多（如华中学派），而从农民主体层面研究也就是说把农民作为政治意识的主体来研究的较少；从单一内容研究较多，综合研究较少。若能通过研究农民政治意识变化的地方性差异、历史发展阶段差异、不同因素的影响差异，特别是重点研究基于农民政治意识分化基础上基层治理创新，将有助于推动中国特色的基层治理体系的发展。

三是从研究方法来看，有关农民意识的实证研究有很多，更多的是着眼于个案研究，但综合分析较少。可见，关于农民政治意识问题研究还存在较大空间，需要我们通过比较系统的研究和理论阐述来弥补。

2. 论题价值与深化方向

第一，加强对农民政治意识的理论研究。需要进一步加强对农民政治意识的内涵、层次结构、影响因子以及作用发挥等进行理论研究，尤其是着重研究农民政治意识如何建构政治行为，从而影响农村社会的运行。

第二，加强对改革开放以来农民政治意识的研究。随着国家战略的调整以及市场体制的推进，尤其是村民自治的普遍推行，农民政治意识发生了翻天覆地的变化，与此同时，也必然给中国农民的思想意识以及精神世界带来巨大的冲击。那么，农民的政治意识是如何变化的？农民政治意识出现了哪些问题和挑战？对农民和谐有序发展有哪些影响和挑战？因此，紧密结合实践调查从学理上来分析解读成为今后学术界的重要课题之一。当然，由于中国幅员辽阔，当代中国社会发展存在区域性差异，农民政治意识变化必然具有地方性差异、历史发展阶段差异、不同因素的影响差异。因此，一是调查不同阶层农民政治意识的状况，对农民阶层进一步细分；二是对研究区域进一步细分并加以区域之间的比较；三是调查不同年龄阶层从而更为科学地探讨农民政治意识变化的一般性规律，以便提出更加具有针对性的对策建议，需要我们作出努力。

第三，拓展对农民政治意识变化的理论解读。农民思想观念在农村社会发展中具有相当重要的作用，农民思想观念内容广泛，本书仅选择了农民政治意识问题作为研究主题，下一步需要我们把农民政治意识置于农村社会结构变动和利益变动以及农民意识的大变动之中深入解读，以便我们更科学地探讨农民政治意识变化的一般性规律。

第四，国外农民意识演变与乡村社会运行及变迁机制之间的关系需要我们进一步考察和深化，以便为当代中国农民政治意识研究提供参考。

总体来看，由于文化和体制不一样，西方的研究很少关注到农民政治意识问题，中国学界更多偏重于对公民参与或者人民大众政治认同这样较宽泛概念的分析，缺少从农民政治意识分化角度进行的地方治理创新考察。中国发展的问题，归根结底是中国农村发展的问题。理解中国农民的政治意识分化状况，对于保持中国的稳定与发展，具有基础性的意义。因此，本书把农民政治意识分化作为切入点，考察并比较长三角地区基层政府治理创新之典型案例，探讨农民政治意识分化对基层政府治理创新的影响以及驱动，总结其经验并提炼其模式特色，对于保持中国农村的稳定与发展，推进基层政府治理创新可持续发展具有基础性的意义。国内外学者的相关研究成果，为本书研究提供了丰富的前期资料和文献上的准备。

三 研究方法与研究框架

（一）研究方法

本书主要采用问卷法、结构式访谈法、非参与式观察以及实地调研法相结合的方法。问卷法涉及大量样本，并自制《〈长三角农民政治意识分化与基层治理创新研究〉调查问卷》，该调查包含71个小题，问卷内容涵盖"农民政治认同意识""农民政治参与意识""农民政治表达意识""农民政治权利意识"4个方面的66个问题，有助于对长三角地区农民的政治意识进行全局性的把握；结构式的访谈可以为长三角农民政治意识变迁的内在机制研究提供一个个真实的生活故事；非参与式观察的方法使本书有机会记录了长三角农民政治生活的一个个片断；实地调研法通过本人亲自深入到农村一线，与村镇党委行政以及村民交流访谈，参与他们的实际政治生活，从而获得第一手的资料，这四者的结合使得本书的调研活动从深度和广度上都基本达到规范研究的要求。

为了更清楚地了解和掌握长三角农民的政治意识状况，课题组以浙江杭州余杭区、桐庐县、淳安县；浙江嘉兴海盐沈荡镇；浙江金华武义后陈村；浙江湖州安吉天荒坪镇余村村、递铺镇鲁家村；浙江丽水景宁畲族自治县；浙江温州永嘉县；上海松江区；江苏昆山市；安徽宿州市的农民个体为分析对象，因为长三角独特的区域特征、事功文化、半工半农经济发展的形态特色使之在中国更具有典范性。这里的"农民"是从较宽泛意义上来讲，既指农业劳动者，又指农村居民，也指长期流动在外、但户籍仍在原地的农民工，还指保有一份集体所有的土地、在乡村从事非农行业的工作者，在设计调查问卷时，还包括部分农村干部人群（绝大多数为村委层面的农村干部，仅有极个别乡镇干部）。[①]

本项问卷调查于2015年1—8月在上述区域分三个时段进行。一是培训本校思政121、131、141班本科生以及部分研究生共计90余名利用春

[①] 龚上华、柯红波：《发达地区的农民生活品质提升：现状与问题——基于杭州市萧山区两镇的实证研究》，《中共浙江省委党校学报》2016年第4期。

节期间采取入户访谈、发放调查问卷方式进行调查。二是上海松江区委托上海松江区纪委有关同志对松江区的相关镇街进行问卷调查。三是江苏昆山市委托昆山市委宣传部有关同志对昆山的相关镇街进行问卷调查。四是安徽宿州市委托中国银行宿州分行有关同志对宿州的相关镇街进行问卷调查。五是浙江杭州余杭区、桐庐县、淳安县；浙江丽水景宁畲族自治县；浙江温州等地均由课题主持人率领课题组成员，利用暑假期间，根据课题制订的调研计划，采用问卷调查等方法，在当地有关部门的密切配合下，对浙江调研地区的农民（包括普通村民、村干部、乡镇干部、村镇从商的农民）进行了抽样调查。

访谈和现场观察分四个层面进行，一是2015年1月培训本校思政121、131、141班本科生利用春节期间采取入户访谈方式进行调查。二是2016年暑期，课题组成员再次返回各地进行补充调查，主要对浙江各区进行回访。三是2016年10月思政151班本科生以村级基层干部为访谈对象的基于"领导干部如何应对突发事件"的专项调研。四是在2016年、2017年、2018年，课题主持人重点参与《杭州市余杭区申报和建设省级城乡社区治理和服务创新实验区方案》的实施全程，在当地政府部门有关负责人陪同下对余杭区径山镇小古城村、径山村；塘栖镇塘栖村、丁河村、河西埭村村干部和农民家庭重点进行入户访谈，同时还走访了与村镇密切相关的县、乡镇政府等机构，并与其相关负责人进行了广泛的交流和探讨，对农民民主协商意识以及基层政府协商治理实践获得了大量的一手资料。此外，课题主持人还于2017年5月23日开始参与到浙江海盐县沈荡镇的基层治理创新方案实施中，对农民利益诉求意识以及基层政府治理理念获得了大量的一手资料。在浙江武义后陈村，习近平总书记早在2011年2月就做出批示，2014年12月再次就村务监督工作作出重要批示，提出了进一步完善村级民主监督制度的指导性意见。在对村务监督委员会制度开展了长达十多年的跟踪研究的基础上，2017年7月5—6日，课题组成员专门就习近平总书记批示后村务监督委员会制度的推进情况做了一些调查，并提交了《创新和完善村级民主监督制度的几点建议——基于村务监督委员会制度的调查与分析》的报告，报告得到了浙江省人民政府副省长孙景淼同志批示并被浙江省农办采纳。①

在 2015 年 1—8 月为期半年多的时间内，共发放调查问卷 2000 份，收回有效问卷 1710 份，问卷有效回收率为 85.5%。2000 份问卷的分布情况是：安徽宿州市发放 550 份，回收 500 份；上海松江区发放 300 份，回收 248 份；江苏昆山市发放 300 份，回收 242 份；浙江调研地发放 850 份，回收 720 份；全部问卷资料经仔细检查核实后进行编码，输入计算机，运用 SPSS11.5 社会统计软件包进行分析，并得出结果。整个项目实证调研阶段我们共整理文字材料近 10 万余字，照片 500 多张。

（二）研究框架

本书研究主要从绪论；核心概念与理论视角；改革开放以来长三角农村社会的转型与变迁；转型期长三角农民政治意识的流变与分化；长三角基层治理创新的实践探索与经验启示；农民政治意识分化下长三角基层治理创新的困境与挑战；有效回应农民政治意识分化的基层治理创新路径等七章展开分析。

四　研究区域与样本选择

（一）农民政治意识调查区域

1. 上海松江区

松江区位于长江三角洲内上海市西南部，地处东经 121°45′，北纬 31°，在黄浦江中上游。是上海连接整个长三角、辐射长江流域的核心区域。松江正日益成为上海西南的重要门户。松江区历史文化悠久，有着"上海之根"的称呼。东与闵行区、奉贤区为邻，南、西南与金山区交界，西、北与青浦区接壤。区境南北长约 24 千米，东西宽约 25 千米。总面积 605.64 平方千米。2016 年年末，松江区下辖 11 个镇、6 个街道。全区有 231 个居委会，85 个村委会。辖区内有国家级经济技术开发区、国家级松江出口加工区和佘山国家旅游度假区。截至 2016 年年末，总共有户籍人

---

① 卢福营、沈威、龚上华、赵光勇：《创新和完善村级民主监督制度的几点建议——基于村务监督委员会制度的调查与分析》，调研报告，2017 年 7 月 16 日。

口 62.43 万人，常住人口 176.48 万人。2016 年，松江区居民平均预期寿命达 83.52 岁，其中，男性 81.1 岁，女性 86.0 岁。①

2. 江苏昆山市

昆山位于东经 120°48′21″—121°09′04″、北纬 31°06′34″—31°32′36″，处江苏省东南部、上海与苏州之间。北至东北与常熟、太仓两市相连，南至东南与上海嘉定、青浦两区接壤，西与吴江、苏州交界。东西最大直线距离 33 千米，南北 48 千米，总面积 931 平方千米，其中超过 24% 是水面。昆山市域面积 931 平方千米，常住人口 165.87 万人，下辖 3 个国家级开发区（经济技术开发区、国家级综合保税区、国家级高新技术产业开发区）、2 个省级开发区（花桥经济开发区、旅游度假区）和 8 个镇。2016 年年末全市户籍人口 823547 人。②

3. 安徽宿州市

宿州，隶属于安徽省，简称"蕲"，别称蕲城、宿城。是"省际交汇区域中心城市""长三角""淮海经济区""徐州都市圈""宿淮蚌都市圈""宿淮城市组群"成员城市。位于安徽省东北部，襟连沿海，背倚中原，是安徽省的北大门。位于东经 116°09′—118°10′、北纬 33°18′—34°38′，总面积 9787 平方千米。截至 2017 年，宿州市下辖 1 区、4 县，常住人口 559.93 万人。实现地区生产总值（GDP）1503.9 亿元，其中：第一产业增加值 260.2 亿元，第二产业增加值 512.8 亿元，第三产业增加值 578.8 亿元。三次产业结构比为 19.2∶38.0∶42.8。人均地区生产总值 24270 元（折合 3654 美元）。③

4. 浙江杭州余杭区、桐庐县、淳安县

余杭区地处杭州市区西北部，位于杭嘉湖平原和京杭大运河的南端，是长江三角洲的圆心地，是"中华文明曙光"良渚文化的发祥地，素称"鱼米之乡，丝绸之府，花果之地，文化之邦"。余杭区总面积 1228.41 平方千米，辖 6 个镇、14 个街道，截至 2016 年年末，全区户籍人口 98.46

---

① 上海松江门户网站，http：//www.songjiang.gov.cn/zjsj/001001/001001001/001001001004/stepinfo101.html.
② 中国昆山门户网站，http：//www.ks.gov.cn/zrgk?id=1072&status=2.
③ 百度百科：宿州词条，https：//baike.baidu.com/item/%E5%AE%BF%E5%B7%9E/954010?fr=aladdin.

万人。

桐庐隶属于浙江省杭州市，地处钱塘江中游，富春江斜穿县境，全县面积1829.59平方千米。桐庐始建于公元225年，唐武德四年（621年）升为州府，1958年分水县并入桐庐县。桐庐是浙西地区经济实力第一强县，有"中国民营快递之乡""国际花园城市"的称号。2015年年末，全县户籍人口为40.93万人。

淳安县隶属于浙江省杭州市，位于中国浙江省西部，东与建德、桐庐接壤，南连衢州、常山，西与徽州休宁县、歙县毗连，北接临安。总面积4417.48平方千米，是浙江省面积最大的县。淳安县辖11个镇、12个乡，有425个行政村、10个社区、1个居民区。2017年，淳安县总户数146647户，户籍人口460769人。

5. 浙江嘉兴海盐沈荡镇

江南古镇——沈荡镇位于杭州湾北岸的浙江省海盐县境内，紧挨国际大都市上海，省级风景区"南北湖"、天下奇观"海宁潮"近在咫尺。建镇史可溯及秦王政二十五年（公元前222年），现为海盐县西北部经济重镇、政治文化中心。全镇总面积61.87平方千米，总人口3.6万人，其中镇区面积3.02平方千米，下辖11个行政村，1个街道居民委。首批全国农村幸福社区建设示范单位。

6. 浙江金华武义后陈村

后陈村位于浙江省金华市武义县东部，距县城4千米。辖后陈、湖头、皮店3个自然村。地处武义江畔，湖头是古代武义通往金华府城的重要水路码头。2004年6月18日，全国首个"村务监督委员会"在这里挂牌，这让后陈村成为村务监督机构的发源地。

7. 浙江湖州安吉天荒坪镇余村村及递铺镇鲁家村

天荒坪镇余村村，位于安吉县南部，地处天目山北麓，因境内天目山余脉余岭及余村坞而得名，三面环山，余村溪自西向东绕村而过。余村面积4.86平方千米，下辖7个自然村，8个村民小组，农户280户，人口1050人，党员53人。2017年，全村实现国民生产总值2.776亿元，农民人均收入41378元，村集体经济收入达到410万元。先后被评为国家级民主法治村和省级美丽宜居示范村，是安吉县首批美丽乡村精品示范村，浙江省首批全面小康建设示范村，国家级美丽宜居创建村。2005年8月15

日，时任浙江省委书记的习近平同志到余村村视察后，充分肯定了余村村走绿色发展之路的做法，并在余村村首次提出了"绿水青山就是金山银山"理念。2017年11月，余村村获评第五届全国文明村镇。

安吉县开发区（递铺镇）鲁家村位于递铺镇的东北部，距离县城5千米路程，东邻昆铜乡梓坊村，南接本镇南北庄村，西连本镇马家村，北邻溪龙乡横杜村。鲁家村面积16.7平方千米，人口2100人，党员70人，下辖13个自然村，16个村民小组，农户610户。

8. 浙江丽水景宁畲族自治县

景宁位于浙江省西南部，洞宫山脉中段，1984年6月经国务院批准建立景宁畲族自治县。县域面积1950平方千米，下辖2个街道、4个镇、15个乡，全县总人口17.22万人，其中畲族人口1.99万人，占全县总人口11.5%。景宁是全国唯一的畲族自治县和华东地区唯一的少数民族自治县。拥有国家级非物质文化遗产名录3项，省级名录21项，市级名录39项，被文化部命名为"中国民间文化艺术之乡（畲族民间歌舞）"。①

9. 浙江温州永嘉县

永嘉县，中国浙江省温州市下辖的一个县，位于浙江省东南部，瓯江下游北岸，东邻乐清、黄岩，西连青田、缙云，北接仙居，南与温州市区隔江相望。总面积2674平方千米，人口78.92万人，下辖8个街道、10个镇。素有"中国长寿之乡""中国泵阀之乡"称号。

（二）农民政治意识调查样本

本次调查在当地政府和相关部门以及本校学生的帮助下基本于2015年上半年完成问卷调查。问卷根据设置从男女比例、年龄结构、民族结构、教育程度、政治面貌进行分析，有效问卷为1710份，下面为样本分析情况：

1. 四地区男女比例

本次调研四地区1710人中，男性有884人，女性有824人，分别占51.7%和48.2%（见表1-2）。

---

① 景宁畲族自治县人民政府，http://www.jingning.gov.cn/col/col1376092/index.html.

表 1-2　　　　　　　　　　四地区男女比例①

		频数（人）	百分比（%）	有效百分比（%）	累计百分比（%）
有效	男	884	51.7	51.8	51.8
	女	824	48.2	48.2	100.0
	小计	1708	99.9	100.0	
无效		2	0.1		
	合计	1710	100.0		

2. 四地区年龄比例

四地区按年龄阶段分，有478人在15—35岁，618人在36—45岁，381人在46—55岁，230人为56岁及以上区域，分别占28.0%、36.2%、22.3%、13.5%（见表1-3）。

表 1-3　　　　　　　　　　四地区年龄比例

		频数（人）	百分比（%）	有效百分比（%）	累计百分比（%）
有效	15—35 岁	478	28.0	28.0	28.0
	36—45 岁	618	36.2	36.2	64.2
	46—55 岁	381	22.3	22.3	86.5
	56 岁及以上	230	13.5	13.5	100.0
	小计	1707	99.8	100.0	
无效		3	0.2		
	合计	1710	100.0		

3. 四地区民族

四地区按民族来分，汉族1503人，占87.9%，少数民族202人，占11.8%（见表1-4）。

---

① 本课题资料来源除特别注明外，均来自长三角四地区调研数据。

表 1-4　　　　　　　　　　四地区民族分类

		频数（人）	百分比（%）	有效百分比（%）	累计百分比（%）
有效	汉族	1503	87.9	88.2	88.2
	少数民族	202	11.8	11.8	100.0
	小计	1705	99.7	100.0	
无效		5	0.3		
合计		1710	100.0		

4. 四地区文化程度

四地区按文化程度来分，约 330 人文化程度属于小学及以下，占 19.3%；共 725 人属于初中文化程度，占 42.4%；而中专或高中文化程度的有 307 人，占 18.0%；大专及以上文化程度共 344 人，占 20.1%（见表 1-5）。

表 1-5　　　　　　　　　　四地区文化程度状况

		频数（人）	百分比（%）	有效百分比（%）	累计百分比（%）
有效	小学及其以下	330	19.3	19.3	19.3
	初中	725	42.4	42.5	61.8
	中专或高中	307	18.0	18.0	79.8
	大专及以上	344	20.1	20.2	100.0
	小计	1706	99.7	100.0	
无效		4	0.3		
合计		1710	100.0		

5. 四地区政治面貌

四地区按政治面貌来分，406 人为中共党员，占比 23.7%；其余 1292 人为非中共党员，占 75.6%（见表 1-6）。

表1-6　　　　　　　　　　四地区政治面貌情况

		频数（人）	百分比（％）	有效百分比（％）	累计百分比（％）
有效	中共党员	406	23.7	23.9	23.9
	非中共党员	1292	75.6	76.1	100.0
	小计	1698	99.3	100.0	
无效		12	0.7		
	合计	1710	100.0		

（三）基层治理创新案例样本

1. 来自"中国地方政府创新奖"的长三角入选案例

笔者根据资料统计，第一届至第八届"中国地方政府创新奖"[①] 长三角地区共有20项获得优胜奖（见表1-7），占总奖项比例为25%，有1/4强，其中上海4项，浙江10项，江苏5项，安徽1项，分别占总奖项比例为5%、12.5%、6.25%、1.25%；共有30项获得入围奖（提名奖），其中上海4项，浙江17项，江苏7项，安徽2项。从数字上来看，长三角地区创新活跃程度非常高。

表1-7　　长三角参选"中国地方政府创新奖"优胜奖及入围奖/提名奖名单

届别	优胜奖	入围奖/提名奖
第一届 （2001—2002）	1. 上海浦东新区：社区矛盾调处中心 2. 浙江金华市：领导干部的经济责任审计 3. 江苏省南京市下关区：首创政务超市	1. 上海市徐汇区康健街道：康乐工程 2. 江苏省沭阳县：首创干部任前公示 3. 浙江省衢州市：农技110
第二届 （2003—2004）	1. 浙江省湖州市：户籍制度改革 2. 安徽省舒城县干汊河镇：小城镇公益事业民营化 3. 浙江省温岭市：民主恳谈	1. 浙江省台州市：乡镇（街道）团委书记直选 2. 浙江省椒江区：县（市区）党的代表大会常任制

---

① 《第七届"中国地方政府创新奖"揭晓 独立评估体现公正性》，人民网，http://politics.people.com.cn/n/2014/0112/c1001-24092625.html。

续表

届别	优胜奖	入围奖/提名奖
第三届 （2005—2006）	无优胜入选	1. 上海市徐汇区政府：政府工作流程再造 2. 浙江省长兴县教育局：教育券制度 3. 浙江省绍兴市：政府办公室导入ISO9000质量管理体系 4. 浙江省武义县：村务监督委员会 5. 浙江省温州市：效能革命 6. 江苏省徐州市贾汪区政府：共治全程监督政务 7. 江苏省南京市白下区民政局：淮海街道管理体制改革 8. 安徽芜湖市政府：政府利用网络实行政府与市民互动
第四届 （2007—2008）	1. 上海市普陀区长寿路街道办事处：社区民间组织管理体制改革 2. 浙江省义乌市总工会：工会社会化维权模式 3. 浙江省宁波市海曙区人民政府：政府购买居家养老服务 4. 江苏省公安厅：执法告知服务制度	1. 上海市南汇区惠南镇人大：公共预算制度改革 2. 浙江省瑞安市人民政府：农村合作协会 3. 浙江省庆元县委组织部：技能型乡镇政府建设
第五届 （2009—2010）	1. 浙江省杭州市政府：开放式决策 2. 江苏省江阴市委市政府："幸福江阴"综合评价指标体系构建	1. 上海市浦东新区综治委办公室：预防和减少犯罪机制创新 2. 浙江省温岭市新河镇：参与式预算改革 3. 浙江省湖州市委组织部：干部考核机制创新 4. 浙江省松阳县政府：农村宅基地换养老 5. 江苏省南京市民政局：社区社会组织登记管理体制改革 6. 江苏省淮安市信访局：阳光信访 7. 江苏省南京市六合区委区政府：自然村中的"农民议会"
第六届 （2011—2012）	1. 上海市浦东新区民政局：公益服务园 2. 浙江省慈溪市委市政府：基层组织和社会组织协同治理模式 3. 浙江省绍兴市人民政府：中心镇权力规制	1. 浙江省温岭市委市政府：工资集体协商制度 2. 浙江省杭州市综合考评委员会办公室：公民导向的综合考评 3. 浙江省乐清市人大常委会：人民听证制度

续表

届别	优胜奖	入围奖/提名奖
第七届 (2013—2014)	1. 江苏省昆山市张浦镇党委镇政府：经济发达镇行政改革与流程再造 2. 浙江省杭州市上城区委区政府：政府管理与公共服务标准化	1. 浙江省庆元县纪律检查委员会：异地便民服务中心 2. 江苏省太仓市政府："政社互动"创新实践
更名后	中国政府创新优秀实践	中国政府创新最佳实践
第八届 (2015—2016)	1. 上海市闵行区总工会：劳动关系和谐企业创建 2. 浙江省温州市委宣传部：市民监督团 3. 江苏省苏州市人民政府法制办公室：重大行政决策目录化管理和网上运行	1. 安徽省南陵县委、县政府：农村公共建设"三会四自一平台"治理模式 2. 浙江省机构编制委员会办公室：政府部门职权清理，推行权力清单制度

从获奖（包括优胜奖和入围奖以及提名奖，下同）的创新主体来看，党的机构、行政机关发起实施的政府创新占 45 项；工会系统占 2 项，如"浙江省义乌市总工会：工会社会化维权模式""上海市闵行区总工会：劳动关系和谐企业创建"；人大系统占 2 项，如"浙江省乐清市人大常委会：人民听证制度""上海市南汇区惠南镇人大：公共预算制度改革"；共青团系统占 1 项，如"浙江省台州市：乡镇（街道）团委书记直选"。

从获奖的创新主体的层级来看，乡镇级、县级、地市级、副省级、省级层级等均有比例，其中乡镇级直接申报的占 5 项，县级直接申报的占 18 项。

从与农民政治意识相关联的治理创新来看，笔者进行了适当的整理，从党和政府层面进行创新，对于增强农民的认同感的有 19 项；而与提升农民参与意识相关的创新约 18 项；与农民权利密切相关的创新有 11 项，另有两项与此相关性不强（见表 1-8）。

表1-8　长三角参选"中国地方政府创新奖"优胜奖及入围奖归类名单

农民政治意识		地方政府治理创新
农民认同意识	行政改革	上海市徐汇区政府：政府工作流程再造 浙江省温州市：效能革命 浙江省绍兴市人民政府：中心镇权力规制 江苏省南京市白下区民政局：淮海街道管理体制改革 江苏省昆山市张浦镇党委镇政府：经济发达镇行政改革与流程再造 浙江省庆元县委组织部：技能型乡镇政府建设 浙江省机构编制委员会办公室：政府部门职权清理，推行权力清单制度 浙江省绍兴市：政府办公室导入ISO9000质量管理体系 浙江省湖州市委组织部：干部考核机制创新 江苏省江阴市委市政府："幸福江阴"综合评价指标体系构建
	公共服务	江苏省南京市下关区：政务超市 上海市徐汇区康健街道：康乐工程 江苏省苏州市人民政府法制办公室：重大行政决策目录化管理和网上运行 浙江省衢州市：农技110 上海市南汇区惠南镇人大：公共预算制度改革 上海市浦东新区民政局：公益服务园 浙江省庆元县纪律检查委员会：异地便民服务中心 安徽芜湖市政府：政府利用网络实行政府与市民互动
	社会管理	浙江省慈溪市委市政府：基层组织和社会组织协同治理模式
农民参与意识	民主选举	浙江省台州市：乡镇（街道）团委书记直选 浙江省椒江区：县（市区）党的代表大会常任制
	民主决策	浙江省杭州市政府：开放式决策 浙江省杭州市综合考评委员会办公室：公民导向的综合考评 江苏省南京市六合区委区政府：自然村中的"农民议会"
	民主监督	浙江省温岭市新河镇：参与式预算改革 浙江省武义县政府：村务监督委员会 浙江省温州市委宣传部：市民监督团 江苏省沭阳县：首创干部任前公示 江苏省徐州市贾汪区政府：公众全程监督政务 浙江金华市：领导干部的经济责任审计
	民主协商	浙江省温岭市：民主恳谈 江苏省太仓市政府："政社互动"创新实践
	政治表达	浙江省瑞安市人民政府：农村合作协会 浙江省乐清市人大常委会：人民听证制度 上海市普陀区长寿路街道办事处：社区民间组织管理体制改革
	综合	江苏省南京市民政局：社区社会组织登记管理体制改革 安徽省南陵县委、县政府：农村公共建设"三会四自一平台"治理模式

续表

农民政治意识		地方政府治理创新
农民权利意识	权利平等	浙江省湖州市：户籍制度改革 浙江省长兴县教育局：教育券制度 浙江省松阳县政府：农村宅基地换养老 安徽省舒城县干汊河镇：小城镇公益事业民营化 浙江省宁波市海曙区人民政府：政府购买居家养老服务
	权利救济	上海浦东新区司法局：社区矛盾调解 上海市浦东新区综治委办公室：预防和减少犯罪机制创新 江苏省淮安市信访局：阳光信访 江苏省公安厅：执法告知服务制度 浙江省义乌市总工会：工会社会化维权模式 浙江省温岭市委市政府：工资集体协商制度

2. 来自笔者调查的浙江案例

另一类基层创新案例来源于笔者及课题组成员调查和实地考察，具体如表1-9所示：

表1-9　　　　笔者调查的浙江各地创新案例名单

案例名称	案例简介
杭州余杭"1+3"基层协商治理创新案例	余杭区"1+3"基层协商治理是社区治理体系和治理能力现代化的创新实践，是坚持问题导向的基层民主发展的系统化设计，内涵十分丰富。即：一个协商平台（邻里协商议事中心），三个协商要素（内容、形式、程序），打造社区治理新格局。通过明确谁来议、议什么、怎么议、规范议，充分发挥议事协商成效，将城乡社区协商贯穿于党组织领导的充满活力的基层群众自治全过程，把新时期党治国理政的这项新制度落到实处
杭州余杭区径山镇网格党建创新案例	杭州市余杭区径山镇以网格党建为抓手，积极探索出了"党建+"思维路径，通过夯实党建+基础，突出党建+治理，拓展党建+外延，逐步实现村村示范、整镇推进目标
杭州余杭区农村"小宪法"创新案例	杭州余杭区作为浙江省省级社区治理和服务创新实验区，不断创新拓展协商治理，把村规民约修订纳入协商治理中来，夯实了乡村社区协商治理
杭州余杭区引导社区社会组织深度参与社会治理创新	余杭区作为"浙江省现代社会组织体制建设创新示范观察点"，按照《余杭区"社会治理创新年"活动实施方案》文件精神，以"益余杭"为理念和目标，逐渐形成"四四四"（四动四共四有）模式，为引导社区社会组织深度参与社会治理创新提供了范本

续表

案例名称	案例简介
杭州萧山区"五和众联"创新案例	打造成为和善、和美、和睦、和谐、和德的五和众联;同时出炉全国首创的《"五和众联"村民通则》,这部介于村规民约与国家法律之间的村民通则,以合理、有序的"家法"身份出现在村民眼前,从村民、家庭、邻里、村庄、社会五个方面对邻里间鸡毛蒜皮的小事、小矛盾、小纠纷等都通过积分制来约束,培养"善、美、睦、谐、德"的新时代村民,打造共建共享的幸福家园①
宁波象山县"村民说事"制度创新案例	宁波象山的"村民说事"主要包含"说、议、办、评"四个环节。"村民说事"是加强基层社会治理创新、推动农村基层民主法治建设和经济社会发展的重要举措,大事小事都能讨论,通过"说、议、办、评"4环节,对议题进行讨论、定夺,能够立即解决的当场解决②
嘉兴桐乡市三治合一创新案例	桐乡先以桐乡经济开发区(高桥街道)为"三治"建设试点街道,以"自治、法治、德治"为理念,通过"百姓参政团、道德评判团、百事服务团"为基本抓手,深化发展"村民议事会""乡贤参事会"等新载体建设,形成三团两会的社会治理模式③
嘉兴海盐沈荡镇基层治理创新案例	"海盐县沈荡镇城乡社区治理和服务创新智库协作"项目,明确了打造"环境优美、服务优质、生活优雅"的现代化"四型"社区这一目标,以"亲""清"为主题,注重挖掘乡村特色文化,塑造民主型、服务型、家园型、健康型社区④
丽水龙泉宝溪乡《河道管理联合公约》	宝溪乡通过推进"五水共治",开展"护石、护水、护鱼"工作,重点做通全乡有钓鱼、捕鱼习惯的村民的思想工作,引导原先的钓鱼捕鱼者担任巡溪、护溪员,将原本"护水、护鱼"的工作对象,转变为"护水、护鱼"的工作主体;同时发动家家户户投放锦鲤鱼,形成"村里的鱼就是我家的鱼"的情感和观念,社区村(居)民也养成了每逢喜事必放生锦鲤的习俗和自觉遵守《宝溪乡河道管理联合公约》的习惯,形成了抓一条鱼购买6000元鱼苗放生的村规民约⑤
金华武义后陈村村务监督制度创新案例	金华武义后陈村的一项制度创新,也是浙江基层治理值得自豪的样板。村务监督14年,这里创造了村干部"零违纪"、村民上访"零记录"、工程"零投诉"、不合规支出"零入账"的"四零"纪录⑥

① 《"五和众联"村民通则出炉 全国首创》,《萧山日报》2017年12月12日。
② 《象山"村民说事"成为全国民主村治的创新模式》,http://zj.ifeng.com/a/20180818/6815873_0.shtml.
③ 《桐乡"三治"之风吹向全国,引央媒聚焦》,桐乡发布,2018年1月6日,http://www.sohu.com/a/215107535_212916.
④ 《沈荡镇创建经验值得示范推广》,http://site.zjol.com.cn/hyxww/system/2017/09/22/030410627.shtml.
⑤ 《关于龙泉市宝溪乡开展"省级城乡社区治理和服务创新实验区"中期评估报告》,http://www.lishui.gov.cn/zwgk/zwxxgk/002645208/02/201712/t20171215_2580151.html.
⑥ 《"后陈经验":从治村之计到治国之策》,http://www.qnsb.com/fzepaper/site1/qnsb/html/2018-09/21/content_652308.htm.

续表

案例名称	案例简介
台州温岭市"民主恳谈"制度创新案例	台州民主恳谈的外延已经从最初的镇、村级向市级延伸，从党外向党内延伸，从体制外向体制内延伸；民主恳谈内涵也从最初的以民主方式加强和改进农村思想政治工作向基层民主政治建设的决策咨询方向深化，从一般性事务的对话沟通向预算决算等核心方向深化；民主恳谈建立了一种群众事前参与基层公共事务决策，事中进行民主监督，事后进行民主评议的比较完整的民主形式，形成了集民主决策、民主管理、民主监督等多种形式于一体的新型民主制度[①]
湖州德清县乡贤参事会创新案例	德清县的乡贤参事会由村"两委"和乡贤代表发起，会员的产生采取个人荐、群众推、组织选等方式，结合各村实际，从德高望重的本土精英、事业有成的外出精英、投资创业的外来精英三类乡贤中推选，会员自愿参与，并经村党组织审核确认[②]

[①] 《台州基层民主政治建设的创新机制——民主恳谈》，http://paper.taizhou.com.cn/tzrb/html/2016-06/20/content_699083.htm.

[②] 《浙江德清：乡贤参事 推动政府治理与村民自治良性互动》，http://zj.people.com.cn/n2/2016/0508/c228592-28293788.html.

第二章　核心概念与理论视角

在理论上厘清社会转型、农民政治意识分化与基层治理创新的内在关联既是理解农民政治意识变化的理论前提，也为理解基层治理提供了一个"立足于农民"的观察立场。基层政府治理创新是对外部压力与挑战的自觉回应。基层政府治理创新主要调整的是政府自身内部、政府与社会尤其是政府与农民之关系。

一　核心概念

（一）社会转型

1. 社会转型的一般含义

"社会转型"是西方社会学家为说明从传统社会向现代社会结构转换的发展进程而从生物学借助过来的一个概念。① D. 哈利生是西方较早使用"社会转型"一词的社会学者，后经中国台湾学者范明哲直译为"社会转型"进而引起理论界的高度关注。②

国内学者从不同学科对社会转型加以分析，有的认为"社会结构和经济体制转型"就是社会转型，③ 有的认为社会转型是"从传统向现代社会转型"，④ 有的认为社会转型应该分为"经济转型"与"发展"，⑤ 范燕宁对社会转型的不同学科进行了综合，并且归纳出了五种不同观点（见表

---

① 范燕宁：《当前中国社会转型问题研究综述》，《哲学动态》1997年第1期。
② 范燕宁：《当前中国社会转型问题研究综述》，《哲学动态》1997年第1期。
③ 方江山：《非制度政治参与：以转型期中国农民为对象分析》，人民出版社2000年版。
④ 郭德宏：《20世纪中国的社会转型与评价》，《史学月刊》2004年第7期。
⑤ 厉以宁：《转型发展理论》，同心出版社1996年版，第1—17页。

2-1),① 为我们呈现出了对社会转型全方位研究的学科图景。

表 2-1　　　　　　　　　社会转型的不同学科观点

序号	内容
第一种观点	社会学角度：(1) "社会转型是一种整体性发展"，即包括经济增长在内的人民生活、科技教育、社会保障、医疗保健、社会秩序等方面的社会全面发展，其中经济社会结构的转型是社会发展的本质内容；(2) 社会转型还是"一种特殊的结构性变动"，既意味着经济结构的转换，也意味着其他社会结构层面的转换，是一种全面的结构性过渡；(3) 社会转型"是一个数量关系的分析概念"，需要通过积累过程、资源配置过程、人口变化及分配过程等方面的一系列相关变量的变动趋势加以说明
第二种观点	哲学层面，由社会学从结构变动到人与社会关系的思考，转向由人到结构变动再到人的思考。考察社会转型的哲学视角应从三方面展示：其一，社会转型的主体不是社会结构，而是从事现实历史实践活动的人。其二，应当从历史的积极能动因素——人的自由自觉的活动方面和主体的"能动生活过程"去思考揭示社会转型的本质。其三，寻求社会转型的意义域应着眼于人的价值取向与目的，把历史发展的渐进性中断与历史的上升运动和社会发展观念联系起来。对社会转型范畴所做的哲学规定是："社会转型乃是代表着历史发展趋势的实践主体自觉推进社会变革的历史创造性活动。当社会生产力提出质向发展的新要求时，历史的实践主体按照确认的'发展逻辑'，对原型社会的结构、体制进行全面、系统的自觉转变，以求实现社会演化的创新。"
第三种观点	狭义的社会转型主要指改革开放以来中国社会结构的变化。在这段时间里中国社会生活已从以阶级斗争为纲转变为以经济建设为中心，从计划经济向市场经济转变，从封闭型社会转变为开放型社会。广义的社会转型则是指人类社会从一种社会形态转变为另一种社会形态，或从一种社会类型转变为另一种社会类型
第四种观点	应当把当前中国社会转型定位在：中国在西方工业文明已经高度发达，以致出现自身的弊端和危机，开始受到批判和责难并向后工业化文明过渡时开始的、以市场经济建构为中介的从传统农业文明向现代工业文明的转型
第五种观点	从发展学的角度看，当代中国社会转型的核心问题是中国正在从匮乏型社会向发展型社会发生转化

综合来看，"社会转型是一个复杂的历史变化过程，它反映了一个社会由初级到高级、由落后到先进的演变，它体现着时代不断前进、不断进步的历程。"② "它是社会发展理念和价值的变迁、社会发展主导力量和决

---

① 范燕宁：《当前中国社会转型问题研究综述》，《哲学动态》1997年第1期。
② 张宪文：《论20世纪中国的社会转型》，《史学月刊》2003年第11期。

定因素的转移、社会结构的质的变化、社会运作方式和机制的根本转变和社会特征的显著变化。"[1] 可见，社会转型意味着一种进程，这种进程就是从传统转变到现代社会，包括经济、政治、文化、价值观念与精神心理等的结构方式与运行模式的变化，意味着社会全面的变革。

2. 中国社会转型的特点及历程

近代以降，在西方文明的撞击下，几千年来的传统中国社会受到了严重的打击和震荡。鸦片战争以来，在中国逐渐从封建社会陷入半封建半殖民地深渊的同时，中国早期现代化的序幕拉开了。求富求强的主题贯穿中国社会转型发展的全过程。从中国近现代的开端洋务运动开始，一直到新文化运动，整个中国近现代史，就是一部中国人民的奋斗史，就是一部现代化的转型史，在这一进程中，可以说现代化转型的道路是举步维艰。究其根本在于民族独立地位的丧失和专制主义统治的存在。因此，民族独立和政治民主就成为破解中国现代化进程的重要门槛。

中华人民共和国成立以后，国家花大力气开展了全面建设社会主义，建设四个现代化的新征程。但由于探索在中国如何建设社会主义的道路过程中存在的弯路和失误，使得中国现代化进程受到了严重阻碍。而党的十一届三中全会扭转了这一发展进程的航向，实现拨乱反正，拨"文化大革命"中"以阶级斗争为纲"的错误，恢复了中共八大的正确路线，开创了改革开放的新时代和新征程，标志着中国的社会转型步入了正轨。这一变革，强化以经济建设为中心，从计划经济向社会主义市场经济转移，从农耕经济向工业文明转移，注重人的价值利益，从而决定并影响了中国社会未来的走向。

从 1978 年肇始至今，全面开启了中国社会转型的道路，这使得这一转型具有社会裂变的性质，使得政治、经济、文化、思想发生了颠覆性的变革，也给社会转型带来了长期性、复杂性、矛盾性等特点，给党和政府的治理带来了挑战和困境。

进入新时代，中国的社会发展步入了新的阶段，也带来了全新的挑战：从社会的主要矛盾来看，已经从原有的落后的发展转变为不平衡不充分的发展，人民的需求也已经从低标准低层面的物质文化需求转变为高标准高层级的美好生活需求；从国家治理层面看，已经步入四个全面的新阶

---

[1] 韩庆祥：《当代中国的社会转型》，《现代哲学》2002 年第 3 期。

段，需要党和政府强化"五位一体"建设，不断强化治理能力和完善治理体系建设。① 党的十九大报告的表述意味着虽然我国改革开放至今已经走过了四十年的征程，但是一个不争的事实就是：当前我国依然处在社会转型期，这就是当前我国最大的国情，也是我们研究问题、分析问题和解决问题的根本出发点和立足点。

（二）农民政治意识分化

1. 政治意识的概念表述

什么是意识呢？马克思主义认为，"意识在任何时候都只能是被意识到了的存在，而人们的存在就是他们的现实生活过程。"② 对于政治意识来说，国内外理论界对它的理解很不一致，众说纷纭，尚无定论。

国外学者关于政治意识的表述基本来自政治文化概念的表述。1956年，美国政治学家 G. A. 阿尔蒙德首次使用"政治文化"一词。一些著名的学者如阿尔蒙德、韦伯、派伊、鲍威尔等发表了一批有关政治文化的著作，如《公民文化》以及《比较政治学：发展研究途径》等。③ 此后，其他国家的政治学研究者也开始重视政治文化的研究。而政治意识在政治文化结构中居于统率、主导地位。一般而言，政治意识形态的表现形式有政治理论、政治思想、政治学说、政治观点和政治主张等。④ 马克思主义对政治意识的看法主要置于社会意识与社会存在的关系中来解读。政治意识就不仅仅限于反映政治生活，而且还积极地影响它，是起重要作用的构成因素；形成一个社会政治意识的通用标准看来还是可能的，这取决于政治体系的运转方式，即政治统治的广泛的（坚实的）民主基础的真正保证，全民的高度的政治文化，建立在科学基础上的政治决策及其对政治进程的客观规律的依赖。⑤ 国内理论界关于政治意识

---

① 习近平：《决胜全面建成小康社会 夺取新时代中国特色社会主义伟大胜利——在中国共产党第十九次全国代表大会上的报告》，《党建》2017 年第 11 期。
② 《马克思恩格斯选集》第 1 卷，人民出版社 1995 年版，第 72 页。
③ 《中国大百科全书：政治学》，中国大百科全书出版社 1992 年版，第 504 页。
④ 李晓伟：《政治学范畴探析——政治文化与政治意识》，《昆明大学学报》2008 年第 19 期。
⑤ ［苏］B. B. 姆什韦尼耶拉泽：《政治现实与政治意识——评当代西方政治学》，王浦劬等译，杨淮生校，中国社会科学出版社 1990 年版，第 18 页。

的含义存在诸多意见和看法，较常使用的是"政治思想""政治心理""政治文化"等定义。①

基于马克思主义关于"社会存在与社会意识"以及西方理论界关于"政治文化"的理论传统，仔细分析比较我国理论界的现有成果，我们认为，政治意识实际上属于政治文化中的政治心理倾向，不同于意识形态，从内涵上来看，包括政治认知、政治情感和政治态度三个方面；从外延上来看，包括政治认同意识、政治参与意识、政治表达意识、政治权利（维权）意识。

2. 农民政治意识内涵界定

（1）农民政治意识的基本内涵

基于政治意识的理论分析，对于农民政治意识的具体含义，我们认为，从内涵上来说，就是指农民的政治认知、政治情感以及政治态度三个方面。从外延上来看，我们认为应从三个层面来分析和把握：一是农民政治认同意识，包括对党和政府的体系建构、权力运行、政策制定、执行和监督、官员选拔的合法性认同情况；对公共物品和事务的管理以及农村自

---

① 《中国大百科全书：政治学》收入了"政治文化"专条，在政治文化条目下设有"政治意识形态、政治规范、政治价值、政治道德、政治心理、政治社会化以及政治认同"七个二级条目（《中国大百科全书：政治学》，中国大百科全书出版社1992年版，第1—2页），各类权威教科书均有"政治文化"专章，从内涵上来看，"政治文化"涵盖了"政治意识"概念。王浦劬（1995）在《政治学基础》一书中认为政治文化包括政治心理、政治思想两个层次构成（王浦劬：《政治学基础》，北京大学出版社1995年版，第307页）。郁建兴（2003）在所编写的《政治学导论》一书中设"政治态度"专章，下设"政治文化"、"政治意识形态"和"政治社会化"三节（郁建兴：《政治学导论》，浙江大学出版社2003年版，第164页）。从北京大学、复旦大学和浙江大学的教科书来看，政治意识应该就是属于政治文化内容中的政治心理倾向，包括政治认知倾向；政治情感倾向；政治态度倾向。随着国内研究的深入，国内理论界对政治意识和政治文化的关系理解更透彻，从较早的理论文献来看，郑慧（2002）发表在《政治学研究》中的《政治文明：涵义、特征与战略目标》一文，文中专门就政治意识文明作了深入细致的解读（郑慧：《政治文明：涵义、特征与战略目标》，《政治学研究》2002年第3期）；反映在权威教科书中，王惠岩（1998）在其所著的《当代政治学基本理论》一书中指出，"严格地说，对以政权为核心的政治统治体系而形成的政治思想、政治意识、政治情感就是政治文化。换言之，政治文化既应该包括人们对政治生活的非理性的情感认识因素，也应该包括人们对政治生活的理性认识因素。即政治文化既应包括在政治生活中起着潜在作用的社会政治心理意识，同时还应包括在政治生活中对人们政治行为起着规范和支配作用的政治思想。"（王惠岩：《当代政治学基本理论》，天津人民出版社1998年版，第142页）可见，王惠岩（1998）认为政治意识就是政治心理意识，即人们对政治生活的非理性的情感认识因素。此外，杨光斌（2004）在其主编的《政治学导论》一书中第二篇专门讲"政治意识"，且在该篇中下设独立的三章，分别为"政治文化"、"意识形态"和"政治社会化"（杨光斌：《政治学导论》，中国人民大学出版社2004年版）。

身事务管理和服务方面的认识情况。二是农民政治参与意识，主要涉及参与主体的选择、参与方式、参与渠道、参与的有效性等问题；而参与的方式渠道我们称为政治表达，主要涉及表达渠道的类型及其选择、正式组织和非正式组织表达效果、表达的具体方式（制度性表达和非制度性表达）和可能存在的问题。三是农民权利意识，涉及农民权益维护的方式，维权法规及其成效、维权的影响，包括农民权利义务的思想分化变化，对义务的遵守态度的分化状况，对权利的维护和履行态度和可能采取的方式的不同理解；等等。它们从不同层面、不同领域反映了农民政治意识的具体内容，它们之间相互联系、相互依存、相互促进。

（2）农民政治意识的基本框架

根据农民政治意识的内容来看，本书在以往关于农民政治意识的指标体系的研究基础上作了修正，作为本书分析农民政治意识的基本框架（见表2-2）。

表2-2　　　　　　　　**农民政治意识评价指标体系**

一级指标	二级指标	三级指标
农民政治意识综合评价指标	A 农民认同意识	国家认同意识
		民族认同意识
		政党认同意识
	B 农民权利意识	平等权意识
		自由权意识
		法治意识
		权利救济意识
	C 农民参与意识	政治选举和罢免意识
		政治监督意识
		政治协商意识
		政治表达意识
		话语权意识
		政治结社意识

资料来源：笔者自绘。

3. 农民政治意识分化状态

农民政治意识分化不外乎存在两种发展状态，一种是积极的、良性的状态，另一种就是消极、非良性的状态。

积极的、良性的状态，主要表现为政治信仰坚定、政治参与积极、制度化政治参与为主要渠道、政治服从程度高等几方面，具体来看：一是政治信仰坚定。对农民来说，坚定的政治信仰，就是指对党和政府的农村政策高度拥护，对党的领导高度拥护，对中国特色社会主义理论体系高度拥护，就是形成了对政治主体的一致的政治共识和政治认同感。二是政治参与积极。政治参与是农民争取和扩大个人权利的最主要途径。三是制度化政治参与为主要渠道。制度化政治参与是现阶段农民维权的主要途径。四是政治服从程度高。农民对政治体系的服从程度的高低，表明了政治体系合法性和有效性的程度高低。与此相反，消极、非良性的状态，主要体现为政治信仰危机、政治冷漠、非制度化政治参与以及政治不服从等几方面。

上述两种状态是二分法的理想状态，在具体的运行过程和实践中，二者互为条件，密不可分。没有积极、良性的状态，也就无所谓消极、非良性的状态。二者又是相互包含，相互依赖的。在农民政治意识的积极、良性的发展状态中必然在某些阶段（时间）、某些区域（地点）存在消极的、非良性的发展状态；反之，在农民政治意识的消极的、非良性的发展状态中也必然在某些阶段（时间）、某些区域（地点）存在积极、良性的发展状态。只有辩证地看待二者之间的关联和区别，才能客观地分析当代中国农民政治意识的分化。[1]

（三）基层治理创新

1. 治理的基本含义

治理是一个古老的概念，在英文中，治理本义就是引导、控制和操纵。理论界和学术界一般来说交叉使用统治和治理，指的是与国家公共事务相关的政治和管理活动。从国外学术界和实务界关于治理的各种定义中，综合来看，治理是指在一个既定的范围内运行公共权威维持秩序，以

---

[1] 龚上华：《当代中国农民政治意识的良性发展理路》，《观察与思考》2014年第8期。

增进公众的利益,就是多元主体对公共事务或共同事务进行协同管理的体制、过程与效果。这就意味着治理是一个过程,也是一种管理模式,这种管理模式是一种网络管理体系,是由政府、非政府组织、公民等多方力量共同治理社会,在这种全新的社会治理结构中,政府仅充当元治理的角色,承担指导责任和确立行为准则的责任。最后,治理是持续的互动,而不是一种正式的制度。[1] 在国内,俞可平、孙柏瑛[2]、杨雪冬[3]、郁建兴[4]等诸多学者对治理理论以及治理理论的中国化、本土化进行了分析。

总之,治理理论分别在主体上从单一治理走向多元治理,结构上从平行治理走向网格治理,方式上从刚性治理走向柔性治理以及功能上从单向评价走向善治评价等方面表现出全新变化。

2. 基层治理与基层治理创新

党的十八届三中全会首次提出社会治理概念后,理论界和学术界对社会治理的内涵原则以及层次进行了全新的分析和解读,当前社会治理已经成为政府职能的有机组成部分。社会治理可以分为宏观(即国家层面的社会治理)和微观(即基层社会的治理)两个层面。所谓基层社会治理,就是在党的领导下,政府和社会力量协同推进基层社会事务的管

---

[1] The Commission on Global Governance, *Our Global Neighborhood: the Report of the Commission on Global Governance*, Oxford University Press, 1995, p. 23.

[2] 孙柏瑛:《当代地方治理:面向21世纪的挑战》,中国人民大学出版社2004年版,第23页。孙柏瑛提出了治理所具有的几个核心要件:第一,治理意味着政府组织已经不再是唯一的治理主体,治理承担者扩展到政府以外的公共机构和私人机构;第二,治理中的权力运作方向发生变化,从单一向度的自上而下的统治,转向上下互动、彼此合作、相互协商的多元关系;第三,形成了多样化的社会网络组织,从事公共事务的共同治理;第四,政府治理策略和工具向适应治理模式要求的方向改变。

[3] 杨雪冬:《近30年中国地方政府的改革与变化:治理的视角》,《社会科学》2008年第12期。杨雪冬认为,尽管对于治理有多种定义,但是一个基本共识是,治理(governance)与政府(government)的根本区别在于,前者强调的是管理过程,后者强调的是一种制度结构。治理涉及的是权力如何行使,谁具有影响力,谁具有决策权以及决策者如何负责的过程。因此,治理发生在不同的管理层次上,从全球到国家,再到地方以及社区,更重要的是,在治理过程中会由于问题和领域的不同而牵涉多个主体,国家、私人部门以及公民社会等不过是对众多主体的类别划分。

[4] 郁建兴、刘大志:《治理理论的现代性与后现代性》,《浙江大学学报》(人文社会科学版)2003年第2期。郁建兴、刘大志认为,治理理论试图全面消解现代性的绝对主权观念。多中心治理观点的提出,使得一直由行政官僚负责的具体公共事务向个人和其他组织开放,通过协商合作的方式来共同管理,从而分享国家对内主权中的行政管理权部分。

理和服务，主要是指"以乡镇街道和城乡社区为地域范围和载体"① 的社会治理。

而社会治理创新是指政府职能转变的有效驱动力，体现在运用新思路、新理念、新规范，突破传统管理模式、方式和方法，重构全新的治理体制和机制的一个过程。借助于治理创新，打破原有的治理格局，形成良好的社会秩序，提升社会治理能力和治理水平。社会治理的基础在基层，工作重点在基层。因此，从这个意义上来说，基层社会治理创新是社会治理创新的重要环节，基层社会治理创新，需要密切联系国情社情民情，将中央的顶层设计转化为规范化的规章制度和可操作的政策措施，从而提高基层社会治理的针对性、实效性。

3. 基层治理创新的类型化分析

中国是一个正在经历着快速变革的开放型大国，不同层次、不同领域、不同地方都在进行着形式多样、内容丰富的治理改革实践。② 以中央编译局俞可平为主要发起者的"中国地方政府创新奖"项目旨在对已有政府创新项目进行评选，以达到"鼓励政府创新，促进民主民生"③的目的，以此推进中国特色社会主义民主法治的进步和国家治理体系的现代化。该奖项从2000年开始至2014年连续评选了七届，自2015年起，名称变更为"中国政府创新最佳实践"。④ 创新奖主要把所有政府创新分为"政治改革"、"行政改革"、"公共服务"和"社会治理"4大类，28个小类（见表2-3），集中反映了这些年来各级地方政府在发展基层民主、扩大公民有序政治参与、加快行政管理体制改革、建设服务型政府、推进政务公开和社会治理等方面改革创新的实践成果。该类型划分标准也成为本书研究基层治理创新问题参考的基本标准。

---

① 龚维斌：《基层社会管理创新的探索与思考》，《国家行政学院学报》2012年第3期。
② 俞可平主编：《政府创新的中国经验——基于"中国地方政府创新奖"的研究》，中央编译出版社2011年版，扉页。
③ 俞可平主编：《政府创新的中国经验——基于"中国地方政府创新奖"的研究》，中央编译出版社2011年版，第1页。
④ 《"地方创新"如何持续？——"地方政府创新奖"十六年回望》，http://www.sohu.com/a/118866279_481396。

表2-3　　　　　　　　　　地方政府创新的类型

一级指标	二级指标						
1. 政治改革类	民主选举类	民主决策类	民主管理类	民主监督类	政务公开类	提供立法质量类	司法改革类
2. 行政改革类	改善监管类	节约成本类	提高效率类	绩效管理类	行政问责类	依法行政类	专业行政类
3. 公共服务类	服务特殊人群类	保护弱势群体类	扶贫济困类	社区服务类	社会保障与社会救助类	服务方式创新类	基本公共服务均等化类
4. 社会治理类	社会组织管理类	社区管理类	流动人口管理类	信访体制改革类	利益协调与纠纷调处类	社会治安管理类	社会应急管理类

资料来源：根据何增科《中国政府创新的趋势分析——基于五届"中国地方政府创新奖"获奖项目的定量研究》一文绘制，参见俞可平主编《政府创新的中国经验——基于"中国地方政府创新奖"的研究》，中央编译出版社2011年版，第19页。

二　理论视角

（一）社会转型、农民政治意识分化与基层治理创新

20世纪50年代以来，西方发达国家迎来了经济发展的"黄金"阶段，掀起了全球现代化高潮。伴随着现代化进程的推进，现代化与社会稳定之间的关系发生了重大的变动。对此，美国政治学家亨廷顿在分析政治稳定与政治制度化、政治参与三者关系时有句著名的判断，即"现代性孕育着稳定，而现代化过程却滋生着动乱"。[1] 这意味着"一个社会如果变迁规模很大，且这些变迁所带来的社会变化不能被及时消化（所谓'制度化过程缓慢'），就很容易引发社会运动和革命"。这就是著名的"亨廷顿悖论"。他说，一个国家在政治上成功和稳定与其政治制度化和政治参与之间的平衡有着主要关系，为此他通过三个连续的等式来予以阐明（见图2-1）[2]，这为本书分析提供了一个宏观上的视野。

---

[1] ［美］塞缪尔·P.亨廷顿：《变化社会中的政治秩序》，王冠华、刘为等译，上海人民出版社2008年版，第31页。
[2] ［美］塞缪尔·P.亨廷顿：《变化社会中的政治秩序》，王冠华、刘为等译，上海人民出版社2008年版，第51页。

```
1. 社会动员+经济发展＝社会颓丧
2. 社会颓丧+流动机会＝政治参与
3. 政治参与+政治制度化＝政治动乱
```

图 2-1　政治稳定与政治制度化、政治参与三者关系

按照亨廷顿的观点，现代化转型必然带动社会的变迁，在这一变迁过程中农民作为中国基层社会的主体，其政治意识也必然发生变化甚至产生分化，而这也必然对政治体系产生挑战。按照亨廷顿的说法，就是经济的发展、集团的分化、利益的冲突、价值观的转变以及民众参与期望的提高，都远远超过了政治体系的承受能力，进而可能导致社会紊乱，而要根除国内政治的动荡和衰朽，政治体系必须要有能力制衡政治参与和政治制度化，意味着政治体系要增强回应性、服务性和责任性，以满足民众的政治诉求。

那么，首先，我们要了解农民政治意识是如何建构农民政治行为从而影响政治体系的呢？这里，美国政治学家亚历山大·温特的"身份 — 观念 — 行为"建构主义理论分析范式为我们理解农民政治意识建构政治行为提供了一个解析框架。[1] 综合来讲，该理论主要有以下几个要点：一是强调观念、制度和文化是人类自身建构的；二是在建构过程中，通过内外部互动，不断强化身份的形成；三是在身份形成的同时，既强化自身的身份，同时也强化对共有体系的认同；四是个体身份和集体身份在建构过程中构成相互依存、共同命运、同质性和自我约束的全新动态关系。[2] 本书以此为依据，以相互依存、共同命运、同质化和自我约束四个维度，来分析农民政治意识分化与基层政府治理创新的内在关联，并将这种关联建立在政府、农民以及其他组织的观念变化、行为互动和制度框架上。观念引导行为，行为产生结果。农民在过去的经历中形成的态度类型对未来的政

---

[1] [美]亚历山大·温特：《国际政治的社会理论》，秦亚青译，上海世纪出版社集团 2008 年版，第 11 页。

[2] [美]亚历山大·温特：《国际政治的社会理论》，秦亚青译，上海世纪出版社集团 2008 年版，第 334 页。

治行为有着重要的作用，农民政治意识影响着政治体系中每一个政治角色的行为，农民政治认同、农民政治参与、农民政治表达以及农民维权四个变量影响着政治生活中所有正在发生的活动，构成这些活动的基础。

其次，如何引导农民政治意识良性发展，克服农村发展的"无序"状态，将农村发展纳入"有序"的轨道（关于农民政治意识分化与农村有序发展的关系，将在下一个部分予以分析），需要认真理顺身份、观念、行为之间的关系，要求转变政府治理模式，寻求一种既有绩效又有民主、既能保证政府能力又能赋予农民权利和主体性的新型治理模式。

转变政府治理模式意味着政府创新。创新的研究是从熊彼特开始的，综合来看创新就是能够解决具体问题的新的手段、措施、方法以及制度。政府创新就是政府部门所进行的，以有效地解决社会经济政治等问题、完善自身运行、提供治理能力为目的的创造性活动。[1] 杨雪冬构建了"危机—人事变动—创新"即"情景—能动"的标准格式来分析政府创新的动力。按照这一范式，可以把地方政府创新分为四类创新形式：即危机—主动型；危机—被动型；发展—主动型；发展—被动型（见图2-2）。[2]

	主动	被动
危机	Ⅰ	Ⅱ
发展	Ⅲ	Ⅳ

图2-2 地方政府创新形式

无论哪种形式的创新，都是基于农民诉求的挑战以及对此的回应与反馈而来的。基层政府治理创新是基层政府在中央政策和精神允许范围内进

---

[1] 俞可平主编：《政府创新的中国经验——基于"中国地方政府创新奖"的研究》，中央编译出版社2011年版，第43页。
[2] 俞可平主编：《政府创新的中国经验——基于"中国地方政府创新奖"的研究》，中央编译出版社2011年版，第50—51页。

行的旨在改善地方治理的制度创新。在现有的条件下，基层政府的制度创新主要围绕这几个方面展开：政治改革试点、机构改革、职能转变以及农民政治参与的制度化建设。通过基层政府治理创新的具体制度安排，准确把握农村利益相关者的诉求尤其是作为农村主体的农民的基本诉求，赋予农民等利益相关者参与农村公共事务的权利，从而转变政府决策机制，优化政策执行过程，实现地方治理优化。

总之，我们在解释社会转型、农民政治意识分化、农村有序发展与农村基层社会治理创新关系时，试图构建出一个可资借鉴的分析框架（见图2-3），为本书提供理论准备。

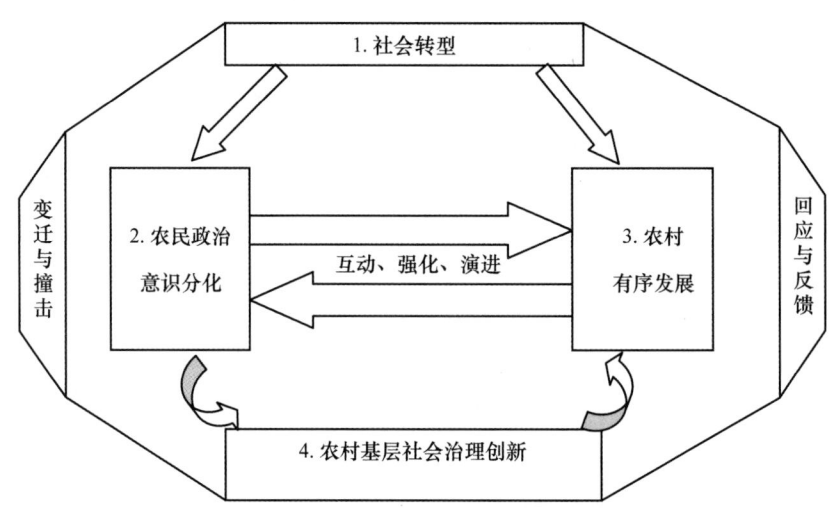

图2-3　社会转型、农民政治意识分化、农村有序
发展与基层治理创新模型示意

（二）农民政治意识分化与农村有序发展

在图2-3中，社会转型影响农民政治意识分化，农民政治意识分化必然影响农村的发展，亦即要么走向良性发展，进而促进农村有序发展；要么走向反面，进而阻碍农村发展。那么，农民政治意识状态与农村发展状态之间到底是什么关系？为此，本部分专门构建了一个理论分析模型来进一步分析，特定的农村政治体系下不同程度的农民政治意识发展与农村发展之间的关系，我们可以用四元图来表示（见图2-4），图中各种可能

的组合可以说明农民政治意识发展程度与农村有序发展状态不同程度的特征。

农村发展状态

	+	-
农民政治意识状态（发展程度） +	A	B
农民政治意识状态（发展程度） -	C	D

图 2-4　农民政治意识状态—农村发展状态关联理想模型

说明：① 横坐标"+"表示积极状态，即"稳定、协调、合作、有序"；"-"表示消极状态，即"动荡、失调、冲突、无序"。
② 纵坐标"+"表示积极状态，即良性发展；"-"表示消极状态，即非良性发展。
③ 为了说明方便，本图仅直观地将农民政治意识状态以及农村发展状态分为积极状态和消极状态两类，其他交叉状态不再单独列出。
资料来源：笔者自绘。

从四元框架图可以看出，二者关联可以分为两大类四种组合，即同向类和反向类两大类，同向类又分为同步消解型和同步增长型两种组合情况，这表明二者正相关的关系；反向类可分为此消彼长型和此长彼消型两种组合情况，这表明二者负相关的关系。

第一种组合类型：同步消解型。即农民政治意识非良性发展且农村无序的政权体系。亦即农民政治意识消极农村发展也消极。

这种组合落在 D 格中，一般来说，这样的农村社会应是不稳定的和分裂的。从历史阶段来看，如近代中国农村社会基本属于这种类型。

第二种组合类型：此消彼长型。农民政治意识非良性发展但农村却一反常态，表现出一种似乎稳定、有序的发展状态。

这种组合落在 C 格中，一般来说，这样的农村社会也是不稳定的，除非他们是以暴力来维护政权体系。如近代中国农村社会的某些阶段。

后面两种类型均是农民政治意识非良性发展导致的农村发展状态，第一种类型本质上是不可取的，也是我们尽量要避免的；而第二种类型表面上稳定，实际上也是暗藏涌流，不能可持续发展的，历史均已证明了上述两种类型社会必然要面临革命或者迟滞。

第三种组合类型：此长彼消型。就是农民政治意识良性发展，但农村发展状态的程度却并不高的社会。

这种组合落在B格，表示农民政治意识良性发展，但农村发展状态的程度却并不高的社会，这种情况最容易出现在转型期社会，如我国改革开放以来的农村转型发展，且此种情况更具有阶段性的明显特征。

第四种组合类型：同步增长型。农民政治意识发展程度和农村有序发展状态的程度都很高的社会。

这种组合落在A格中的农村社会，即政治意识水平和有序发展状态的程度都很高的社会，具有稳定的政治系统，如当前我国的农村社会以及未来我国农村社会，这也是我国农村发展的最终指向。

后面两种类型均是农民政治意识良性发展导致的农村发展状态，第三种类型，表面看起来非常矛盾，说不通，实际上这是发展中存在的问题。人民日益增长的物质、民主和文化需要在现实社会中并没有得到完全满足，党的十九大报告中表述为"人民日益增长的美好生活需要和不平衡不充分的发展之间的矛盾"，这种需求与供给之间的错位和缺失必然导致农民政治意识良性发展，但农村发展状态的程度却并不高的情况出现。这种情况本质上是不可逾越的，因为现代化是不可逾越的。[①]

---

① 龚上华：《当代中国农民政治意识的良性发展理路》，《观察与思考》2014年第8期。

第三章　改革开放以来长三角农村社会的转型与变迁

改革开放四十年，中国经历了20世纪以来最深刻的转型时期。发轫于农村的这种转型给农村带来三大变化：一是体制转轨，即从原来统得过多过死的计划经济体制向市场经济体制转轨；二是结构转型，即从农业的、乡村的社会结构向快速走向工业化、城镇化的社会结构转型；三是社会转型，即从封闭半封闭的传统社会向全方位开放的现代社会转型。[1] 这种转型也给长三角农村社会带来了翻天覆地的变化，从而也促进长三角农民政治意识发生了深刻的变迁。

一　农村体制的变动

（一）经营体制的变动

中共十一届三中全会以来，为了有效应对我国农业农村经济发展的政社体制改革以及农民温饱问题，在安徽凤阳包产到户基础上创设了新型的家庭联产承包责任新体制，有效地调整了农村生产关系，促进了农村改革的深入发展。

中共十一届三中全会以后，江苏实施了许多农业经济制度改革，从实行家庭联产承包到农村基本经营制度的不断完善，从放开水产、水果市场到全面实行农产品购销市场化改革，从乡镇企业异军突起到多种所有制加快发展，从减轻农民负担到推行农村税费改革，农村改革的每一次深化，

---

[1] 李培林：《改革开放30年丛书》"序言"，载袁金辉《冲突与参与：中国乡村治理改革30年》，郑州大学出版社2008年版，第1页。

都极大地解放了农村生产力,在体制改革的同时,激发了农民的积极性,发展专业合作、建立农业服务体系、推进农业产业化经营、探索农业适度规模经营、实行集体资产管理体制改革、扩大农村基层民主、美丽乡村建设、城乡一体化等等都是基层创造出来的。[1]

在浙江,到2015年年底,全省99.4%的村(社)完成改革,率先全面完成农村集体资产确权工作。到2017年,基本完成了全省林权证和农村宅基地确权登记以及村经济合作社股份合作制改革,形成由省农合联、11个市农合联、84个县级农合联、961个乡级农合联组成的和6.61万个会员参加的农合联组织体系,稳步推进了"三位一体"的农合联改革。[2]

可以说,家庭联产承包责任制构建了统分结合的新型管理方式,促进了农民的生产积极性,使得农民自主生产、自由支配以及自由安排,从而增强了农民行为与思想的自由,为农民政治意识的提升提供了重要的支撑。

(二)土地关系的变动

中共十一届三中全会以后,随着家庭联产承包责任制的推行,农村土地关系也开始了变革,其演变经历了"统一经营—两权分离—三权分离"的过程。直到2002年,《农村土地承包法》最终确定农民享有土地承包权以及土地经营权(见表3-1)。

表3-1　　　　　　　　农村土地关系演变进程

时间	会议	文件	内容
1978.12	中共十一届三中全会	《中共中央关于加快农业发展若干问题的决定(草案)》《农村人民公社工作条例(试行草案)》	包工到组;联产计酬
1979.9	中共十一届四中全会	《中共中央关于加快农业发展若干问题的决定》	不许分田单干;农民对土地的承包权

---

[1] 《改革开放40年——农村篇:全面推进农村改革　三农发展铸就辉煌》,http://tj.jiangsu.gov.cn/art/2018/11/12/art_ 4027_ 7877614.html.

[2] 《"三农"发展新篇章　乡村振兴新征程——改革开放40年系列报告之五》,http://tjj.zj.gov.cn/art/2018/11/19/art_ 1562012_ 25890997.html.

续表

时间	会议	文件	内容
1982.1	全国农村工作会议	《全国农村工作会议纪要》	肯定包产到户、包干到户或大包干
1983.1	—	《当前农村经济政策的若干问题》	确立家庭联产承包责任制
1984.1	—	《中共中央关于1984年农村工作的通知》	稳定和完善家庭联产承包责任制
1986.4	第六届全国人民代表大会第四次会议	《中华人民共和国民法通则》	农民的承包经营权
1993.3	第八届全国人民代表大会第一次会议	《中华人民共和国宪法修正案》	确认家庭联产承包责任制
2002.8	第九届全国人民代表大会常务委员会第二十九次会议	《中华人民共和国农村土地承包法》	农村土地承包经营制度

在长三角地区，各地在贯彻中央关于农村土地承包法的进程中努力结合各自情况进行创新和发展。在江苏省，2008年以来，以农业现代化工程为引导，加快推进土地集中型和统一服务型规模经营，大力发展各种类型的适度规模经营。2008年在国内率先建立农村土地规模流转补贴制度。2013年江苏提出100—300亩的适度规模"江苏标准"。2015年出台《关于积极引导农村土地经营权有序流转 促进农业适度规模经营健康发展的实施意见》，建立土地流转价格年度递增机制。初步形成以昆山为代表的种植大户及农地入股经营模式、以射阳为代表的联耕联种模式、以太仓为代表的合作农场集体经营模式、以高邮界首为代表的农业社会化服务模式、以江都宜陵为代表的整村流转经营模式和以邳州为代表的"七统一自"发展设施农业模式。[1] 浙江省于2009年下发《关于积极引导农村土地承包经营权流转 促进农业规模经营的意见》文件，大力支持引导农村土地承包经营权流转，以推进农业现代化和统筹城乡发展。2015年12月17日，浙江省政府批准了《慈溪市户籍制度改革工作方案》。方案明确规定，

---

[1] 《改革开放40年——农村篇：全面推进农村改革 三农发展铸就辉煌》，http://tj.jiangsu.gov.cn/art/2018/11/12/art_4027_7877614.html.

农民进城落户后保留原有土地承包经营权。农民进城落户后,房屋拆迁补偿安置、农村宅基地、农民建房用地管理、再生育政策及社会抚养费征收标准方面,延续使用户改前政策。股份经济合作社社员股东身份、权利和义务保持不变。① 土地关系的变动也将直接影响到农民政治意识的变动。

(三) 管理体制的变动

1. 发展历程

随着"政社合一"的人民公社制度的解体,新的适应联产承包责任制的管理体制呼之欲出。1983 年,中央发布《关于实行政社分开建立乡政府的通知》,开创了"乡政村治"这一当代中国乡村的基础性治理结构。② 乡村政权的重建和村民自治的推行,既成为保持农村社会稳定的重要杠杆,也成为新时期教育和组织农民的一种最有效的形式,为培育现代公民社会奠定了坚实的基础。从长三角来看,可以分为四个阶段:

(1) 稳妥推进"乡政村治"时期 (1978—1987 年)

发端于广西宜山县合寨大队的中国第一个村民委员会,开启了中国村民自治的序幕。此后,村民委员会制度载入了"八二宪法"。1983 年的《关于实行政社分开,建立乡政府的通知》指出:"随着农村经济体制的改革,现行农村政社合一的体制显得很不适应。宪法已明确规定在农村建立乡政府,政社必须相应分开。"这一文件确定了政社分开的农村新型管理体制,明确规定了村民委员会的性质、地位及组成方式。

在国家实行政社分开的过程中,浙江省委派工作组先后到桐乡调查并在兰溪和金华市进行试点。1983 年 1 月,召开省委工作会议部署撤社复乡的工作,7 月,省委省政府发出《关于政社分设若干问题的意见》,对政社分设进行规范。此后,浙江完成了相关换届及改革工作。重点理顺基层组织之间的关系,推动了基层自治组织建设。

在江苏,江苏省也于 1984 年完成了建乡建村工作,全省共计建立了

---

① 《浙江慈溪全面取消农业户口》,http://www.gov.cn/xinwen/2015-12/31/content_5029929.htm.
② 郭正林:《中国乡村的治理结构:历史与现状》,"公共管理研究与教育"国际学术研讨会论文集,2001 年,载尹冬华选编《从管理到治理:中国地方治理现状》,中央编译出版社 2006 年版,第 119—129 页。

1888个乡人民政府，59个镇人民政府（连同改革前的133个镇，全省共有192个镇），35000多个农村村民委员会。

1984年，上海在原有的生产大队的基础上，普遍建立了村委会。1989年，上海市率先制定颁布了《上海市乡人民政府工作暂行条例》，规范了乡镇政府与村委会的关系、乡镇政府在村民自治中的地位和作用。1993年以来，上海村委会建设被纳入市政府工作的重要议事日程。从1993年至今，上海村委会换届选举工作在政府的指导和关心下，都圆满地完成。

（2）开展村民自治示范活动时期（1988—1997年）

1987年《村民委员会组织法（试行）》通过后，民政部开启了村民自治示范活动的进程。

1988年，浙江省人大常委会通过了《村民委员会组织法（试行）实施办法》。在国家地方管理改革实践的基础上，浙江省从1990年年底开始，逐步在各地开展村民自治示范活动。当时，这项工作更多的是尝试、摸索和积累经验。由于浙江各地村级经济发展迅猛，规范各地村级经济组织成为乡村治理工作的紧迫任务。1992年通过了《浙江省村经济合作社组织条例》，对村经济合作社、村级社区性和综合性合作经济组织的设置、地位、主要任务、运行机制等作了详细规定。至1997年年底，浙江全省村民自治示范活动得到了广泛开展。

1994年6月25日，江苏省也通过了《实施办法》，开启了规范化、法制化的村民自治示范工作。

1991年，上海成立了村民自治联席会议，各区县成立了村民自治领导小组，在全市选择了部分乡、村开展了村民自治的示范工作。1992年，市民政局指导原川沙县城镇乡长丰村制定了上海市第一部村民自治章程，并逐步在全市农村推广。1994年，上海市民政局制定了《上海市村民自治示范活动验收办法》，明确了村民自治示范村、示范乡（镇）和示范县（区）的标准、验收的方法和基本程序，并把村民自治示范村、示范乡（镇）、示范县（区）的标准细化为具体的分数，采取百分考核办法验收村民自治示范工作，推动了村民自治活动的开展。1995年，市民政局印发了《上海市村民代表会议制度指导意见》，规定了村民代表的条件、数量、产生方式，村民代表会议的职权、议事规则、召集方式和会期。1996年年初，市民政局制定了《上海市村民委员会建设五年规划》，对村民自治活动提出了更加严格、规范的要求。从1996年开始，上海市全面开展了村民自治示范（达标）工作。

（3）村民自治快速发展时期（1998—2010年）

1998年年底，浙江省颁发《关于在我省农村普遍实行村务公开和民主管理制度的实施意见》的通知，对"四个民主"作了比较详细的规定。1999年，浙江对村民委员会的选举作了明确规定。2004年又对该法规作了进一步的修订和补充。2005年浙江省委办公厅和省政府办公厅下发了《浙江省村级组织工作规则（试行）》，构建了基本完整的村级组织架构和公共权力的运作规则，以指导各地依法开展换届选举工作，该工作规则成为全国第一个省级出台的规范村级组织的工作规则。同年6月，又下发了《关于进一步健全完善村务公开和民主管理制度的通知》，加快推进了村务公开和民主管理的制度化、规范化和程序化建设，提出了健全村级组织和村民自治机制的措施和要求，并出台了一系列规范化、法制化的乡村治理制度。

1999年6月21日，江苏省委办公厅、省政府办公厅颁发了《关于认真贯彻实施村民委员会组织法 全面推进村民自治的意见》，明确提出贯彻实施《村委会组织法》，全面推进村民自治若干意见。2001年7月2日，江苏省人民代表大会常务委员会发布《江苏省实施〈中华人民共和国村民委员会组织法〉办法》，自2001年8月1日起施行，同时废止了1994年6月25日通过的《江苏省实施〈中华人民共和国村民委员会组织法（试行）〉办法》。2000年8月26日，江苏省第九届人民代表大会常务委员会第十八次会议通过了《江苏省村民委员会选举办法》，有力地指导了村级组织班子建设、规范了村民委员会选举程序、保障了村民依法行使民主选举权利。在此指导下，江苏省顺利进行了第五届（1998年）、第六届（2001年）、第七届（2004年）、第八届（2007年）共四次村民委员会换届选举。2005年11月1日，江苏省民政厅、江苏省村务公开工作领导小组办公室发出《关于在全省开展"村务公开民主管理示范单位"创建活动的实施意见》。全省随后在省市县乡各级成立了专门的领导机构，从村务公开、村民代表议事决策制度到民主理财制度等全面开展示范创建，村民自治工作取得较大成果。此后，江苏省又下发了《江苏省城乡村（居）民依法自治基本标准》，明确提出"村级民主监督推进有力，村干部依法接受村民监督、定期报告工作、接受群众评议，村务、财务公开制度健全，群众满意率达到90%以上，没有发生因财务账目不清、村务不公开或公开不规范而引发的群众上访"等基本标准，有效推动了乡村依法自治。

在上海，1997年，市民政局下发《关于进一步完善村务公开制度的通知》，并与市纪委、市农委联合召开村务公开工作现场会，进一步明确了村务公开工作的要求。同年9月，市民政局下发文件，要求各县区修改原先制定的村民自治示范村百分考评标准，将村务公开制度作为重要考评内容。1998年，市纪委、市委组织部、市农委和市民政局联合召开村务公开工作会议，提出了"五规范一满意"（即内容规范、时间规范、程序规范、阵地规范、管理规范、群众满意）的要求。① 1999年6月1日，上海市第十一届人民代表大会常务委员会第十次会议通过了《上海市村民委员会选举办法》，（该办法于2004年8月19日上海市第十二届人民代表大会常务委员会第十四次会议通过修改办法），为上海市村民委员会选举提供了法律保障。② 2000年9月22日，通过《上海市实施〈中华人民共和国村民委员会组织法〉办法》，进一步强化了村民自治的规范化和法治化工作。

（4）村民自治深入发展时期（2010年至今）

2010年《中华人民共和国村民委员会组织法》正式公布实施，标志着村民自治进入了一个新阶段。

2010年江苏省委办公厅、省政府办公厅联合下发了《关于做好全省第九届村委会换届选举工作的通知》（苏办发〔2010〕18号），部署全省第九届村委会换届选举工作，并对这次村委会换届选举工作的指导思想、基本要求、时间步骤等做出了明确规定。③ 2013年6月20日，江苏省民政厅发布《关于转发〈村民委员会选举规程〉的通知》。此外，结合中央纪委、民政

---

① 《上海市村民自治整体水平提高》，《解放日报》2001年8月23日。
② 截至1999年底，本市村民委员会换届选举工作基本完成。目前，上海市郊共有2801个村，28134个村民小组，其中进行直接选举的为2697个村，占现有村数的96.29%；实行"海选"的村有1165个，占41.59%。在村委会主任中，女性210人，占7.79%；党员2450人，占90.84%；连任的村委会主任1438人，占53.32%；村党支部书记和村委会主任"一肩挑"的1046人，占38.78%。在村委会主任中，30岁及以下的69人，占2.56%；31—40岁的744人，占27.59%；41—50岁的1528人，占56.66%；51岁及以上的284人，占10.53%。资料来源：朱勤皓：《对"一法两条例"实施情况的回顾与思考》，《上海人大月刊》2001年第11期。
③ 唐悦：《江苏省第九届村委会换届选举结束》，http://js.people.com.cn/html/2011/10/26/41633.html。

部等十二部委《关于进一步加强村级民主监督工作的意见》（民发〔2012〕162号），江苏省制定了《关于加强村级监督机构建设的意见（试行）》（苏民基〔2011〕9号），发布了《关于严肃村民委员会和村务监督委员会换届纪律的通知》（苏纪发〔2013〕7号），开展村级组织换届选举。

2011年9月14日，浙江省委办公厅、浙江省政府办公厅修订了《浙江省村级组织工作规则（试行）》，以及随后颁发了《组织法实施办法》《村民委员会选举办法》，进一步完善了乡村治理制度。

上海市印发的《关于深化本市村务公开民主管理的实施意见》要求，为进一步加强本市村级民主监督工作，着力推进农村党风廉政建设，更好地保障村民群众的民主权利和切身利益，上海市民政局发布《关于建立健全本市村务监督委员会的意见》（沪民基发〔2014〕14号），重点解决村民委员会有些基层干部还不够重视村务监督工作，村务监督缺乏有效的手段和机制，村级民主监督制度流于形式，导致村级组织职务犯罪时有发生，损害了村民群众的切身利益，影响了党群干群关系的事件。2014年6月19日，经上海市第十四届人大常委会第十三次会议修订，上海市人民代表大会常务委员会公告第11号公布了新的《上海市村民委员会选举办法》。该办法共34条，自2014年10月1日起施行。新的选举办法重点解决了以下几大问题：一是谁参选问题。谁参加选举，核心问题在于选民资格的认定，新办法重点解决了所谓"户不在人在""户人都不在"的选民资格问题。二是怎么选的问题。核心是所谓"海选"问题，新办法采纳了"大海选"或"一步法"，即通过采取一次无候选人的投票直接产生村委会。三是选举谁的问题。选怎样的村委会又包含两个层次的问题，即选哪些人当选村委会成员是合适的以及村委会应该怎样构成。此外，选举办法对工作移交后期村委会成员职务自行终止、投票罢免、辞职、补选等方面也进行了简要规定。[①]

2. 长三角独特制度格局

从上述历程的分析可知，经过40多年的演进和发展，长三角初步建构了一个现代基层治理制度的基本框架，形成了独特的制度格局。

[①] 参见万智奇《让村委会选举跟上时代步伐——〈上海市村民委员会选举办法〉修订草案将提交市人大常委会审议》，《上海人大月刊》2013年第6期。

一是形成了以村庄治理为中心的制度体系，即由村级组织建设制度、村干部选举制度、村务公开制度、民主决策制度、民主管理制度、民主监督制度、村经济事务自治制度以及村干部管理制度等组成的制度体系，为各地村民、村干部和乡镇工作人员的乡村治理活动提供了基本的制度保证。

二是从制度取向来看，村民自治得到了强化。面对社会大变迁的全新变动和冲突焦点，长三角选择了坚持"三个自我"为目标的制度建设方向，通过制定相应制度逐步规范"乡政"与"村治"行为，倡导通过村民自我管理、自我教育、自我服务方式来处理乡村社会事务，协调各种社会力量和组织的利益关系。

三是从制度理念来看，民主的理念贯穿其中。长三角始终围绕"民主选举、民主决策、民主管理、民主监督和民主协商"的基调来定位"三个自我"，不断提升村级民主的广泛性、有效性、规范性和真实性，积极探索村民全面参与"五个民主"的新路子，强化基层治理制度民主化发展方向。[①]

二 农业结构的变动

（一）产业结构的变动

改革开放以前，在农业五大业结构中，种植业偏重；在农业12项生产中，粮棉生产偏重，这种状况多年来无根本性改变。随着改革开放的推进，虽然种植业在第一产业中的比重始终处于下降趋势，但是直到2005年，种植业产值仍然占第一产业总产值的49.7%，大体上仍相当于渔业、牧业和林业的总和。但1978年以后，牧业和渔业发展非常迅速。从农业内部结构来看，农业的现代化取向有了较大发展，农民就业结构也有了显著变动。

浙江农业产业内部深度调整，结构不断优化。以2017年为例，农林牧渔服五大业其增加值占第一产业全部增加值的比重分别为54.4%、6%、7.7%、30%、1.9%。[②]在江苏，2017年全省实现农林牧渔业总产值达7210.4亿元（按当年价格计算，下同），比1978年增长67.1倍，年均增长

[①] 龚上华：《农民思想意识流变视域中的乡村治理：基于改革开放以来长三角地区的实证分析》，浙江大学出版社2015年版，第31—38页。

[②]《改革开放四十年 浙江农业谱新篇》，http://www.zj.gov.cn/art/2018/10/26/art_5499_2294078.html。

5.4%。2017年实现农林牧渔业增加值4346亿元,比1978年增长61.2倍,年均增长5.2%。2017年,全省种植业从业人员比2007年下降25.6%,亩均耕地产出种植业增加值3830元,比2007年增长1.5倍。① 在上海,2017年全年全市实现农业总产值260.02亿元,比2016年下降9.1%。其中,种植业140.42亿元,下降3.7%;林业15.02亿元,增长13.2%;牧业39.87亿元,下降26.2%;渔业53.53亿元,下降10.2%;农林牧渔服务业11.18亿元,增长4.7%;第一产业增加值98.99亿元,下降9.5%。② 产业结构的优化,使得乡村经济呈现勃勃生机。

(二) 所有制结构的变动

随着人民公社体制的废除,广大农村实行了家庭联产承包责任制,原有的集体经济中的社队企业也逐渐转型为异军突起的乡镇企业,改变了农村的所有制结构,也激发了农村的活力。江苏是乡镇企业的发源地。从1956年无锡东亭镇创办第一个社队企业到1970年年初锡山市农民首次提出"围绕农业办工业、办好工业促农业"和"以副养农、以工补农"的口号,乡镇企业从此起步。1980年江苏成为全国社队工业产值第一个超百亿元省份。这期间,江苏涌现出以苏锡常一带为代表的以发展集体经济为主体,以城市工业为依托,迅速发展乡镇企业的"苏南模式"和苏北地区以户办、联户办、村办、乡办四个轮子一齐转,发展乡镇企业的"耿车模式",在全国产生了广泛影响。③ 1984年3月,中央正式确定使用"乡镇企业"名称。乡镇企业的"异军突起"和迅猛发展,为农村经济和县域经济的发展提供了重要支撑。到1987年,乡镇企业产值达到4764亿元,占农村社会总产值的50.4%,首次超过了农业总产值,成为农村经济发展的重要支撑,也成为农村小城镇发展的驱动器和孵化器。④ 可以说,乡镇企

---

① 《改革开放40年——农村篇:全面推进农村改革 三农发展铸就辉煌》,http://tj.jiangsu.gov.cn/art/2018/11/12/art_4027_7877614.html.

② 《2017年上海市国民经济和社会发展统计公报》,http://www.stats-sh.gov.cn/html/sjfb/201803/1001690.html.

③ 《改革开放40年——农村篇:全面推进农村改革 三农发展铸就辉煌》,http://tj.jiangsu.gov.cn/art/2018/11/12/art_4027_7877614.html.

④ 《新中国成立60周年乡镇企业发展综述》,http://finance.people.com.cn/nc/GB/61154/9804661.html.

业的崛起，开始改变全国城乡分布的格局，有力地促进了工业化与城镇化、经济与社会的协调发展。

三 农民结构的变动

改革开放以来，随着农村产业结构的调整及农民的广泛流动，使得农民的社会结构无论从水平结构还是垂直结构都发生了根本变化，而农民水平结构（如职业结构、城乡结构）的变化又进一步促进农民垂直结构（如阶层结构、收入结构）的变化，总体上来说，农民结构发生了显著分化。

（一）农民水平结构的变动

1. 职业结构的变动

马克思曾指出："直接生产者，劳动者，只有当他不再束缚于土地，不再束缚于他人时，才能支配自己。"[①] 在农村改革大潮的强力推动下，在市场经济导向的不断激发下，农村的经济结构、利益结构以及所有制结构均发生了较大变动，从而也带动了职业结构的分化，职业流动也发生了明显变化。从农村来看，随着农村分工分业的发展，越来越多的人脱离耕地经营，从事林牧渔等生产，在农村劳动力中，1983年农业劳动力31645万人，占农村劳动力的91.2%，非农产业占8.8%，在非农产业中还有大部分转入小工业和小集镇服务业。[②] 2001年，农村劳动力就业结构中，农业（农林牧渔业）所占的比重为67.3%，非农产业所占比重为32.7%，非农产业所占比重比1989年上升了11.9个百分点。[③] 此后，农村劳动力的流动成为常态且呈现多样性变动。到2016年，在城市与农村的对比中，农村除了农林牧渔业水利生产人员所占比例要高于城市外，其他职业人员所占比例均要低于城市（见图3-1）。

以江苏为例，自2003年开始，实施500万农村劳动力大转移和百万农

---

① 《马克思恩格斯全集》第44卷，人民出版社2001年版，第822页。
② 《1983—2005年中国农村劳动力情况》，http://cn.chinagate.cn/reports/2007-11/01/content_9160386.htm。
③ 《农业和农村经济发展迈上新台阶》，http://www.stats.gov.cn/ztjc/ztfx/yjsld/200211/t20021101_36060.html。

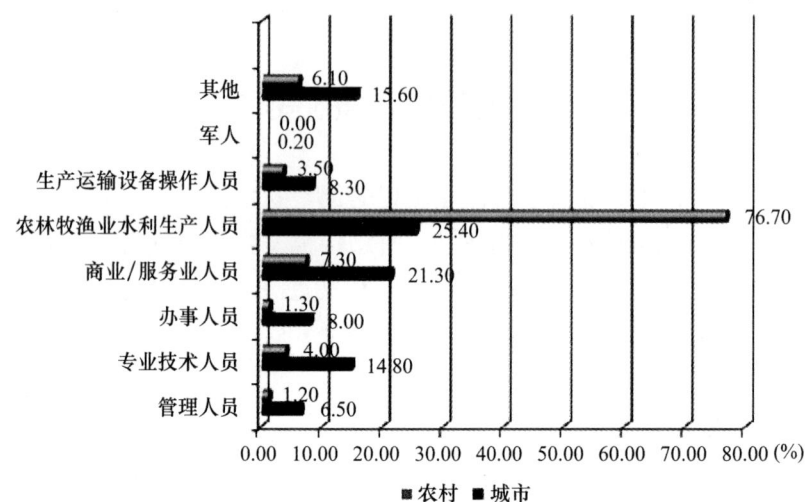

图 3-1　15 岁及以上年龄城市、农村人口职业类型构成

资料来源：http：//www.chyxx.com/industry/201611/464455.html.

民大培训计划，全面推进农村劳动力向城镇和第二、第三产业转移就业。到 2017 年年末，全省农村劳动力累计转移 1927.9 万人，转移率达 74.3%。随着农村劳动力的转移，农村的就业结构也从单一务农向多渠道就业转变。2017 年，全省乡村从业人员 2589.2 万人，就业结构进一步优化，第一、第二、第三产业就业人员比重为 27.9∶47.2∶24.9，农村从业人员就业趋于非农化，比重超七成。1978 年到 2017 年农村第一产业从业人员比重由 90% 下降到 27.9%。① 但当前江苏乡村实际务农人口与城镇化率口径下的乡村人口有较大的差距，部分行政区划上已属于城镇区域的居民依然以务农为主要谋生手段，就业机会缺乏，收入渠道狭窄。②

2. 城乡结构的变动

随着我国农村商品生产和商品交换的迅速发展，乡镇工商业蓬勃兴

---

① 《改革开放 40 年——农村篇：全面推进农村改革　三农发展铸就辉煌》，http：//tj.jiangsu.gov.cn/art/2018/11/12/art_4027_7877614.html.

② 《我省乡村振兴与城乡融合发展研究》，http：//tj.jiangsu.gov.cn/art/2018/10/31/art_4027_7858574.html.

起，越来越多的农民转向集镇务工、经商，他们迫切要求解决迁入集镇落户问题。1984年10月13日，国务院发出《关于农民进入集镇落户问题的通知》，要求积极支持有经营能力和有技术专长的农民进入集镇经营工商业，并放宽其落户政策，统计为非农业人口。该《通知》指出："凡申请到集镇务工、经商、办服务业的农民和家属，在集镇有固定住所，有经营能力，或在乡镇企事业单位长期务工的，公安部门应准予落常住户口；为了保护农民进入集镇兴业安居的合法权益，乡镇人民政府要依照国家法律，保护其正当的经济活动，任何组织和个人不得随意侵占他们的合法利益。对新到集镇务工、经商、办服务业的户要同集镇居民户一样纳入街道居民小组，参加街道居民委员会活动，享有同等权利，履行应尽的义务；为了使在集镇务工、经商、办服务业的农民保持稳定，乡镇人民政府和村民委员会对其留居农村的家属不得歧视；对到集镇落户的，要事先办好承包土地的转让手续，不得撂荒；一旦因故返乡的应准予回迁落户，不得拒绝。"[1] 以江苏为例，2017年江苏乡村人口总数为2508.4万人（以城镇化率口径统计），占全省总人口的比重仅为31.2%，比1990年下降了47.3个百分点，以农业普查口径统计的江苏乡村人口为4775.1万人，占全省总人口的比重为59.5%，比2013年下降了1.4个百分点，两种口径的乡村人口数及占比在较长时期内都呈下降态势，当然两者之间的差距也体现出"地的城镇化"向"人的城镇化"转变依然任务艰巨。[2]

（二）农民垂直结构的变动

1. 阶层结构的分化

改革开放以来，我国社会发生了巨大的变化，从社会的分层来看，农民这个阶层的分化最为显著，变化也最大。我们根据学者研究把中国农民分为八大主要阶层（见表3-2）。

---

[1] 《国务院关于农民进入集镇落户问题的通知》，http://www.people.com.cn/item/flfgk/gwyfg/1984/112102198403.html.

[2] 《我省乡村振兴与城乡融合发展研究》，http://tj.jiangsu.gov.cn/art/2018/10/31/art_4027_7858574.html.

表3-2 我国农民的分层结构

类别	界定	备注
农业劳动者阶层	承包集体的耕地，从事养殖业、种植业劳动，生活来源全部或大部分依靠农业生产的收入	农业群体中的大多数
农民工阶层（即农民工人）	一类是长期在城镇里打工，既离土又离乡；另一类是农忙务农，农闲做工，离土不离乡	中国农村社会分化过程中形成的一个特殊阶层；仅次于农业劳动者阶层的人数
雇工阶层（即雇佣工人）	个体工商户、私营企业、外资企业和一部分合资企业的农业劳动者	在许多方面与农民工相似，但在劳动强度、劳动环境、劳动保障以及受雇业主等方面有所不同
农民知识分子阶层（智力型职业者）	在农村从事教育、科技、医疗、文化、艺术等方面的工作，他们是农村中有知识有文化的一批人。该阶层主要由两大类构成：一类是非农业户口，但在农村工作，收入有保障；另一类的身份是农民，如赤脚医生、民办教师，家有承包田，两头要兼顾	一个庞大的群体
私有私营者群体	由乡村个体劳动者、个体工商户和私营企业主组成。他们自己投资、自主经营管理、自负盈亏。雇工在7人以下的为工商业户，在8人以上的为私营企业	改革开放以后出现的一个新型群体
乡镇企业管理者阶层（集体企业管理者）	乡村集体所有制企业的经理、厂长、会计以及主要科室管理者，供销人员	乡村中比较有影响的人物
乡村管理者阶层	乡、村两级的基层干部，包括村民委员会、村党支部成员、村民小组长	农村政治、经济和社会生活的主要组织者，是国家各项方针、政策的执行者，是协调国家利益与农民利益的纽带与桥梁
其他从业人员群体	家务劳动者	随着农民生活方式的改变和家务劳动社会化水平的逐渐提高，这个群体的规模将会相对缩小

资料来源：陆学艺：《"三农论"——当代中国农业、农村、农民研究》，社会科学文献出版社2002年版，第393页；谢志强：《改革开放以来，中国农民阶层发生了怎样的变化》，http://theory.people.com.cn/GB/40764/105054/105055/15275889.html。

随着时间推移，上述八个阶层中各个阶层的数量出现此消彼长的变化趋势，而且出现了一些新的职业群体。一是农民工阶层、个体工商户阶层和私营企业主阶层发展迅速，二是乡镇企业管理者阶层和农业劳动者阶层减少，三是雇工阶层的分析已经不再具有实质意义，四是出现了一些新的职业和阶层，如农民经纪人。① 以浙江为例，仅 2017 年，就培训了各类农民 46.6 万人次，转移就业率 80%；普及性培训 20.4 万人次；农民大学各校区全年共培训 5522 人。2017 年，浙江省新型职业农民达到 10.9 万名，其中大学毕业生"农创客"达到 1600 余名。至 2017 年，浙江从农业转移出来的农民工数量达到 1387 万人，2013 年为 1313 万人，年均增加 1.4%。② 从 2003 年开始，江苏实施 500 万农村劳动力大转移和百万农民大培训计划，全面推进农村劳动力向城镇和第二、第三产业转移就业。到 2017 年年末，全省农村劳动力累计转移 1927.9 万人，转移率达 74.3%，2017 年，全省乡村从业人员 2589.2 万人，农村从业人员就业趋于非农化，比重超七成。1978—2017 年农村第一产业从业人员比重由 90% 下降到 27.9%。③

2. 收入结构的分化

近年来，农民的收入结构出现了较大变化。

一是农民年人均纯收入增长较快。国家统计局浙江调查总队发布的最新统计数据显示：浙江省农村常住居民 2017 年人均可支配收入达 24956 元，同比增长 9.1%，连续 33 年位居全国各省、自治区首位。④ 2017 年江苏全省农村居民人均可支配收入达到 19158 元，比 2007 年增长 1.9 倍，其中第二、第三产业经营性净收入比 2007 年增长 1.7 倍，增幅高于第一产业经营净收入 77.7 个百分点。⑤ 安徽农村居民人均可支配收入由 1981 年

---

① 龚维斌：《我国农民群体的分化及其走向》，《国家行政学院学报》2003 年第 3 期。
② 《改革开放四十年　浙江农村劳动力转移成效显著》，http://www.zj.gov.cn/art/2018/11/12/art_5499_2295647.html.
③ 《改革开放 40 年——农村篇：全面推进农村改革　三农发展铸就辉煌》，http://tj.jiangsu.gov.cn/art/2018/11/12/art_4027_7877614.html.
④ 《国家统计局浙江调查总队发布最新统计数据》，http://news.gmw.cn/2018-01/22/content_27406207.htm.
⑤ 《改革开放 40 年——农村篇：全面推进农村改革　三农发展铸就辉煌》，http://tj.jiangsu.gov.cn/art/2018/11/12/art_4027_7877614.html.

的246元增加到2017年的12758元，分别增长73倍和51倍。①

二是农民生活水平与生活质量明显改善。农村社会经济生活的各项指标趋向合理。2017年，上海农村常住居民人均消费支出18090元，增长6.0%。②同年，浙江为18093元，增长12.9%。消费空间从物质消费逐步向文教娱乐、休闲旅游、医疗保健等领域拓展。③2017年江苏全省农村常住居民人均生活消费支出从1978年的140元增长到2017年的15612元，年均增加397元；2017年农村居民家庭恩格尔系数为28.9%，比1978年下降33.4个百分点，全省绝大多数地区进入了富裕阶段。④

随着农民阶层的分化，农民阶层与其他社会阶层以及农民阶层内部之间的收入差距也存在不同程度的扩大。一是长三角各地农村发展水平差距拉大。一部分地区农民收入增长迅速，一部分地区农民收入增长缓慢，存在地区差异。二是城乡之间收入差距较大。从全国看，城乡居民收入比1985年为1.86∶1，此后逐年扩大，2002年为3.11∶1，2003年为3.23∶1，2004年为3.21∶1，2009年为3.33∶1，2010年为3.23∶1，2011年为3.13∶1。⑤近20年来，我国城乡居民收入差距缓步扩大，近年来，收入差距小幅降低。从江苏来看，农村居民与城镇居民差距最大的是工资性收入，差距为16785元；差距倍数最大的是财产净收入，城镇居民财产净收入为农村居民的6.80倍。⑥

总之，改革开放作为一场革命，在带来社会全方位变革的同时，也必然给人们的思想意识、思维方式形态、社会心理、精神信仰等方面带来深刻的变化。农村社会的转型与变迁，势必导致农民政治意识的变迁。

---

① 《"辉煌40年——安徽改革开放发展成就"新闻发布会：风雨兼程四十载 开拓进取铸辉煌》，http：//www.ahtjj.gov.cn/tjjweb/web/hdhy_zxft_view.jsp?strId=5f14c1f73f5f40fb9bf89b867413a5bf&strType=zxft&_index=4.

② 《2017年上海市国民经济和社会发展统计公报》，http://www.stats-sh.gov.cn/html/sjfb/201803/1001690.html.

③ 《"三农"发展新篇章 乡村振兴新征程——改革开放40年系列报告之五》，http：//tjj.zj.gov.cn/art/2018/11/19/art_1562012_25890997.html.

④ 《改革开放40年——农村篇：全面推进农村改革 三农发展铸就辉煌》，http：//tj.jiangsu.gov.cn/art/2018/11/12/art_4027_7877614.html.

⑤ 国家统计局历年数据。

⑥ 《我省乡村振兴与城乡融合发展研究》，http：//tj.jiangsu.gov.cn/art/2018/10/31/art_4027_7858574.html.

第四章　转型期长三角农民政治意识的流变与分化

农民是一个特殊的社会阶层，他们的政治思想观念都是通过他们自己的话语、风俗习惯、行为动作等形式表现出来的，是很难系统化、理论化的。本部分希望通过大型实证调查及有关文献资料的研究，描述转型期长三角农民政治意识的基本状况，分析农民政治意识变化的特点以及存在的问题及原因，着力于研究农民政治意识分化的多维线索，厘清乡村社会农民各个阶层政治利益诉求以及各种内在矛盾的具体表现。进而为长三角提升农民政治意识水平，引导农民政治意识良性发展，实行制度创新，促进农村和谐有序发展提供理论参考和现实依据。

一　转型期农民政治认同意识的流变与分化

政治认同指的是社会成员对现存政治系统、政治运作的同向性的情感、态度和相应的政治行为。本书主要侧重于从认知、情感和态度[①]三个方面来考察当前长三角农民对国家、民族、政党的政治认同

[①] 政治认知是对政治实施与政治现象的一种主观反映。政治情感是在政治认知的基础上阐述的对政治事实与政治现象的一种内心体验，具体来讲，指政治主体在政治生活中对政治体系、政治活动、政治事件和政治人物等方面所产生的内心体验和感受，是伴随人的政治认知过程所形成的对于各种政治客体的好恶感、爱憎感、美丑感、亲疏感等心理反应的统称。政治态度则是在上述两种心理基础之上产生的；通过对政治事实与政治现象的评价来体现的一种综合性的心理反应。参见马振清《中国公民政治社会化问题研究》，黑龙江人民出版社2003年版，第95页。

现状。[①]

（一）农民对国家和民族的政治认同

1. 农民对国家的政治认同

家国一体是古代中国政治的基本制度，也成为中国农民长期以来遵循的原则。近代以降，随着现代化思想的渗透以及现代化进程的发展，现代意义上的国家概念逐渐为农民所接受。中华人民共和国成立以后，广大农民扬眉吐气，政治上思想上翻身做了主人，个人的命运已与国家息息相关，国家的概念也不再是空洞的理念。为进一步了解新时期农民对国家的政治认同，笔者设计了三个问题，即"如果您有机会出国，但条件是出国后不能再回来，您会选择？""如果您看见有人在村里公开宣扬支持国家分裂的言论，您会选择？""如果中国与外国发生战争，您会积极支持国家吗？"来调查了解。从问卷反馈结果来看，对于第一个问题，有70%的农民表示了严正立场（见表4-1），对于第二个问题，农民对分裂国家的言论和行为深恶痛绝，当出现不利于国家的言论和行为时，绝大多数农民会选择"打电话报警"以及"阻止他"（见表4-2）。

表4-1　对问题"如果您有机会出国，但条件是出国后不能再回来，您会选择？"的反馈情况

		频数（人）	百分比（%）	有效百分比（%）	累计百分比（%）
有效	不出国	655	38.3	38.4	38.4
	想出国，但是不会	583	34.1	34.2	72.6
	也许会出国	391	22.9	22.9	95.5
	出国	76	4.4	4.5	100.0
	小计	1705	99.7	100.0	
无效		5	0.3		
	合计	1710	100.0		

[①] 本部分有关内容可参考龚上华、朱俊瑞《我国农民政治信仰认同意识的现状与对策——基于江西省吉安市的调查》，《江西师范大学学报》（哲学社会科学版）2013年第4期。

表4-2 对问题"如果您看见有人在村里公开宣扬支持国家分裂的言论,您会选择?"的反馈情况

		频数(人)	百分比(%)	有效百分比(%)	累计百分比(%)
有效	打电话报警	570	33.3	33.4	33.4
	阻止他	684	40.0	40.1	73.5
	装作没听见	371	21.7	21.7	95.2
	停下来听他讲	82	4.8	4.8	100.0
	小计	1707	99.8	100.0	
无效		3	0.2		
	合计	1710	100.0		

对于第三个问题,如果中国和外国发生战争,超过80%的受访者表示会积极支持国家反抗外来侵略。当被问及"如果中国与外国发生战争,您会积极支持国家吗?",表示会积极支持国家的有962人,占56.3%;有454人表示"有可能"会积极支持国家,占比26.5%(见表4-3)。

表4-3 对问题"如果中国与外国发生战争,您会积极支持国家吗?"的反馈情况

		频数(人)	百分比(%)	有效百分比(%)	累计百分比(%)
有效	会	962	56.3	56.3	56.3
	有可能	454	26.5	26.6	82.9
	不会	216	12.6	12.6	95.5
	不知道	76	4.5	4.5	100.0
	小计	1708	99.9	100.0	
无效		2	0.1		
	合计	1710	100.0		

上述三个问题虽然简单,但还是能充分反映当前长三角农民对国家的基本认识,调查显示,农民忠诚于国家且对国家的发展进步充满信心。2019年是中华人民共和国成立70周年,为此,我们要充分利用70周年成

就展下乡宣传，让广大农民进一步直观了解新中国 70 年的建设成就，进一步增强对国家的情感和认识，进一步提升农民对国家的政治认同。

2. 农民对民族团结和民族矛盾的看法和认知

国民对民族的认同感，也就是一种视自己为本民族和本国成员的归属感、亲和感，并能够认识到个人利益与民族利益休戚相关，个人尊严与国家尊严荣辱与共的同一性，由此产生心理上的民族向心力与凝聚力，从而自觉维护民族团结，反对民族分裂，反对任何外来侵略，坚决维护民族尊严和国家的主权和领土完整，甚至不惜为此付出生命。[1]

中华人民共和国成立以后，我国加快了民族识别工作，经过大量艰苦卓绝的民族识别工作以后，我国民族最终认定为 56 个。由于历史原因，各民族之间交流频繁但也存在一些矛盾。为此，中华人民共和国成立以后，我国逐渐建立了非常完善的民族政策体系，以民族区域自治制度为基本政治制度成为民族政策的基础，以适应我国民族大杂居、小聚居的特点。70 年来，我国各民族之间总体上是非常和谐的，各民族为实现中华民族伟大复兴共同努力着。

为进一步了解新时期长三角农民对民族团结和民族矛盾的看法和认知，笔者设计了四个问题，内容涉及民族矛盾、民族团结等基本问题。从问卷反馈结果来看，对民族矛盾这个问题，长三角农民认为各民族之间存在矛盾，但是没有实质性矛盾（见表 4-4）。

表 4-4　对问题"您认为目前不同民族间矛盾程度如何？"的反馈情况

		频数（人）	百分比（％）	有效百分比（％）	累计百分比（％）
有效	很大	205	12.0	12.0	12.0
	大	438	25.6	25.7	37.7
	不大	729	42.6	42.8	80.5
	没有实质性矛盾	333	19.5	19.5	100.0
	小计	1705	99.7	100.0	
无效		5	0.3		
合计		1710	100.0		

---

[1] 马建中：《论现阶段影响我国政治稳定的社会心理问题》，《政治学研究》2003 年第 2 期。

对于第二个问题，长三角农民对民族团结的重要性认识到位，认为民族团结十分重要的占47.4%，加上认为比较重要的，总比例达到近90%（见表4-5）。可见，民族团结是中国的根本利益也是最高利益之一。

表4-5 对问题"您认为民族团结对于中国的发展影响如何？"的反馈情况

		频数（人）	百分比（%）	有效百分比（%）	累计百分比（%）
有效	十分重要	811	47.4	47.7	47.7
	比较重要	680	39.8	40.0	87.7
	无所谓	208	12.2	12.3	100.0
	小计	1699	99.4	100.0	
无效		11	0.6		
合计		1710	100.0		

民族团结是中华民族的根本利益，也是全体中国人和中华民族的共识，那么，什么因素会影响各民族之间的团结？为此，笔者设计了第三个问题。调查显示，在选择影响民族团结的最主要因素时，长三角农民依次选择为"对国家政策的理解问题＞经济问题＞民族矛盾问题"，在农民心目中影响民族团结的最主要因素是对国家政策的理解层面问题，可见，如何进一步加强政策解读和宣教是下一步提升民族团结水平的重要任务（见表4-6）。

表4-6 对问题"您认为影响民族团结的最主要因素是什么？"的反馈情况

		频数（人）	百分比（%）	有效百分比（%）	累计百分比（%）
有效	经济问题	519	30.4	30.4	30.4
	民族矛盾问题	415	24.3	24.3	54.7
	对国家政策的理解问题	722	42.2	42.3	97.0
	其他	49	2.8	3.0	100.0
	小计	1705	99.7	100.0	
无效		5	0.3		
合计		1710	100.0		

当被问及"您认为加强民族团结的最主要途径是什么?"时,有39.9%的受访者认为"坚决打击民族分裂分子"是加强民族团结的最主要途径,雄踞榜首,可见,坚决打击民族分裂分子将是我们一段时期甚至未来很长一段时期的艰辛工作,只有如此,才能有效维护民族团结。有463人认为"发展经济"是加强民族团结的最主要途径,占27.1%;约30.4%的受访者认为"进行宣传教育"是加强民族团结的最主要途径(见表4-7)。

表4-7 对问题"您认为加强民族团结的最主要途径是什么?"的反馈情况

		频数(人)	百分比(%)	有效百分比(%)	累计百分比(%)
有效	发展经济	463	27.1	27.1	27.1
	进行宣传教育	520	30.4	30.5	57.6
	坚决打击民族分裂分子	683	39.9	40.0	97.6
	其他	41	2.4	2.4	100.0
	小计	1707	99.8	100.0	
无效		3	0.2		
	合计	1710	100.0		

(二)农民对执政党和基层政府的政治认同

1. 农民对执政党宏观层面上的认知

人民群众广泛认同的执政党权威,是巩固执政党的地位、促进政府以及政局稳定的基础和核心。从问卷以及访谈来看,农民对党的宗旨和目标以及党的地位和权威有明确的认知。

调查显示,有1366人明确了解"共产党的宗旨是全心全意为人民服务",占79.9%;而回答"团结友爱""艰苦奋斗"以及"实事求是"的分别占12.5%、4.7%、2.7%。关于党的最终目标的认识,调查显示,选择"实现共产主义"和"实现共同富裕"的基本各占一半,这说明需要我们加强对农民的教育(见表4-8、表4-9)。

表4-8　对问题"您觉得共产党的宗旨是什么?"的反馈情况

		频数（人）	百分比（%）	有效百分比（%）	累计百分比（%）
有效	团结友爱	214	12.5	12.5	12.5
	全心全意为人民服务	1366	79.9	80.0	92.6
	艰苦奋斗	81	4.7	4.7	97.3
	实事求是	46	2.7	2.7	100.0
	小计	1707	99.8	100.0	
无效		3	0.2		
	合计	1710	100.0		

表4-9　对问题"您认为我们党的最终目标是什么?"的反馈情况

		频数（人）	百分比（%）	有效百分比（%）	累计百分比（%）
有效	实现共产主义	835	48.8	48.9	48.9
	实现共同富裕	817	47.8	47.9	96.8
	其他	55	3.2	3.2	100.0
	小计	1707	99.8	100.0	
无效		3	0.2		
	合计	1710	100.0		

但农民对共产主义的初级阶段"社会主义"的认识还是比较到位的：

受访者陆某说："问我对社会主义怎么看我是答不上来的，因为我生活这么多年一直是在社会主义制度下的，以前的事情么我也记得不清楚了。现在的理解么，社会主义就是吃公家的用公家的，每个人都不愁吃不愁穿，总之就是生活幸福，国家强盛。我们村就在太湖边上，可以说自然资源是相当丰富的，所以我们村以前叫'渡村'，但是后来因为东山西山都在靠太湖吃饭，所以我们当时很多人家就开始改做纺织业，发展羊绒衫产业。现在提到羊绒衫，首先想到的一定是我们这里。"[1]

---

[1] 访谈者：陆雁蓉。受访者：陆某，江苏省苏州市吴中区临湖镇陆舍村，汉族，男，74岁，初中，党员，2015年3月2日下午。

方某说:"社会主义就是'先富带动后富,不断缩小贫富差距,使大家都能够过上好日子。'"①

丁某说:"说实话我对意识形态这方面没有多大偏向,只要适合我国,能让人民幸福就是好的社会制度,我一直认为社会主义制度是适合我们的好制度,从没有质疑过它,坚信社会主义制度切实地推进国家富强,民族振兴,人民富裕,这个态度是不会变的。社会主义就是在党的领导下,人民当家作主,依法治国,政治政策完善,法制健全,经济富裕,文化繁荣,人民物质财富和精神财富都比较充实,社会和谐,贫富差距小,民族团结,国家富强,综合国力在世界有一定地位。"②

在访谈中,当被问及"您觉得共产党的地位和威信怎样?"许多受访者认为,只有党的领导,才是实现国家富强、民族复兴、人民幸福的根本保证。

受访者王某说:"中国共产党是中国的执政党,是国家生活的领导者。在我们这样一个多民族的发展中大国,要把十三亿多人的力量凝聚起来,向着社会主义现代化的目标前进,必须有中国共产党的坚强领导。否则,就会成为一盘散沙,四分五裂,不仅现代化实现不了,而且必然陷入混乱的深渊。中国共产党的威信还是有的,每年入党的人数都在增加。"③

丁某说:"从全国来看,我觉得中国共产党的地位还是非常稳固的,人民也已经非常信任中国共产党,坚定地支持党的领导,每年我们单位入党的人数都在上升,但是入党的条件限制也比较多,这对党员的队伍建设更加有利,也更加提高了党员的威信。"④

54岁的张某说:"现在,共产党地位还是最高的,处于执政党的

---

① 访谈者:雷蕾。受访者:方某,浙江湖州市关上村,汉族,女,22岁,大专,团员,2015年3月10日下午。
② 访谈者:沈妮。受访者:丁某,安徽萧县马井镇卫生所,汉族,女,41岁,大专,党员,2015年3月12日下午。
③ 访谈者:沈妮。受访者:王某,安徽省宿州市埇桥区,桃沟村南埝组,汉族,女,30岁,本科,预备党员,2015年3月8日下午。
④ 访谈者:沈妮。受访者:丁某,安徽萧县马井镇卫生所,汉族,女,41岁,大专,党员,2015年3月12日下午。

地位，威信也有的。"①

朱某说："中国共产党是我们的执政党，是中国工人阶级的先锋队，同时是中国人民和中华民族的先锋队；代表中国先进生产力的发展要求，代表中国先进文化的发展方向，代表中国最广大人民的根本利益，同时也是我国社会主义建设的领导核心。共产党在人民心目中有着较高地位。近年来，随着反腐力度的加大，许许多多的贪官落马，也使我们更加相信共产党。也希望党员干部能越做越好。"②

74岁的老党员陆某说："共产党是领导我们中国的，这个地位是一直不会变的。以前觉得共产党是一个精神上的领袖，在实际生活中对我们影响不大，但是现在真切感受到了。共产党的很多政策也是更加公开透明，包括这里的村干部也更多地代表我们老百姓。"③

可见，农民在宏观层面上对党的认识非常到位，这也充分说明国家主流意识对农民具有很大的影响力。

2. 农民对执政党和基层政府的情感

为了进一步了解农民对执政党以及基层政府的情感状况，分别从农民对党的政策与治理、农村党员干部的问卷调查以及访谈来勾勒其情感反映。

（1）农民对党的农村政策满意度较高

一直以来，党中央高度重视"三农"问题。邓小平同志指出："中国社会是不是安定，中国经济能不能发展，首先要看农村能不能发展，农民生活是不是好起来。"④ 他还说："农业的发展，一靠政策，二靠科学。"⑤ 习近平总书记说："中国要强，农业必须强；中国要美，农村必须美；中国要富，农民必须富。"⑥ 党的农村政策，就是党治理农村的策略、方针、

---

① 访谈者：张文冰。受访者：张某，浙江杭州市建德洋溪街道小杨坞自然村，汉族，男，54岁，高中，群众，2015年3月8日下午。
② 访谈者：朱紫燕。受访者：朱某，浙江临海市永丰镇赤庙街村，汉族，女，27岁，大学，党员，2015年3月10日下午。
③ 访谈者：陆雁蓉。受访者：陆某，江苏省苏州市吴中区临湖镇陆舍村，汉族，男，74岁，初中，党员，2015年3月2日下午。
④ 《邓小平文选》第3卷，人民出版社1993年版，第77—78页。
⑤ 《邓小平文选》第3卷，人民出版社1993年版，第17页。
⑥ 中共中央宣传部、中央广播电视总台：《"平语"近人——习近平的"三农观"》，http://www.xinhuanet.com/politics/2015-12/29/c_1117601781.htm.

措施。

改革开放初期，以人民公社为基础的农村体制，排斥市场机制，强调计划体制，长三角农民由于缺少自主权再加上激励制度的缺失，农民的主动性、积极性、创造性受到严重束缚，农村生产力长期处于低层次低水平。改革开放以来，随着社会主义市场经济体制的推进以及农村家庭联产承包责任制的推行，农村的活力得到了激活。改革开放四十年以来，中央先后出台了20个"一号文件"，分别涵盖"三农"的方方面面，如涉及农民的权益保护、农民的权利赋予、农民的增产增收、农村剩余劳动力的转移等，尤其是《中共中央 国务院关于实施乡村振兴战略的意见》的出台，对实施乡村振兴战略进行了全面部署。文件提出的"走中国特色社会主义乡村振兴道路，让农业成为有奔头的产业，让农民成为有吸引力的职业，让农村成为安居乐业的美丽家园"[①] 的重大战略必将推进我国农业现代化的进程。

调查结果显示，农民对改革开放以来党的农村政策满意度较高，当被问及"您对党的农村政策的满意程度如何？"时，有347人表示"非常满意"，占20.3%；表示"基本满意"的有1120人，占65.5%；表示"不满意"的有198人，占11.6%。农民对党的农村政策非常满意和比较满意的加起来达到八成多（见表4－10）。

表4－10　对问题"您对党的农村政策的满意程度如何？"的反馈情况

		频数（人）	百分比（%）	有效百分比（%）	累计百分比（%）
有效	非常满意	347	20.3	20.3	20.5
	基本满意	1120	65.5	65.5	86.0
	不满意	198	11.6	11.6	97.5
	其他	42	2.4	2.5	100.0
	小计	1707	99.8	100.0	
无效		3	0.2		
	合计	1710	100.0		

---

① 《中共中央 国务院关于实施乡村振兴战略的意见》，《人民日报》2018年2月5日。

其中，对"三减免、三补贴"的农村政策印象最深。① 其顺序依次是：约694人认为"'三减免、三补贴'政策"对农民影响最大，占40.6%；其次为"家庭联产承包责任制"，约345人，占20.2%；再次为"新农村建设"，约330人，占19.3%；最后为"免除农业税"，约239人，占14%（见表4-11）。

表4-11 对问题"关于党的农村政策中对您印象最深的（或者影响最大的）是哪个？"的反馈情况

		频数（人）	百分比（%）	有效百分比（%）	累计百分比（%）
有效	家庭联产承包责任制	345	20.2	20.2	20.2
	"三减免、三补贴"政策	694	40.6	40.6	60.8
	免除农业税	239	14.0	14.0	74.8
	新农村建设	330	19.3	19.3	94.1
	其他	100	5.7	5.9	100.0
	小计	1708	99.8	100.0	
无效		2	0.2		
	合计	1710	100.0		

由于上述政策的强力推进，长三角农民感受很深，获得感很强。大部分被调查者认为生活富裕，但认为共同富裕还要很久。

受访者张某说："贫富变化的速度挺快，特别是在自己管自己家田以后，家家户户都好像明显地富足起来，在（20世纪）90年代以后，随着社会的发展，大家的经济条件变得更好了。但贫困人口

---

① "三减免、三补贴"政策，即减免农业税、取消除烟叶以外的农业特产税、全部免征牧业税，对种粮农民实行直接补贴、对部分地区农民实行良种补贴和农机具购置补贴。

基数太大，所以实现共同富裕还要很久。"①受访者丁某说："变化还是比较大的，以前都差不多，现在勤快的、头脑精明的都出去闯了，富得比较快，所以贫富差距慢慢就拉开了，而且越来越大。我们村早些年去南方打工的都攒下了一点钱，而且见的世面也比较多，所以有的就在家里做生意或者在外面创业，有点技术的人还办起学校，教人一些出去打工需要的技术，所以他们赚钱比较快；那些不敢闯的，或者有父母、孩子需要照顾的就在家里种地，他们收入有限，也没什么技术，赚钱就少，所以贫富差距就出现了。当然，以后共同富裕肯定会实现的，现在家家生活得都不错，农村政策又好，补助也多，医保农合大家都有，花大钱的地方也不会多，而且国家税收和一些政策都是从广大人民的角度考虑的，以后富人、穷人的差距会慢慢缩小，再说现在也没有穷人，家家都是小康，过得都不错。"②

(2) 农民对基层政权③和基层干部满意度较高

农村基层干部是贯彻执行党在农村各项方针政策的骨干，是团结带领广大农民脱贫致富奔小康、进行乡村振兴的带头人。④ 2015 年，全国现有农村党员 2500 多万名，农村基层干部 600 多万名，乡镇党委组织 3.3 万个，村党组织 58.4 万个。截至 2017 年 7 月，全国基层党组织带头人队伍素质进一步提升，54.8 万名村党组织书记中，致富带头人占 47.2%，农村专业合作社负责人占 10.0%。⑤ 由于长期工作在农业生产第一线，他们直接联系着广大农民群众。

对于这些基层干部，不同时期农民心目中的优秀党员标准侧重点

---

① 访谈者：张文冰。受访者：张某，浙江杭州市建德洋溪街道小杨坞自然村，汉族，男，54 岁，高中，群众，2015 年 3 月 8 日下午。

② 访谈者：沈妮。受访者：丁某，安徽萧县马井镇卫生所，汉族，女，41 岁，大专，党员，2015 年 3 月 12 日下午。

③ 限于本研究的主题，本部分不是探讨如何强化基层政权建设的问题。但基层政权建设问题确实是一个关乎农村将来发展的重大问题，为了便于从农民思想观念的角度探讨、分析这个严肃的问题，本书选择了一些可以说明问题的指标体系，其中对村干部的评价、对村干部工作的支持是主要指标。

④ 龚上华、朱俊瑞：《我国农民政治信仰认同意识的现状与对策——基于江西省吉安市的调查》，《江西师范大学学报》（哲学社会科学版）2013 年第 4 期。

⑤ 资料来源：人民网，http://politics.people.com.cn/n1/2017/0630/c1001-29375763.html.

有所不同，比如说改革开放前更强调觉悟高，新时期更为强调带领农民致富能力强。那么，农民总体上倾向于什么标准才能承担重任呢？农民倾向的标准基本可以概括为：人品、觉悟与能力三大标准。调查结果显示，农民对村支书特别看中人品以及公正性，其次，注重村支书的奉献精神以及致富领头能力。根据笔者的访谈材料以及公开资料，人品好、觉悟高且能带领农民致富的村支书必然得到群众的广泛拥护和支持（见表4-12）。

表4-12 对问题"您认为具备以下什么条件，才能做你们村的党支部书记？"的反馈情况

		频数（人）	百分比（%）	有效百分比（%）	累计百分比（%）
有效	人品好，办事公正	665	38.9	38.9	38.9
	觉悟高，有奉献精神	573	33.5	33.5	72.4
	能力强，带领大家致富	446	26.1	26.1	98.5
	其他看法	25	1.5	1.5	100.0
	小计	1709	99.9	100.0	
无效		1	0.1		
	合计	1710	100.0		

这种既有群众路线在手，又有先进理念在心的农村党员干部，得到了当地农民的一致认可和拥护。另外，既能密切联系农民群众，同时又善于与农民有效沟通，时刻掌握农民心声的农村党员干部，更是非常受人爱戴。毛泽东时期优秀党员干部的标准和行为在新时期得到了进一步延续和发展，既构成新时期农村党员干部的优良品质，也与农民心目中党员干部的标准相吻合，从而进一步促进了农民对党员干部的认同感，进而促进农民对党和政府的认同感和信任感。由于基层干部每天与农民打交道，农民心中个个有本账，因此，能够为民排忧解难的干部一定会得到农民的拥护（见表4-13）。

表4-13　对问题"您对农村基层干部的印象如何?"的反馈情况

		频数（人）	百分比（%）	有效百分比（%）	累计百分比（%）
有效	能及时为民解忧排难	395	23.1	23.2	23.2
	基本满意	1045	61.1	61.5	84.7
	不满意	222	13.0	13.1	97.8
	其他	38	2.2	2.2	100.0
	小计	1700	99.4	100.0	
无效		10	0.6		
	合计	1710	100.0		

从调查结果可见，总体上农民对基层干部还是比较满意的，分析其原因，可归纳出以下几点：

第一，这同农村基层干部尤其是农村党员个人的身体力行是分不开的。塘栖村党委书记唐国标的事迹很好地证明了这一点。

> 唐国标作为一名基层党委书记，爱岗敬业、无私奉献，一直以来，带领塘栖村全体党员干部心往一处想，劲往一处使，为塘栖村经济和社会事业发展做出了积极贡献，用行动诠释了一名基层党员干部的深刻内涵。农村是基层，情况比较复杂，各种矛盾、纠纷、误解时常发生。要想深入了解民情民盼，融入群众，就必须有一颗"细致的心"。平时唐国标一有空就骑上他的单车，以"健身"的名义做"家访"，回来他立马把一路上看到的、听到的大事小事记录在笔记本上，按重难点归类，及时召开班子会议落实解决。老百姓诉求得到了及时回应，久而久之，他在村民心中的威信也越来越高。基层农村工作事情杂、压力大、强度高，往往一项工作没完成，第二项、第三项已接踵而至。从去年全区的"大会战"到现在的美丽乡村建设、"治水剿劣"等工作，持续600多个日夜，每次冲在最前线的依然是唐国标的身影。不少村民不止一次地劝他注意身体，他总是笑一笑说"知道啦"。以他山之石之力，助推"美丽余杭"建设，塘栖村正积极打造精品美丽乡村。唐国标时常组织核心成员到周边等地考察参观，学习

对方在美丽乡村建设中的先进经验。结合该村实际，审慎思考塘栖村版美丽乡村建设的未来，为建设更高标准的美丽乡村汇聚智慧。①

第二，也同党员主动带领村民致富的行为是分不开的。改革开放后，共产党员带头致富方面表现突出，尤其是作为改革开放前沿阵地的长三角地区，更是涌现出一批批带领农民致富的老党员、老支书，也有普通的党员干部。

安徽省农委徐国余概括了当代农村致富带头人的作用及特征："他们在发展农业和农村经济中率先致富，并带动周边乡邻共同致富；年龄轻，有文化，爱科学；善经营，懂管理，用企业理念生产经营；开拓创新，守法经营，道德高尚；立足自身发展，不依不靠，不等不要；他们的经验做法易对农民产生影响。"② 正是有了这样一批农民致富能人党员，他们的现身说法对农民的影响更直观、直接、有效，从而进一步夯实了农民对基层党员干部的认同和信任。

第三，也与基层干部服务意识强、讲信用有关。长期处于一线的基层干部，是老百姓的主心骨，在村民心目中，每一个农村基层干部都是代表政府。因此，基层干部的形象就是党和政府的形象。在城镇化突飞猛进的长三角地区，农村拆迁问题一直很突出，有效处理拆迁中的利益分配以及协商处理拆迁中所出现的问题，既能考验基层干部的智慧，又能获得老百姓的信任。此外，要始终秉承"群众利益无小事"的处事原则，尤其是要紧紧抓住"关键小事"，解决群众在生产生活中所遇到的任何事情，为政府信任增分。在笔者组织的学生假期访谈记录中，字里行间都体现了长三角地区基层领导干部的担当和不容易。以下是访谈内容：

问：在您的任职期间村里有开展过什么重大的工程项目？

答：前几年为了美化环境，也拆除了一些村子中心的破旧楼房，改造成了篮球场，白天孩子们在那打篮球，晚上村民们在那聊天纳凉。去年（2015年）5月份正式落成的村公园，是镇上出资建设的，公园坐落

---

① 《事必躬亲的塘栖村党委书记唐国标》，《余杭晨报》2017年5月25日。
② 徐国余：《加大力度培育农村致富带头人》，《安徽农业》2003年第1期。

在麻阳江畔，总投资950万元，总面积2.4公顷，青石铺就的广场路面呈现一个巨大的"寿"字，里面还有仿古廊亭、农耕雕塑等景观，给村民的业余生活带来了很多的欢乐。去年（2015年）下半年，我们村通过招标建了一座办公大楼，前几天刚刚验收完成，准备搬进去。现在，村子里除了日常的一些工作之外，就是配合镇上做一个处理污水的工程，这是现在镇上同时也是我们村比较重大的项目。

问：我看村子里现在大多是新房子，老房子比较少，以前的老房子是村民自己有需要拆迁的，还是村子里面一些工程需要拆迁的？拆迁的过程中有没有遇到什么困难？是怎么与村民沟通的？

答：现在村里剩下的老房子基本上都是一些老人在住，有些老房子是随着生活条件变好，村民自己拆掉后在地基上重建的；还有些老房子，是因为村里修路的一些需要而拆掉的，像是我们村子篮球场的地方原来就是一些老房子。这些拆迁，我们村子都会补贴户主一块新的地基，这也是提早与村民协商好的，为了村子环境更好，补偿的也合理，村民们都是比较配合的。

问：现在村里在建办公大楼，我了解到是向村民集资的，那是怎么激励村民这样做的呢？

答：村里之前的办公地点是老房子，我们申请盖一栋新办公大楼，这个楼前几天刚刚完成验收，过几天我们会正式搬进去。前期的时候由于资金问题，盖办公大楼就是村里先拿一部分钱，然后剩下的是向村民借的。借款凭着村民自愿的原则，不管出多出少我们都是以一定的利息还款的，到现在为止向村民借的钱已经还清了。每个村民都希望为村子建设出份力量，而我们作为人民公仆，做事情要讲信用，更要干实事，这样老百姓才会相信我们，大家的生活才会越来越好。①

"要服务大众，首先是自己的心态要摆正，就是把自己当作村民的公仆，把群众的事情放在第一位。村民的事情小事也是大事，正如领导所说，'村民无小事'。村里的一点点小事我们都要把它重视起来，我们村的领导在选举时承诺'小事不出村，大事不出镇'，看似

---

① 访谈者：潘鹏英。受访者：潘某，浙江省金华市武义县王宅镇郭浦朱村村长，2016年10月5日上午。

是一些小事情，在刚露出苗头的时候我们就要把它们解决掉。村领导和村里的每个党员会不定期地走访，看看村民有没有生活上的需要，有什么困难，对村建设有什么好的建议，或者对村里有什么看法都可以说出来。我自己也会去走访，发现一些问题，能解决的就解决，不能解决的就向上级汇报，请求上级的支持，尽量把问题解决了。"①

"我印象最深的是，近一段时间我们村响应上级的号召，进行'治六乱，美三花'的行动。因为我们农村基础条件不好，现实问题是：随意堆放的东西很多，比较杂乱。现在利用这个行动，对村里那些'乱、脏'的现象进行治理，刚开始整治时老百姓也不支持。因为农家的柴火太多，条件又有限，家里没地方放就堆到公共场所，还有一些建筑材料也是堆放在公共场所。'乱'的现象很普遍。通过这次活动，我们挨家挨户地做工作，对于真的有困难的人家，我们就找地方给他们堆柴火。有些村民的柴火不需要了，我们就花一些钱把它们回收，然后村里集体处理了。慢慢地，村民看见村里变得卫生干净，也很开心，于是，他们的支持力度也提升了，我们的工作也就轻松了。现在我们村的环境和之前有很大差别。"②

第四，也与基层干部在处理突发事件时能够始终为老百姓着想有关。农村突发事件主要指农村各种社会问题和自然环境矛盾积聚、激化后的社会形态表现。突发事件的发生会严重威胁农民的生产、生活以及人身和财产安全。因此，有效应对和处置突发事件，不仅是从稳定出发，更重要的是关系到农民对党和政府的信任。以下是一名基层干部的采访实录：

问：在您的任职期间有没有发生过什么突发性事件？您是怎么处理的？

答：村里之前有一对老夫妇晚上柴火烧得不恰当，一开始没注意到，后来引起了大火。等我们赶到的时候，火已经烧的很大了，旁边

---

① 访谈者：宋瑞萍。受访者：宋某，浙江省金华市兰溪市横溪镇宋宅村村监会主任，2016年10月6日上午。

② 访谈者：宋瑞萍。受访者：宋某，浙江省金华市兰溪市横溪镇宋宅村村监会主任，2016年10月6日上午。

的村民帮忙打了119，我们几个人也赶忙组织人们帮忙救火，并稳定两个老人的情绪。消防队赶到后，加紧扑灭了大火，两个老人也只是稍稍吸入一点浓烟，但老人住的房子受损还是比较严重的。我们也抓紧联系了老人的儿女，让他们来安慰照顾两个老人。事后，我们也派人去慰问了老人。

问：您觉得作为一个村干部，在处理一些突发性事件时需要注意什么？

答：作为一个村干部，第一重要的就是冷静。冷静下来，客观分析问题，理性判断问题，审时度势，迅速做出正确决策并稳定大家的情绪。第二重要的就是要恰当地听取别人的意见，领导毕竟也只是一个人，集体的力量更大。还有就是，不管怎么样，我们要记住我们是为村民服务的。①

这种党员先锋模范不止一个人，而是一批人。如《杭州日报》"抓队伍、促导向、树榜样，发挥党员先锋作用有实招"的报道对此进行了很好的佐证和诠释。②

昨天下午4点20分，余杭区塘栖镇塘栖村年轻党员徐永佳和朱建伟，身披着"党员先锋岗"的党员绶带，来到村头某城市综合体建筑及主干道拓宽硬化的施工现场。再过20分钟，下班晚高峰即将到来，他们的任务是协助交警帮助来往车辆和行人有序通过施工地段。

近两年来，该村作为塘栖新城区东扩的桥头堡，区、镇级多个重点项目如城市商业综合体、保障房区块在建，以及村主干道拓宽、截污纳管等多个标段同步进行，具有在建工程量大、点多、面广的特点。如何在工作推进中，找准结合点，切实发挥党员作用，塘栖村党委走出了一条自己的管理路子。

党建＋活力＝"小年轻干大事助推进"。年轻党员有文化、有活力、

---

① 访谈者：潘鹏英。受访者：潘某，浙江省金华市武义县王宅镇郭浦朱村村主任，2016年10月5日上午。

② 《抓队伍促导向树榜样：塘栖村发挥党员先锋作用有实招》，《杭州日报》2015年12月22日。

有拼劲，为了发挥年轻党员的作用，塘栖村党委结合村里实际，给年轻党员精心设计了多个活动载体。如临近年底，该村组建了一支以"80后"为主的年轻党员智囊先锋队，并根据这30名年轻党员的专业特长，由村党委分配到村内6个主要在建工程点。除指挥交通外，分别参与到工程财务审计、工程设备采购、工程监理、景观设计等多种不同环节当中，在保障村民正常安全出行、保证各大工程保质保量收工结尾之余，也使年轻党员得到了一定锻炼。早在2013年年底，该村就对二级支部进行重组，并建立年轻党员支部，安排年轻党员在全村范围内的6个党员先锋岗不分严寒酷暑、节假日值班轮岗；积极组织年轻党员投身于"五水共治"、防洪抗台、防雪抗灾、义务献血等活动一线；在村文化礼堂建设、党员志愿服务中也都出现年轻党员活跃身影。"通过几年的锻炼培养，我们希望村里的年轻党员能逐步成长为村级事务建设管理的主力军。"塘栖村党委书记唐国标如是说。

党建＋公信力＝"老把式办实事促发展"。塘栖村党委在工作推进中，根据中老年党员队伍现状，主动邀请党员参与民主管理、民主协商，探索出适合本村党员发挥作用的特色之路。如重大事项党员先议。该村在修建三官堂片村道过程中，事先组织部分党员代表召开党员会议把项目情况说一说、有问题议一议，结果会议当场就有不少党员表示强烈支持，事后更有党员不计个人得失无偿出让土地支持造路修路，在全村树立起党员带头的良好榜样，从而加快工程推进。

此外，发挥以党员为主导的民主协商作用。如在村民心工程建设过程中遇到因个别村民纠结"风水"迷信而面临卡壳的情况，村党委邀请涉及区域的党员、组长代表召开村级民主听证会，综合各方意见，民主表决，最终让工程得以顺利推进。今年，该村又精心组织了17名各自然村德高望重、忠实正直的老党员，建立民间矛盾调解小组，在老党员的调解下，邻里间有心结的"解一解"、有纠纷的"谈一谈"、有矛盾的"调一调"，在全村建立一个纵到底、横到边的和谐关怀网络。

新华网安徽频道《坚持党员带头引领——马鞍山七房村的蟹苗致富经》的报道对此也进行了很好的佐证和诠释：

新华网合肥4月1日电（吴万蓉）"今年产品销路特别好，我们合作社50亩塘口里的蟹苗已经全部卖完了，这一茬大约赚了三十多万元。"马鞍山当涂县乌溪镇七房村振兴水产养殖专业合作社负责人周先锋高兴地说。这几天，老周正忙着给自家的塘口清淤和消毒，准备新一茬蟹苗的培育。河蟹养殖业在马鞍山有着十分重要的地位，蟹苗产业更是当涂县乌溪镇农业的支柱产业。在当涂县还流传着这样一句民谣："门前门后有口塘，三年盖间小楼房。"民谣道出的便是乌溪镇人利用水塘养殖蟹苗致富的场景。把"小蟹苗"做成"大产业"，不仅是七房村村民的创业梦，也是村党总支努力的目标。

"二十多年前七房村的村民大多外出打工，或是在家种植水稻，收入微薄。1995年，老支书刘文尚带头实验水产养殖，经历数次失败后，终于找到了蟹苗培育养殖的致富路。"七房村党总支书记刘小兵介绍道。刘小兵说："刘文尚坚信'只有落后的干部，没有落后的群众'，党员带头致富，更要带头结对帮扶，带领群众致富。"作为一名党员，也是村里的养殖大户，周先锋带动了本地和外埠680多户进行蟹苗养殖，这些养殖户年人均纯收入已经超过两万元。

现在，七房村党总支正在积极推广生态养殖，开展养殖技术培训班，培育优质的螃蟹苗种。在乌溪镇当地政府的支持下，七房村已连续两年举办"乌溪蟹苗节"，提升了"乌溪蟹苗"的品牌影响力。今年，在七房村的村支部，还建起了一座"信福小屋"，为养殖户提供蟹苗销售咨询、网上代购代销、农特产品销售等服务。"以前我们的蟹苗买家主要来自临近的江苏省。今年，一些来自湖北和山东的大客户通过互联网联系上我们，订购了我们七房村大量蟹苗。"周先锋说。"我相信，我们乌溪蟹苗将会销得更远，村民都能靠着蟹苗过上好日子！"①

第五，村庄不断强化党建引领的影响力，集聚服务资源，不断解决老百姓对美好生活的需求，尤其是让老百姓在家门口就能解决自己的需求，

---

① 《坚持党员带头引领——马鞍山七房村的蟹苗致富经》，http://www.ah.xinhuanet.com/20170401/3689499_c.html。

从而得到了农民的真心拥护。

以浙江为例，浙江高度重视基层党建工作，把抓基层打基础作为固本之策和长远之策，从实践中逐渐总结出了行之有效的《浙江省农村基层党建工作经验做法》，而且从 2015 年下半年，浙江省全面实施"整乡推进、整县提升"，高标准落实浙江"二十条"，不断强化党建引领的影响力。[①]

浙江农村基层党建工作经验二十条

1. 省市县乡四级党委书记任期内"四个走遍"，带动各级干部"走村不漏户、户户见干部"。

2. 建立市县乡党委书记抓农村基层党建责任清单和年度党建报表制。

3. 选派干部驻村联户全覆盖。

4. 实行两个"提高20%"政策稳定乡镇干部队伍。

5. 乡镇抓基层党建工作专门力量普遍达到3人以上。

6. 坚持对村级党组织实行评星定级晋位争先。

7. 每年按照5%—10%倒排软弱涣散村党组织开展集中整顿。

8. 在村"两委"换届选举中明确"五不能六不宜"，选准选好带头人。

9. 以高于当地农民人均纯收入1.6倍确定村主职干部基本报酬。

10. 县级党委直接抓村"两委"干部集中培训。

11. 组织农村党员每月集中活动、每半年评议、每年评定不合格党员。

12. 每个乡镇建立党内关爱基金（资金），关心帮扶农村老党员和生活困难党员。

13. 全面推行村务联席会议制度，实行"五议两公开"民主决策。

14. 建立农村基层小微权力清单，规范村干部用权行为。

15. 实行村干部坐班、值班，为民服务全程代理制度。

[①] 《中组部发文要求学习借鉴浙江农村基层党建经验》，《党建文汇：上半月》2016 年第 2 期。

16. 村级组织运转经费按照不少于5万元或10万元实行财政兜底。

17. 大力扶持经济薄弱村发展集体经济。

18. "以用促建"在全省所有村建立便民服务中心，使村级活动场所真正成为党群服务阵地。

19. 全面清理村级组织"机构牌子多、考核评比多、创建达标多"问题，为基层减负减压。

20. 全面建立村务监督委员会，架起党群干群"连心桥"。

以上海松江泖港镇焦家村为例，该村以党建引领的影响力为核心，集聚现有服务资源，同时不断扩充外延，逐步形成了影响身边党员群众的"核心圈"、各类服务资源集中的"服务圈"以及提升服务战斗力的"联动圈"，有温度的"党建生活圈"架起了"便民服务连心桥"，成了泖港镇创新社会综治的有效载体。[1]

"核心圈"体现党建引领新优势。焦家村现有农户556户，户籍人口1924人，全村分为3个网格管理片区。人少事不少，在村庄改造建设中，邻里矛盾时有发生。对此，焦家村以党建服务站为平台，将全村105名党员以网格片区的形式划分，属地化管理，设立了1个党建服务站、2个党建服务点，将支部建在网格上，每个支部配有网格支部书记一名、党员志愿者若干，推动基层党建工作全面铺开。"政治学习进宅院、组织生活进家门，在网格支部开设党员学习'微课堂'，党员不出宅院便可学习党章党规、参与活动，这是党建服务站首先要发挥的党员培训'课堂'作用。"焦家村党总支书记庄益民告诉记者，焦家村找准了党建创新的着力点和突破口，在党建服务站建设方面不断探索和实践，使之成为基层党建工作的一线阵地，成为焦家村"党建生活圈"中的"核心圈"。党建服务站的建立，就像把党员议事会搬进了站点内。在焦家村的老党员们看来，经常到服务站坐

---

[1] 《松江泖港镇焦家村创新农村社会综合治理模式》，http://jjdf.chinadevelopment.com.cn/xw/2018/08/1342368.shtml。

一坐,不仅便于对村"两委"发展思路、工作决策"会诊把脉",还能对党员群众关心的热点、难点问题议一议、评一评,主动参与到党组织的工作中。似乎通过日常聚会聊天,就参与到了村级各工作事项的研讨中,也使村党总支有了更灵活的"耳"、"嘴"和"腿"。"党建服务站今年3月成立以来,先后解决了长浜河危桥翻建、长浜乡村道路扩建、中埭和南埭村民小组排水及水泥明沟修建等12条涉及重大民生事项的民众急难愁诉求。"庄益民说,党建服务站在发挥联系服务群众"纽带"作用上,积极依托大调研,将服务站的党建工作向前推进"一千米"。把镇党委、政府的声音、关怀、服务及时送至党员群众的家门口,通过党建服务站将民意、问题进行梳理归类、跟踪反馈,更新和抓实资源、需求"两张清单"。

"服务圈"整合党建资源。今年6月,泖港镇首个"泖田绿色小屋"在焦家村投入使用。作为泖港镇再生资源交投点的2.0版本,"泖田绿色小屋"集再生资源交投、绿色账户兑换、酵素工坊和生态之家四大功能为一体,成为村级公共服务中心一个重要的服务功能站点。在绿色小屋里,村民亲眼见到了垃圾分类的流程,也切实享受到可回收资源再生利用的成果。"泖田绿色小屋"因此也成为"服务圈"内一个重要的生活服务功能站点。如何提供百花齐放的服务,让党员群众齐点赞,是党建服务站运转的关键。因此,焦家村依托党建服务站,将更多党建服务资源输送到党员群众生活中,打造"四大站点",推动党建工作和服务全覆盖,使之成为"党建生活圈"中的"服务圈"。"村里的社会服务站服务机制'全岗通',工作人员'一专多能',提供'一门式服务'。"庄益民介绍,焦家村整合社区服务站服务资源,重点为党员群众提供信访接待、计生服务、公益服务、社会救助和就业服务等一站式服务,全力打造便捷高效、服务一流的政务工作站点。2016年,焦家村整合各类综治资源,在全区首推综治工作站、社区警务室、网格工作站和微型消防站"四站合一"平安联创工作室。平安联创工作室串联起了诸多部门的管理力量,各部门实现了集中办公,彼此信息资源共享。庄益民说,"焦家村的平安联创工作室标准化模式建设得到了区委政法委的肯定,并在全区推广。独立的综治工作站窗口直面群众诉求,及时解决群众在村庄改造建设、

'五违四必'区域环境综合整治、无违建村居创建等工作中遇到的困惑和问题,切实保障村级综治力量发挥最大最好效能。"

"联动圈"提升服务战斗力。"一把扫帚、一个簸箕,我们的党员志愿者甚至会直接用手去清理花坛和绿化带内的垃圾和杂草。"庄益民介绍,焦家村如今会定期开展"相约星期二、净美二小时"——邻里守望、清洁家园志愿者服务活动,通过党员志愿者在岗位上亮身份、在服务上作示范、在队伍中发挥影响力,带动村民共同主动参与垃圾分类。同时,焦家村还在服务站内设立社会组织服务点,鼓励社会组织参与党建服务,组织他们深入村组,与农户结对子交朋友,走实联系服务群众"最后一步路"。"'联动圈'的影响力为'党建生活圈'更添了把火、加了把劲。"庄益民说,"焦家村今年已组建了5支党员队伍,分别是'学习型''老娘舅型''示范型''志愿型''监督型'党员队伍,充分发挥党员志愿者自身特长,鼓励他们按需服务,参与到各项志愿服务项目活动中。"①

第六,也与对村干部履职规定了负面清单有关,这种方式既规范了农村干部履职行为,也保护了村干部。

日前,三门县亭旁镇铁场村老厂房要出让,有村民直接找到铁场村党支部书记王正永想私下购买。王正永什么话也没说,直接拿出了履职红线,对方一看就知难而退了。"这两年村里项目比较多,经常有一些亲戚朋友私下里找我,原来拒绝对方要费很多口舌。现在如果还有人来说这些事情,我就直接让他们看履职红线,你们看,我的权力没那么大,这些事情我说了不算,有规定的。"王正永指的履职红线正是《三门县村居干部履职红线"二十条"》。相关规定中明确提出了两个"不得":不得违背议事规则,涉及工程建设、集体资产承包、大额资金使用等重大事项,必须按照"五议两公开"民主决策程序,由村民(代表)会议讨论决定;不得违反招投标相关规定,不得通过

---

① 《松江泖港镇焦家村创新农村社会综合治理模式》,http://jjdf.chinadevelopment.com.cn/xw/2018/08/1342368.shtml.

肢解工程等方式规避招投标，本人及近亲属不得参与本村工程项目的投标、承包。"这些条条框框，表面上看是捆住了村干部的手脚，其实是保护了村干部"。亭旁镇铁场村党支部书记王正永说。"村务如何处理，很多时候都是村干部想当然，有较大的随意性，哪些事情可以做、哪些不能做都不了解，在程序上和制度上都有很多需要完善的地方"。三门县纪委相关负责人表示。如何进一步规范农村干部履职行为？今年，三门县纪委根据相关党纪条规，全面梳理近几年查处的农村干部违法违纪案件，提炼出村居干部在工作、生活中易触碰"雷区"的廉政风险点，制定出台了《三门县村居干部履职红线"二十条"》，从政治纪律红线、中央八项规定精神红线、集体资金使用红线、项目管理红线、个人生活红线五个方面，对不得挪用集体资金、不得违反招投标相关规定、不得违反规定操办婚丧喜庆事宜等二十种廉洁履职行为进行了规范。同时，县纪委联合县委宣传部将《三门县村居干部履职红线"二十条"》制作成动漫宣传片，代入生动形象的画面场景，在农村远教广场、公交站台等公共场所滚动播放，方便村干部加深印象，牢记"红线"规定。"别看这些规定字数不多，却句句都是高压线，严严实实地给村干部们的履职行为设置了'杠子'，画起了'红线'。"浦坝港镇党委委员、纪委书记麻建峰说道："规定使村干部履职有了负面清单，也让乡镇干部督查工作有了抓手。"

链接：三门县村居干部履职红线"二十条"

一、政治纪律红线。

1. 不得妄议中央大政方针，或公开发表丑化党和政府形象的言论。

2. 不得拒不执行上级党委政府的决策部署和村集体依法依规做出的决定决议，或阳奉阴违、敷衍应付。

3. 不得利用家族、宗族势力横行乡里、称霸一方，或放纵包庇黑恶势力、充当"保护伞"，严重损害党的执政根基。

二、中央八项规定精神红线。

4. 不得用集体资金大吃大喝、娱乐消费，违规发放津贴补贴。

5. 不得在村办公楼、宗祠落成时安排宴席、收受贺喜礼金。

6. 不得用集体资金购买礼品（土特产）、礼卡等用于送礼。

7. 不得用集体资金招待到村开展公务的机关单位工作人员。

8. 不得借学习考察名义变相旅游。

9. 不得接受与本村利益相关人员的礼品、礼金、礼卡、吃饭宴请、娱乐消费等。

三、集体资金使用红线。

10. 不得挪用集体资金，或违规出借给他人。

11. 不得违规进行宗族慰问、捐赠、赞助、贺喜等支出。

12. 不得由村党支部书记、村委会主任、村监会主任直接管理现金，库存现金金额不得超过5000元。

13. 不得坐收坐支，收到村集体收入2日内必须存入村集体账户。

14. 不得通过划拨村老人协会经费等手段套取集体资金用于各种开支。

四、项目管理红线。

15. 不得违背议事规则，涉及工程建设、集体资产承包、大额资金使用等重大事项，必须按照"五议两公开"民主决策程序，由村民（代表）会议讨论决定。

16. 不得违反招投标相关规定，不得通过肢解工程等方式规避招投标，本人及近亲属不得参与本村工程项目的投标、承包。

17. 不得在扶贫等领域中优亲厚友、虚报冒领、违规承包、贪污挪用、吃拿卡要。

五、个人生活红线。

18. 不得违反规定操办婚丧喜庆事宜。

19. 不得到营业性娱乐场所接受有偿异性陪侍服务。

20. 不得参与赌博、吸毒、酒驾、邪教组织或接受色情服务等违法活动。[1]

正因为基层干部（基层党员）与农民之间互信度较高，因此，当被问及"村干部来收缴相关费用，你怎么做"时，表示"积极缴纳"

---

[1] 《三门："二十不得"为村居干部履职划"红线"》，浙江省纪委省监委网站，http://www.zjsjw.gov.cn/ch112/system/2018/07/05/030992228.shtml。

的高达52.4%；表示"等其他人缴纳了才缴纳"的观望者占34.0%；表示"不缴纳"的反对者仅占8.8%。说明了农村基层政权组织强大的公信力和良好的群众基础（见表4-14）。

表4-14　农民对村干部来收缴相关费用的反应状况调查

		频数（人）	百分比（%）	有效百分比（%）	累计百分比（%）
有效	积极缴纳	895	52.4	52.5	52.5
	等其他人缴纳了才缴纳	582	34.0	34.2	86.7
	不缴纳	151	8.8	8.9	95.6
	其他	76	4.4	4.4	100.0
	小计	1704	99.6	100.0	
无效		6	0.4		
合计		1710	100.0		

这个结果与我们设计的"农民欢迎度"的评估指标"村里组织相关的技能培训，您会参加吗？"进行比较分析。结果显示，46.5%的受访者表示"积极参加"，这说明长三角农民对村级组织还是普遍信任的，因为，虽然占比未超过半数，但是，要知道，在当前互联网时代，长三角农民获取各类信息的来源广泛，方便快捷，但农民仍然积极参加技能培训，一方面表示农民有较大的掌握相关技能的需求且信任村级组织，另一方面也表明，村级组织能够提供符合农民需求的技能培训（见表4-15）。

表4-15　对问题"村里组织相关的技能培训，您会参加吗？"的反馈情况

		频数（人）	百分比（%）	有效百分比（%）	累计百分比（%）
有效	积极参加	795	46.5	46.6	46.7
	无所谓	643	37.6	37.7	84.3
	不参加	267	15.6	15.7	100.0
	小计	1705	99.7	100.0	
无效		5	0.3		
合计		1710	100.0		

(3) 农民对农村普通党员的满意度比较高

当被问及"您身边有没有您觉得优秀的党员?"时,将近56.1%的受访者认为有优秀的党员,30.6%的受访者表示不清楚,近13%的受访者表示没有。笔者进行的系列访谈也证明了上述结论(见表4-16)。

表4-16　对问题"您身边有没有您觉得优秀的党员?"的反馈情况

		频数(人)	百分比(%)	有效百分比(%)	累计百分比(%)
有效	相信	960	56.1	56.2	56.2
	不清楚	524	30.6	30.7	86.9
	没有	223	13.0	13.1	100.0
	小计	1707	99.8	100.0	
无效		3	0.2		
合计		1710	100.0		

访谈对象安徽丁某和王某比较了毛泽东时代、邓小平时代和现在的三代党员的评价,对改革开放以来尤其是当前党员,更是有很多话要说。以下是访谈的部分内容:

> 丁某说,"我认为毛泽东时代的党员确实不错,确实是为人民服务的,忠实的拥护中国共产党的,我爷爷就是那个时代的党员,还是一名干部,但是很廉洁,家里人想通过他找工作,他都拒绝,让家里人自食其力,自己努力,走后门、贪污受贿等在那个时代是很少见的。邓小平时代的党员相对来说思想就比较开放吧,各种政策也比较贴合实际,没有那么多口号。我们村的卫生室也是那个时候开始建的,都是私人的,也逐渐开始有人去南方打工,好多人都在南方定居,也没回来。有利有弊吧,富起来了,人们也就比较注重利益了,市场经济开始了,找政府办事的人就开始多起来,我算是从那个时代走过来的,部分党员还是受到一些物质利益侵袭的。现代的党员也不好说,都年轻化了,知识水平高,思想也比我们开放,办事效率也高,也有活力,对他们了解的层面和范围也不多,就在我们村这么大点地方上班,接触的党员也有限,不过看到最近反腐建设和法治建设

抓得很紧，我作为一名党员对党的事业是充满信心的，相信我们的祖国在党的领导下会越来越强，干部也越来越廉洁高效，人民生活水平也会越来越好，早日实现共同富裕！"①

王某说，"听老一辈的说，毛泽东那个时代入党，确实是干出来。从早到晚，无论工作、学习、生活，时时处处都要积极地去做，想靠耍嘴皮子入党，那是没门儿的事情，更不要说走后门、拉关系了。思想也是比较单纯，就是为了党，为了大家，才那样去干。'为人民服务'是常记在心里，而不是挂在嘴上。如果在某件事情上落后了，或者做错了，那是非常内疚的，很没有面子，在学习会上要主动做自我批评，谈出来请同志们指导、帮助。那个时代的党员，威信确实很高。作为党员，对自己的要求是很严格的，自律性很强，入党前和入党后一个样。从平时的一言一行上，别人就会看出你是党员，有时候别人会问'你是党员吗'，说明党员和群众就是不一样。党员经常助人为乐，别人有困难的时候往往喜欢找党员帮助。但是，党员并不感到骄傲，而只是心里感到光荣。党员干部比普通党员的威信更高，办事公道，有凝聚力，有号召力，能调动大家的积极性，他们是党的化身。"

访谈对象浙江雷某、张某和方某是这样看的：

雷某说，"每一代都有着自己的特点，毛泽东时代的党员因为条件艰苦，国难当头，所以更加的坚韧，同时更加的无私，邓小平这一代的党员才经历'文化大革命'，同时中国的发展又有点落后，所以大多数人将精力投在了中国的发展之上，也是很努力的，但是到了现在虽然经济实力不断升高，反而思想受到了许多的冲击，诱惑增多，导致出现了一些腐败现象，心里不免有些失落。"②

张某说，"毛泽东时代的一般党员都是听从上级的安排，虽然日

---

① 访谈者：沈妮。受访者：丁某，安徽萧县马井镇卫生所，汉族，女，41岁，大专，党员，2015年3月12日下午。

② 访谈者：雷蕾。受访者：雷某，浙江湖州市安吉县古城村，畲族，男，45岁，初中，群众，2015年3月11日下午。

子苦了点,但是真切地感觉到当时的党员下乡下得更加热切;邓小平时代的党员对群众的领导性还是蛮强的。"①

方某说,"我认为是一代更比一代强,但是如果没有前人的经验作为铺垫也不能够成功做到这样的成果,没有毛泽东这一代也许就没有现在安定的局面,没有邓小平一代我们的经济发展水平就不太会这么高,而现在的一代正带着我们前往更好的方向。"②

从上述访谈中可以看出,新时代农民在市场经济的冲击下,对致富有强烈的渴望,因此在选择干部时也倾向于能带领农民致富的党员,问卷调查也显示,农民对村内党员致富能力和致富工作总体上还是满意的,但对少数党员只顾自己,没有做好模范带头作用不是很满意。当然这也与部分党员干部政治意识和带头意识不强有很大关系(见表4-17)。

有关调查资料显示,居住分散、流动性强、先锋模范作用意识淡薄,是目前农村党建工作队伍建设面临的一个实际问题。一些党员说:"我们一没职、二无权,只能听听会议、举举拳头。"一些党员也不自觉地降低对自己的要求,混同于一般群众,甚至做了群众的尾巴。

表4-17 对问题"您对村内党员在全村致富工作上的满意度是?"的反馈情况

		频数(人)	百分比(%)	有效百分比(%)	累计百分比(%)
有效	非常满意	425	24.8	24.9	24.9
	基本满意	920	53.7	53.8	78.7
	不是很满意	295	17.3	17.3	96.0
	不清楚	68	4.0	4.0	100.0
	小计	1708	99.8	100.0	
无效		2	0.2		
	合计	1710	100.0		

---

① 访谈者:张文冰。受访者:张某,浙江杭州市建德洋溪街道小杨坞自然村,汉族,男,54岁,高中,群众,2015年3月8日下午。

② 访谈者:雷蕾。受访者:方某,浙江湖州市关上村,汉族,女,22岁,大专,团员,2015年3月10日下午。

习近平总书记在《摆脱贫困》一书中曾经说过："如果没有一个坚强的、过得硬的农村党支部，党的正确路线、方针政策就不能在农村得到具体的落实，就不能把农村党员团结在自己周围，从而就谈不上带领群众壮大农村经济，发展农业生产力，向贫困和落后作战。"① 在长三角地区，虽然农民比较富裕，但是全面致富的愿望非常强烈，而要实现全面致富，仍然需要一个坚强的、过得硬的农村党支部的带领。因此，如何提升基层党员干部的政治意识以及工作能力，发挥"一个党员，一面旗帜"的作用，成为新时代农村基层党组织建设的重大课题之一。②

（4）农民对改革开放以来的党领导的农村治理尤其是新农村建设满意度比较高

改革开放以来，党和政府高度重视农村工作，如前所述，出台了一系列政策，尤其是在社会主义新农村建设中，③ 长三角地区坚持先行先试，按照"生产发展、生活宽裕、乡风文明、村容整洁、管理民主"的要求，扎实推进社会主义新农村建设，取得了较好的成绩。坚持打造良好的农村自然环境和社会环境，着力营造安全舒适的宜居环境。坚持把基础设施建设作为重点之一，统筹城乡基础设施建设，推动城市基础设施、公共服务和现代文明向农村延伸。

调查结果显示，对"村容整洁、乡风文明、生活宽裕"三个标准，农民选择均接近半数，选择"生活宽裕"的为56.8%，选择"乡风文明"的为40.6%，选择"村容整洁"的为36.5%。其排列顺序为"生活宽裕 > 乡风文明 > 村容整洁"。可见，农民还是总体认同新农村建设取得的成绩。但农民认为"生产发展"做得较好的仅有571人，占33.4%，认为"管理民主"做得好的仅有231人，占13.5%。可见，相比较而言，农民对生产发展以及基层民主管理意见较大或者说不太满意（见表4-18）。

---

① 习近平：《加强脱贫第一线的核心力量——建设好农村党组织》，载习近平《摆脱贫困》，福建人民出版社1992年版，第159页。

② 龚上华、朱俊瑞：《我国农民政治信仰认同意识的现状与对策——基于江西省吉安市的调查》，《江西师范大学学报》（哲学社会科学版）2013年第4期。

③ 2005年10月8日，党的十六届五中全会通过《十一五规划纲要建议》，提出要按照"生产发展、生活宽裕、乡风文明、村容整洁、管理民主"的要求，扎实推进社会主义新农村建设。参见《建设社会主义新农村》，中华人民共和国国史网，http://cpc.people.com.cn/18/n/2012/1102/c351073-19470287.html，2016-07-25.

表4-18 对问题"新农村标准：生产发展、生活宽裕、乡风文明、村容整洁、管理民主，从你们村的发展看，哪几个方面做得较好？（多选）"的反馈情况

项目	生产发展	生活宽裕	乡风文明	村容整洁	管理民主
频数（人）	571	971	694	625	231
百分比（%）	33.4	56.8	40.6	36.5	13.5
调查总计（人）	1710	1710	1710	1710	1710

为了进一步了解长三角农民对所在村庄或社区的环境（村容环境、治安环境）的真实看法以及对新农村基础设施建设的满意度，笔者设计了以下几个问题来考察。

一是大部分人认为所在村庄或社区的环境比以前要好。当被问及"您所在村庄或社区的环境给您的感觉如何？"时，近半数的人认为"较以前的村容、公共设施，对现今环境觉得很满意"，约31.1%的受访者认为"还行，尚且过得去，没大感觉"，也有16.4%的受访者认为"更喜欢以前的乡村环境"（见表4-19）。

表4-19 农民对本村公共场所的环境满意度状况调查

		频数（人）	百分比（%）	有效百分比（%）	累计百分比（%）
有效	较以前的村容、公共设施，对现今环境觉得很满意	774	45.3	45.3	45.3
	更喜欢以前的乡村环境	281	16.4	16.5	61.8
	还行，尚且过得去，没大感觉	532	31.1	31.2	93.0
	其他	120	7.0	7.0	100.0
	小计	1707	99.8	100.0	
无效		3	0.2		
合计		1710	100.0		

当被问及"您对您所在村镇的绿地面积是否满意？"的时候，回答"非常满意，很感谢新中国建设带来的美好家园建设"的有294人，占

17.1%；564人表示基本满意，占33.0%；二者相加共有50.1%的人表示满意。有403人表示"一般"，占23.6%。表示"不满意"和"极不满意"的有26.1%。这表明新农村建设在恢复农村村镇绿地面积方面还有很多工作要做（见表4-20）。

表4-20　　　　农民对所在村镇的绿地面积满意度状况调查

		频数（人）	百分比（%）	有效百分比（%）	累计百分比（%）
有效	非常满意，很感谢新中国建设带来的美好家园建设	294	17.1	17.2	17.2
	基本满意	564	33.0	33.0	50.2
	一般	403	23.6	23.6	73.8
	不满意	339	19.8	19.9	93.7
	极不满意	107	6.3	6.3	100.0
	小计	1707	99.8	100.0	
无效		3	0.2		
	合计	1710	100.0		

当被问及"您对所在村镇的空气质量是否满意？"的时候，回答"非常满意"的有369人，占21.6%；722人表示"基本满意"，占42.2%；二者相加共有63.8%的人表示"满意"。有479人表示"一般"，占28.0%。表示"不满意"和"极不满意"的有135人，占7.9%。总体看来，受调查地区农村村镇空气质量良好，群众满意程度较高（见表4-21）。

表4-21　　　　农民对所在村镇的空气质量满意度调查

		频数（人）	百分比（%）	有效百分比（%）	累计百分比（%）
有效	非常满意	369	21.6	21.6	21.6
	基本满意	722	42.2	42.4	64.0
	一般	479	28.0	28.1	92.1
	不满意	120	7.0	7.0	99.1
	极不满意	15	0.9	0.9	100.0
	小计	1705	99.7	100.0	
无效		5	0.3		
	合计	1710	100.0		

二是认为本村的基础设施建设还需加强。当被问及"您对本村的基础设施建设的满意度如何?"时,回答"满意"的和"不满意"的均未超过半数,有771人表示"满意",占45.1%;338人表示"不满意",占19.8%。这说明目前农村的基础设施建设前景堪忧,有必要大力加强基础设施建设(见表4-22)。

表4-22 对问题"您对本村的基础设施建设的满意度如何?"的反馈情况

		频数(人)	百分比(%)	有效百分比(%)	累计百分比(%)
有效	满意	771	45.1	45.1	45.1
	无所谓	601	35.1	35.1	80.2
	不满意	338	19.8	19.8	100.0
	合计	1710	100.0	100.0	

当被问及"您对现居住地的交通是否满意?"时,表示"非常满意,比以前方便得多"的有598人,约占35.0%;回答"基本满意"的663人,占38.7%;农民对目前农村交通状况较为满意的达到73.7%。仅有52人表示"不满意",占3.0%;共有15人表示"极不满意",仅占0.9%(见表4-23)。

表4-23 对问题"您对现居住地的交通是否满意?"的反馈情况

		频数(人)	百分比(%)	有效百分比(%)	累计百分比(%)
有效	非常满意,比以前方便得多	598	35.0	35.0	35.0
	基本满意	663	38.7	38.8	73.8
	一般	380	22.2	22.2	96.0
	不满意	52	3.0	3.0	99.0
	极不满意	15	0.9	1.0	100.0
	小计	1708	99.8	100.0	
无效		2	0.2		
	合计	1710	100.0		

第四章　转型期长三角农民政治意识的流变与分化 / 95

当被问及"您跟远方的亲戚朋友联系方式首选什么？"时，回答首选"打电话"的有1408人，占82.5%；回答"网聊或电子邮件"的有191人，占11.2%（见表4－24）。

表4－24　对问题"您跟远方的亲戚朋友联系方式首选什么？"的反馈情况

		频数（人）	百分比（%）	有效百分比（%）	累计百分比（%）
有效	写信	73	4.3	4.3	4.3
	打电话	1408	82.5	82.5	86.8
	网聊或电子邮件	191	11.2	11.2	97.9
	其他	35	2.0	2.1	100.0
	小计	1707	99.8	100.0	
无效		3	0.2		
	合计	1710	100.0		

当被问及"您外出到附近的城镇首选的交通工具是什么？"时，回答"摩托车"的有553人，占32.4%；其次为"私家车"，有415人，占24.3%；回答"公交车"的有382人，占22.4%（见表4－25）。

表4－25　对问题"您外出到附近的城镇首选的交通工具是什么？"的反馈情况

		频数（人）	百分比（%）	有效百分比（%）	累计百分比（%）
有效	自行车	184	10.8	10.8	10.8
	摩托车	553	32.4	32.4	43.2
	私家车	415	24.3	24.3	67.5
	公交车	382	22.4	22.4	89.9
	其他	173	10.1	10.1	100.0
	小计	1707	99.8	100.0	
无效		3	0.2		
	合计	1710	100.0		

三是对现居住地的治安环境还是比较认可的。当被问及"您对所居住的村镇的治安环境满意吗？"时，调查结果显示，19.7%的受访者对现居住地的治安环境"非常满意"，44.0%的受访者对现居住地的治安环境"基本满意"。认为

"一般"的有496人，占29.0%。表示"不满意，喜欢原始纯朴的氛围"的仅为112人，占6.5%，当然也有9人表示"极不满意"，占0.5%（见表4-26）。

表4-26　对问题"您对所居住的村镇的治安环境满意吗?"的反馈情况

		频数（人）	百分比（%）	有效百分比（%）	累计百分比（%）
有效	非常满意	337	19.7	19.8	19.8
	基本满意	752	44.0	44.1	63.9
	一般	496	29.0	29.0	92.9
	不满意，喜欢原始纯朴的氛围	112	6.5	6.6	99.5
	极不满意	9	0.5	0.5	100.0
	小计	1706	99.7	100.0	
无效		4	0.3		
	合计	1710	100.0		

四是农民对村庄还是有感情的并且愿意常住。基于上述调查，农民还是比较认可当前农村的治理，对所居住的村子表示喜欢，并且愿意一直住在村子里（见表4-27）。但仍有相当一部分人由于诸多原因离开村庄，因此，未来以"乡愁"为主打的治理思路是吸纳农民返乡的重要路径。

当被问及"您对您居住的村子的总体看法"时，18.8%的受访者表示"非常喜欢"，39.6%的受访者表示"很喜欢"，表示"一般"的占38.7%。表示"不喜欢"的仅占2.6%（见表4-28）。

表4-27　对问题"您是否愿意一直住在这里?"的反馈情况

		频数（人）	百分比（%）	有效百分比（%）	累计百分比（%）
有效	愿意	710	41.5	41.8	41.8
	不愿意	363	21.2	21.4	63.2
	看具体情况而定	626	36.7	36.8	100.0
	小计	1699	99.4	100.0	
无效		11	0.6		
	合计	1710	100.0		

表 4-28　　　　　　　农民对居住村子的总体看法调查

		频数（人）	百分比（%）	有效百分比（%）	累计百分比（%）
有效	非常喜欢	321	18.8	18.8	18.8
	很喜欢	677	39.6	39.7	58.5
	一般	662	38.7	38.8	97.3
	不喜欢	45	2.6	2.7	100.0
	小计	1705	99.7	100.0	
无效		5	0.3		
	合计	1710	100.0		

访谈中几位村民对家乡的评价可以印证：

浙江湖州某受访者："经济发展很快，大家生活水平不断上升，但是山体开垦比较严重。最深刻的是农村的基础设施建设发展还是比较好的。基础设施更加完善，有运动设备，交通更加便捷，绿化也更加完备，原来向往成为城市居民，现在也没有这种想法了。"[1]

安徽宿州某受访者："我的家乡就是这里，安徽省宿州市萧县马井镇，在这住了四十多年了，从下面农村搬到镇上，生活也很方便，一切都挺好。马井镇属于萧县县城腹地，距离县城西北15千米，下辖15个行政村（原42个），138个自然村，人口有七八万人，镇域总面积也有一百多平方千米，耕地有万亩吧。S301省道、县道都从这边过，交通便利，地理位置优越。我们镇是一个农业大镇，土地肥沃，种植多样化，除种植小麦、玉米等粮食作物外，许多土特产驰名在外，比如花生、水果、蔬菜等，其中万亩韭青韭黄基地被批准为安徽省无公害产品生产基地，远销广州、上海等全国各大中城市；近几年的反季节草莓基地、小甜瓜、葡萄基地规模不断扩大，名声渐起，市里的还有外地的经常在这里观光旅游；马井的小磨香油，也香飘万里，是我们这有名的特产。我的家乡这些年变化挺大的，镇东面和西

---

[1] 访谈者：雷蕾。受访者：雷某，浙江湖州市安吉县古城村，畲族，男，45岁，初中，群众，2015年3月11日下午。

面都建了很多商业基地,这里也被划为经济开发区,现在正在修徐州南站高铁,经济发展的非常快。萧县以前被评为国家重点贫困县,国家政策的倾斜度非常大。最近十年来,这里街道、商铺非常多,江苏等省的都来我们这里采购、投资;交通也算是四通八达,越来越方便,家家户户几乎都有车子;学校也很全,从幼儿园到职业技校、高中都有,上学也方便;医疗农合普及的非常广,看病几乎不用花钱,而且我们这的医疗条件很不错,看病也方便;现在基本上都是新型农村,家家都是楼房和高层;还有很多娱乐场所,在这生活跟大城市没多大差距,我们没事还可以开车自驾游,生活比较安逸。"①

安徽宿州某受访者:"宿州市埇桥区是淮海经济协作区的核心区域之一,也是安徽省距离出海口最近的地方。改革开放以后,宿州市综合经济实力不断增强。宿州市铁路、公路、水路交通十分便捷。京沪铁路位于东郊,公路网四通八达,水路有淮河,还和洪泽湖相连,是东部省市向中西部发展的交通要道,具有良好交通区位优势。同时,也建了很多商场、商贸区,比如白马商城、南翔恒泰城、义乌商贸城等,对我们生活也产生了很大影响,不用外出工作,在家也可以找到好工作,生活也更加便利。(村庄)变化挺大的,以自身来说,宿州这些年经济、城市、交通、文化都有了质的改变。印象最深刻的还是经济和交通,小时候到处还是土房子小院子,现在基本都盖上了小楼房,私家车也是越来越多,公路每年都会检修拓宽,出行很方便。"②

江苏苏州某受访者:"我们村就在太湖边上,可以说自然资源是相当丰富的,所以我们村以前叫'渡村',但是后来因为东山西山都在靠太湖吃饭,所以我们当时很多人家就开始改做纺织业,发展羊绒衫产业。现在提到羊绒衫,首先想到的一定是我们这里。变化么应该和每个村都差不多,我们这边新造了很多别墅,因为沿太湖,所以还造了度假村。以前没有人会来这边旅游什么的,现在么来买买羊绒衫,泡泡温泉,看看太湖的风景,应该说是被开发的挺好。我们老百

---

① 访谈者:沈妮。受访者:丁某,安徽萧县马井镇卫生所,汉族,女,41岁,大专,党员,2015年3月12日下午。

② 访谈者:沈妮。受访者:王某,安徽省宿州市埇桥区,桃沟村南埝组,汉族,女,30岁,本科,预备党员,2015年3月8日下午。

姓田是没有了，但是每家每户在家里做羊绒衫，在周围的度假村里烧烧饭，也是另一种过法。"①

从上述村民访谈中可以归纳出几种类型：一种是本来想离开农村，表示原来向往成为城市居民，但由于村庄治理有效，现在还是愿意留在农村；一种是认为当前农村生活等同于大城市生活，没有必要离开农村；一种是认为农村本身开发就好，甚至比城市还好，自然更加不愿离开农村。无论哪一种情况，都反映出当前长三角地区农村治理的成果显著。

3. 农民对执政党的态度

基于长三角农民对执政党的朴素情感，为进一步了解农民对执政党的态度，笔者设计了几个方面的问题来考察，分别为实现共产主义、改革开放政策的延续以及是否愿意入党等问题。从调查数据中可以看出，绝大多数受访者认为共产主义能够实现，超过60%的受访者认为党能深入进行改革开放，尤其是超过60%的受访者表示愿意入党。

一是多数农民相信共产主义能实现。当被问及"您认为共产主义社会能实现吗？"时，约有57.3%的受访者表示"相信"共产主义社会能实现，33.0%的受访者表示"不太确定"，9.7%的受访者表示"不相信"（见表4-29）。

表4-29　对问题"您认为共产主义社会能实现吗？"的反馈情况

		频数（人）	百分比（%）	有效百分比（%）	累计百分比（%）
有效	相信	980	57.3	57.3	57.3
	不太确定	564	33.0	33.0	90.3
	不相信	166	9.7	9.7	100.0
	合计	1710	100.0	100.0	

---

① 访谈者：陆雁蓉。受访者：陆某，江苏省苏州市吴中区临湖镇陆舍村，汉族，男，74岁，初中，党员，2015年3月2日下午。

二是绝大多数农民相信党能把改革开放推向深入。当被问及"您相信共产党能把改革开放走向深入吗？"时，1084人表示"相信"共产党能把改革开放走向深入，占63.4%；有212人表示"不相信"，占12.4%；有411人表示"不清楚"，占24.0%（见表4-30）。

表4-30　对问题"您相信共产党能把改革开放走向深入吗？"的反馈情况

		频数（人）	百分比（%）	有效百分比（%）	累计百分比（%）
有效	相信	1084	63.4	63.5	63.5
	不相信	212	12.4	12.4	75.9
	不清楚	411	24.0	24.1	100.0
	小计	1707	99.8	100.0	
无效		3	0.2		
	合计	1710	100.0		

三是绝大多数农民表示愿意入党。当被问及"您愿意入党吗？"时，有1090人表示"愿意"，占63.7%；10.7%的受访者表示"不愿意"；25.0%的受访者表示"无所谓"（见表4-31）。

表4-31　对问题"您愿意入党吗？"的反馈情况

		频数（人）	百分比（%）	有效百分比（%）	累计百分比（%）
有效	不愿意	183	10.7	10.8	10.8
	愿意	1090	63.7	64.1	74.9
	无所谓	427	25.0	25.1	100.0
	小计	1700	99.4	100.0	
无效		10	0.6		
	合计	1710	100.0		

从长三角四省市多地的调查和访谈可以看出，由于始终坚持全心全意为人民办实事，才真正树立起了党和政府在农民心目中的威信，农民

对党和政府的政治认同意识总体上是健康稳定的，主流是积极向上的。长三角农民对党的领导充满信心，相信党能带领大家走上康庄大道，相信党领导的改革开放能走向深入，对党的依存和信赖溢于言表。但由于农民处于社会最基层，与基层干部基层党员直接打交道，在农民心目中基层干部和基层党员的形象就直接等同于执政党的形象，一些基层干部和基层党员的所作所为以及胡作非为严重败坏了党的形象，在部分乡村中，存在黑恶势力严重侵蚀基层政权，把持基层政权、操纵破坏基层选举、垄断农村资源、侵吞集体资产，利用家族、宗族势力横行乡里、称霸一方、欺压残害百姓的"村霸"，在征地、租地、拆迁、工程项目建设等过程中煽动闹事，影响党在基层群众中的政治形象，因而也影响了农民对执政党的态度。

习近平总书记说过："领导的威信从哪里来？靠上级封不出来，靠权力压不出来，靠耍小聪明骗不出来，只有全心全意、尽心竭力、坚持不懈为人民办事，才能逐步地树立起来。"[1] 因此，我们要大力加强基层党员干部的学习，强化其为民办实事的责任与担当，此外，积极配合中央启动的"扫黑除恶专项斗争"，[2] 要把扫黑除恶同反腐败结合起来，既抓涉黑组织，也抓后面的"保护伞"，一定会营造出更加和谐安宁的社会环境，通过促进乡村振兴战略顺利开展，进一步密切党和农民群众的联系，最终提升农民的政治认同意识。

二 转型期农民权利意识的流变与分化

所谓权利意识是人们在权利义务关系中的法治自觉意识。农民权利意识就是农民对应享有的法律权益以及对政治体系的看法和观点。具体来看，包括：农民对法律的认知、心理、道德和能力的情况；农民对权利义务的思想变化，对义务的遵守态度，对权利的维护和履行态度和可能采取的方式的理解。本书主要选择法律认知（包括法律素养和法律权威意识）、

---

[1] 习近平：《干部的基本功——密切联系群众》，载习近平《摆脱贫困》，福建人民出版社1992年版，第14页。
[2] 《中共中央、国务院发出〈关于开展扫黑除恶专项斗争的通知〉》，《半月谈》2018年第3期。

权利保护意识等核心要素进行分析。[①]

（一）农民的法律认知水平显著提高

农民要维权首要的前提在于农民对法律的认知水平。笔者重点设计了四个问题来考察农民的法律意识水平。

一是农民对与自己切身利益息息相关的法律条文还是有一定了解的。当被问及"您对中华人民共和国消费者权益保护法、婚姻法、村民委员会组织法、计划生育法等法律了解吗？"时，回答"很了解"的占13.5%，回答"了解一些"的占72.9%，回答"不了解"的占13.2%（见表4-32）。

表4-32 对问题"您对中华人民共和国消费者权益保护法、婚姻法、村民委员会组织法、计划生育法等法律了解吗？"的反馈情况

		频数（人）	百分比（%）	有效百分比（%）	累计百分比（%）
有效	很了解	231	13.5	13.6	13.6
	了解一些	1247	72.9	73.1	86.7
	不了解	226	13.2	13.3	100.0
	小计	1704	99.6	100.0	
无效		6	0.4		
合计		1710	100.0		

二是对"普法宣传""送法下乡"等活动持支持态度。当前，"普法宣传""送法下乡"等活动在长三角如火如荼地进行着，受到当地农民群众的热烈欢迎。当被问及"您认为送法下乡、普法宣传等活动对农村、农民发挥的作用大小？"时，回答"非常有用"的占17.8%，回答"比较有用"的占52.0%，回答"作用很小"的占27.8%，回答"无作用"的仅占2.2%（见表4-33）。村民对镇里、村里法律宣传的认同感、满意度比较高。从与村民的访谈中可以看出，在村一级层面，通过广播、标语、发放材料来进行法律宣传；此外，村里有调解委员会、警务室，除了给人们

[①] 参见龚上华、吕元祺《杭州市农村群众法治意识的现状调查与对策研究》，载《杭州蓝皮书》（社会卷），杭州出版社2016年版，第152—161页。

解决纠纷、维护社会治安等工作外，有时也会帮助农民解答一些法律问题。在镇一级层面，镇政府经常组织专业人员到各村宣传法律知识并发放一些有用的法律资料，尤其是"送法下乡"活动得到广大农民的支持，农民表示获益颇多并且对这些宣传学习形式也都挺支持的。在农民个体层面，农民可以通过看电视、读报纸、电话咨询等多种方式获取法律知识，法律意识相对以前提高了很多，对知法、守法、用法越来越重视。

三是对农村中的"小宪法"村规民约都已知晓且能够了解相关内容。关于村规民约的制定程序问题，调查显示，绝大多数村民对村规民约的制定程序比较了解，都知道是经过村"两委"草拟、入农户村民讨论提出修改意见、召开村民代表大会表决通过的程序制定的，也表示自己参与过村规民约的讨论和投票。关于村规民约的内容知晓度问题，调查显示，绝大多数村民表示明确知道本村有村规民约，但是对于其中的具体内容表示不清楚，同时在实际工作中村民表示很少会关注所做事情与村规民约的冲突性等。从调研可知村规民约的约束效力正在减弱、违规成本低，使得村民遵从规则的意愿不强，村规难以深入人心。

表4-33 对问题"您认为送法下乡、普法宣传等活动对农村、农民发挥的作用大小？"的反馈情况

		频数（人）	百分比（%）	有效百分比（%）	累计百分比（%）
有效	非常有用	305	17.8	17.9	17.9
	比较有用	890	52.0	52.1	70.0
	作用很小	475	27.8	27.8	97.8
	无作用	37	2.2	2.2	100.0
	小计	1707	99.8	100.0	
无效		3	0.2		
	合计	1710	100.0		

四是对法律与政策的关系认识越来越清晰。关于法律与政策关系问题，长期以来，在农村很多人很难将二者明确区分开来。以村一级为例，村里做工作的时候都是按照国家的政策来，上面传达什么就宣传什么，做

什么样的工作，很多时候就把政策当作法，更多的是依靠政策办事，比如计划生育政策，村里在宣传时，虽然《计划生育法》颁布了，开始时还是讲政策，很少提法，只是在后来法制和法治的逐步发展中，《计划生育法》才普遍被人们接纳并频繁的提及和运用。在中华人民共和国成立早期，法律作用不突出，只是在明显的违法犯罪问题上才真正体现法律的作用。农村各层大都存在用政策替代法律的意识，解决实际问题时仍强调以政策为主。而如今，随着法律、法制宣传的增多，人们越来越多地了解了法律的性质和作用，同时对政策也有了更深入的认识，因此，当被问及对法律与政策的关系看法时，受访者认为，现在人们更看重法律，认识到法律不是从属于政策，也不与政策对等，而是具有更高的地位，以"法"为主观念取代了以"政策"为主的传统观念。

（二）农民权利保护意识提高较快

农民权利意识是农民实现个体人格的自觉呐喊，农民权利意识的增强助推着农民法治意识的成长。以下我们主要从农民维权意识、维权途径、维权内容以及维权效果四个层面来加以分析：

1. 农民维权意识较强

当遇到劳动纠纷或其他侵权行为时，有1290名受访者表示会借助法律手段维护自己的权利，占比高达75.4%（见表4-34）。可以说，农民的法律观念深入人心。

表4-34 对问题"当遇到劳动纠纷或其他侵权行为时，您是否会借助法律手段维护自己的权利？"的反馈情况

		频数（人）	百分比（%）	有效百分比（%）	累计百分比（%）
有效	是	1290	75.4	77.2	77.2
	否	383	22.4	22.8	100.0
	小计	1673	97.8	100.0	
无效		37	2.2		
合计		1710	100.0		

大部分农民认为通过广播电视宣传和进行法律讲座是提高维权意识的有效途径。当被问及"您认为应该如何提高老百姓的维权意识?"时,调查显示,认为通过"广播电视宣传"是提高维权意识的有效途径的占46.0%,约有29.9%的受访者认为通过"政府强制学习"提高农民的维权意识,而认为进行"法律讲座"是提高维权意识的有效途径的占21.2%(见表4-35)。

表4-35 对问题"您认为应该如何提高老百姓的维权意识?"的反馈情况

		频数(人)	百分比(%)	有效百分比(%)	累计百分比(%)
有效	广播电视宣传	787	46.0	46.2	46.2
	政府强制学习	511	29.9	30.0	76.2
	法律讲座	362	21.2	21.2	97.4
	其他	44	2.6	2.6	100.0
	小计	1704	99.8	100.0	
无效		6	0.3		
	合计	1710	100.0		

2. 农民维权途径多样

农民对维权途径的看法和认知:知道通过哪些途径维权。当被问及"您知道下列哪些维护自身权利的途径?"时,农民首先想到的是"找政府或其他社会团体求助",人数达940人,占55.0%;其次想到的是"向法院起诉",人数达664人,占38.8%(见表4-36)。

表4-36 对问题"您知道下列哪些维护自身权利的途径?"的反馈情况

		频数(人)	百分比(%)	有效百分比(%)	累计百分比(%)
有效	向法院起诉	664	38.8	39.3	39.3
	找政府或其他社会团体求助	940	55.0	55.6	94.9
	其他	87	5.1	5.1	100.0
	小计	1691	98.9	100.0	
无效		19	1.1		
	合计	1710	100.0		

当被问及"如果买到假冒伪劣产品,而且商家不予退还,您会如何做?"时,近1/3的人懂得走协商维权的途径。有33.3%的人选择"协商解决",另有19.2%的人选择"上访",22.2%的人回答"打官司",选择"算自己倒霉"的占25.0%(见表4-37)。调查结果显示,农民认为目前农村里假冒产品比较少,如果损失不大,不会产生纠纷,但是如果数额较大,一定会去维权,而且无论是普通村民还是村干部镇干部侵权,都会努力维权,直至上法院。

表4-37　　对问题"如果买到假冒伪劣产品,而且商家不予退还,您会如何做?"的反馈情况

		频数(人)	百分比(%)	有效百分比(%)	累计百分比(%)
有效	打官司	379	22.2	22.2	22.2
	上访	328	19.2	19.2	41.4
	算自己倒霉	427	25.0	25.0	66.4
	协商解决	571	33.3	33.6	100.0
	小计	1705	99.7	100.0	
无效		5	0.3		
	合计	1710	100.0		

所以当被问及"如果村干部有损害你利益的行为,你会怎么办"时,大部分受访者表示首先会想到上级政府,向镇政府、信访办投诉。对于依法维权问题,访谈中,有几位农民表达了"以法抗争"的观念,并且取得了初步成果。调查中有农民认为"需要第三方介入","在村干部和村民发生纠纷时,最好是需要第三方的介入,但是又不需要让权与不让权之分,我觉得党员在大多情况下需要走在群众前边,他们是经过选举选出来的,就是需要对人民负责,但是并不是事事都在群众之前,那样他们的压力也很大。他们个人的权利当然需要保障,人人都是一样的,我们普通老百姓所拥有的个人权利,党员也必然拥有"。[①] 可见,农民维权意识已经有了巨

[①] 访谈者:张文冰。受访者:张某,浙江杭州市建德洋溪街道小杨坞自然村,汉族,男,54岁,高中,群众,2015年3月8日下午。

大的变化。

在向法院起诉中，农民到底敢不敢"民告官"，亦即行政诉讼？调查结果显示，40.5%的受访者表示"支持'民告官'这种做法"，46.4%的受访者表示"要看是否告得合理"，10.1%的受访者表示"民没有权利告官"，选择"其他"的占1.8%（见表4-38）。在计划经济时代，这简直就是不可能的事情，但是就现在来说，维权观念日益普及，村民和村干部对这类事已经"见怪不怪"了。总之，村民维权思想比以前都要强了，农民对于一般纠纷的解决途径基本上是：首先，协商解决；其次，村干部出面调解；最后，如果调解不好，再打官司。

表4-38 对问题"您对'民告官'的看法是怎样的？"的反馈情况

		频数（人）	百分比（%）	有效百分比（%）	累计百分比（%）
有效	民没有权利告官	173	10.1	10.2	10.2
	支持"民告官"这种做法	693	40.5	41.0	51.2
	要看是否告得合理	794	46.4	47.0	98.2
	其他	30	1.8	1.8	100.0
	小计	1690	98.8	100.0	
无效		20	1.2		
	合计	1710	100.0		

3. 农民维权内容集中

从农民维权的内容来看，比较新兴的维权主要表现为三大类：第一类是土地维权；第二类是社会保障维权；第三类是生态维权。当被问到"在占用土地过程中发生过纠纷吗？"时，绝大多数受访者表示遇到过土地纠纷，表明随着社会发展，土地中产生纠纷问题已逐渐增多。农民的土地保护意识具体体现在对待土地调整和征地的态度上。

农民的土地保护意识源于农民的土地情结。土地情结是与土地价值联系在一起的，在发达地区，农民的土地情结到底有何变化呢？

一是土地由原来承担的安全保障功能转变为经济价值作用。发达地区农民由传统的寄希望于"鲤鱼跳农门"转变为"力保农业户口"的倒挂现象亦即所谓的"逆城市化"现象。如郑瑞榜老家在浙江温州农村,他说:"我们家的地是按户口分的,我也有地,现在我们周边的村子都变成小城镇了,所以我们村的地很值钱,我如果将户口迁出,将来就没有自己的地了,我们那边也快发展为城镇了。"① 据《法制日报》记者调查,不愿意进城落户,甚至把户口从城市中反迁回农村的"逆城市化"现象,在浙江城乡间越来越常见。②

二是大多数农民认为承包地应该适时调整。调查显示,在发达的长三角地区,43.0%的受访者认为"村里的承包地应该每隔几年按照人口进行一次调整",仅有不到15.0%的受访者认为"不应该",但回答"说不清楚"的也占41.6%之多(见表4-39)。

表4-39　　　　农民对村里的承包地应该每隔几年
按照人口进行一次调整的认知

		频数(人)	百分比(%)	有效百分比(%)	累计百分比(%)
有效	应该	735	43.0	43.2	43.2
	不应该	256	15.0	15.0	58.2
	说不清楚	712	41.6	41.8	100.0
	小计	1703	99.6	100.0	
无效		7	0.4		
	合计	1710	100.0		

三是发达地区农民对土地流转持肯定态度,但也有部分持怀疑态度。尽管土地流转规模经营是现代农业发展大势所趋,绝大多数农民也持肯定态度,但由于各地操作方法不同以及农民对社会保障的焦虑,也引发了一些老百姓的质疑。调查显示,"赞成"在现有的土地集体所有、家庭承包政策下对土地经营权实行自由流转的仅占39.6%;而回答"说不清楚"的占43.6%,接近半数;16.5%的受访者表示"不赞成"(见表4-40)。

---

① 《部分地方现逆城市化现象:市民要求换农村户籍》,《经济参考报》2013年9月24日。
② 《浙江"逆城市化"现象调查》,《法制日报》2010年8月19日。

一些农民担忧"收田""划田",自己会失去承包权,还会影响到收入。也有一些农民担心未来如果没有了土地后的生活。可见,如何提升土地流转规模经营的信度是未来土地流转的"重要课题"。

表4-40 对问题"您赞成不赞成在现有的土地集体所有、家庭承包政策下对土地经营权实行自由流转?"的反馈情况

		频数(人)	百分比(%)	有效百分比(%)	累计百分比(%)
有效	赞成	676	39.6	39.6	39.6
	不赞成	283	16.5	16.6	56.2
	说不清楚	746	43.6	43.8	100.0
	小计	1705	99.7	100.0	
无效		5	0.3		
合计		1710	100.0		

调查显示,部分受访者(约占36.2%)愿意自己承包的土地被征用并且认为这是"好事",其根本原因在于农民认为"失去土地生活还是有保障",也表明农民对国家的信任(见表4-41)。

表4-41 农民对政府征用承包地的态度

		频数(人)	百分比(%)	有效百分比(%)	累计百分比(%)
有效	好事	619	36.2	36.3	36.3
	坏事	265	15.5	15.5	51.8
	说不清楚	821	48.0	48.2	100.0
	小计	1705	99.7	100.0	
无效		5	0.3		
合计		1710	100.0		

但也有部分受访者表示担心,正如问卷数据所示,还是有将近15.5%的受访者表示是"坏事",其本质原因还在于对未来社会保障的担忧。有48.0%的受访者表示"说不清楚",采访中也有一些人表示困惑。

通过访谈我们可以看到，农地矛盾还是比较尖锐的，如何解决这个问题，也是将来发达地区需要解决的一项非常重要的问题。而当被问及"土地纠纷出现，那么如何解决？"时，大部分人回答由"村组出面""乡镇政府出面"或"土地管理部门出面"解决，也有受访者表示由"法庭出面"解决，个别受访者表示通过"人情关系私下解决"。

4. 农民维权效果满意度较高

在实地调研的过程中大多数村民表示维权意识对比过去有提高了，私人财产、个人隐私，都是村民自身要维权的。调查中有安徽受访者表示，"土地赔偿、拆迁、税收、食品安全、医疗、教育收费等这些年都出现一些应该维权的事情。我认为这些事情应当按照大多数人的利益去考虑，大部分我们都应该去维权，这关系到我们的切实利益，关系到生命财产，政府也应该抓紧解决，完善这些措施，加大违法的惩罚力度，坚决杜绝非法现象的出现，不能损害老百姓的生命、财产权益。"[1] 该受访者还认为，"现在法律知识的普及让我意识到哪些是自己的合法权益，哪些不可侵犯。"[2] 而且认为现在维护自己权利"容易了，现在渠道也多，通过法律、媒体、向上级反映等都可以维权；实在不行，可以在QQ、微博、微信等网上曝光。"[3] 浙江受访者表示，"维权，就是维护自己的正当权利，现在认识比以前深刻，因为现在通过电视也看到了更多的维权的例子"，"生活中，尤其是消费者权益方面的，维权的事件还是很多的，买到了假货，或者质量不合格的商品都是要维权的，我觉得消费者的权利是应该被保护的，坚决打击黑心商家"，对于维权变化，她表示"现在自己的维权意识也提高了，如果我碰到侵权的事情肯定也是要采取行动的"，"现在维权比较容易，媒体上曝光的事件也多，说明还是比较被大家重视的"。[4]

---

[1] 访谈者：沈妮。受访者：丁某，安徽萧县马井镇卫生所，汉族，女，41岁，大专，党员，2015年3月12日下午。

[2] 访谈者：沈妮。受访者：丁某，安徽萧县马井镇卫生所，汉族，女，41岁，大专，党员，2015年3月12日下午。

[3] 访谈者：沈妮。受访者：丁某，安徽萧县马井镇卫生所，汉族，女，41岁，大专，党员，2015年3月12日下午。

[4] 访谈者：吴洛奇。受访者：陆某，浙江省嘉兴平湖市经济开发区（钟埭街道）钟南村，汉族，女，44岁，高中，群众，2015年3月5日下午。

总之，农民维权意识强，维权观念比以前相对提高了一点。经济越发展，人们的思想观念转变越快，法治意识越来越强。农民已经习惯于用法律的手段维护自己的权益。

（三）农民权利意识存在偏差和分化

1. 农民对法律认识存在某些偏差

一是对法与情的关系认识上还存在偏差。农民如何选择解决纠纷的方式，如何看待法律手段在解决纠纷中的地位，这是衡量农民法治观念和权利意识变迁的一个较为具体和直观的指标。调查显示，40岁以下、40—60岁和60岁以上三个年龄段的人均选择"私了"的最多，都占到70%以上，这表明中国传统不打官司的观念还是影响非常深。此外，选择较多的是"通过干部或第三人协调"，但在这两项的选择中，都存在随着年龄降低而递减的趋势，说明人们对它们的看法发生了变化，对它们的依赖度降低。而选择"法律手段"表现出随年龄降低而不断增长的趋势，将来会有越来越多的人青睐法律。而在现实中私了有时不但不能解决问题，而且还会延误解决事情的最佳时机。在遇到纠纷时，直接运用法律武器不失为一种最好的选择。这表明，在法与情问题上还有很大的提升空间。

二是对法与权关系认识上还存在偏差。关于权与法的关系认识涉及农民对法律的信仰程度如何。调查显示，发达地区的农民对法律的信仰程度还是很高的，对法表现出非常好的接纳态度。但是也有部分农民由于这样那样的因素，法律信仰意识薄弱，对权力过度服从，认为"一旦经过司法机构解决，或者通过国家机构的强制执行，在当事人及其亲属、邻里之间就会形成难以愈合的伤痕。他们之间的一般矛盾就可能演化为子孙仇恨，世代延续，成为农村社会矛盾冲突的隐患，而且如果要打官司，费力费时费钱，有些麻烦"，致使农民缺乏守法和用法的意识。

三是对法与道德关系认识上还存在偏差。农民在实际生活中尚缺乏对法律的敬畏，在实践中始终坚持用传统道德来处理日常事务，有时违法却不自知。部分农民在经济关系中仍然坚持传统方式处理，对按法来处理日常经济活动和经济纠纷还不是很到位。

2. 农民维权途径存在不平衡

一是农民维权中人情与法律所占比重不够平衡。当前，我国农村一般存在依法调解和协商调解两种观念并存，因此，日常生活中农民遇到纠纷时，多数会求助于上述两级正式的组织，尽管法律效力有限，但在它们的帮助和宣传下，农民慢慢向法律靠拢。调查显示，当被问及"您认为村民维护自己权利的意识和以前比有哪些变化？"时，有受访者表示，"别人怎样我不知道，反正我是一直有意见就提出来的。要说变化，只有在方式方法上，以前是不管三七二十一，就是闹。现在我们也看看报纸，了解了解规章制度，问问我们书记这个问题要怎么处理，然后双方订好协议签好字，当然我也会知道对方的难处，不会过度为难领导。"① 这也意味着农民维权逐渐从"闹"转为"协商"。当前，长三角农村已经发展成比较都市化的村落，适当的司法介入即通过现代国家法律来解决乡村纠纷是必不可少的。伴随国家法律采取农民可以接受的方式进入农村，比如诉讼的方便性和可利用性增加，农民真正感受到了现代法律是他们生活的一部分。随着社会的变迁，警察与法院等执法人员和机构在农民心中的地位渐趋重要，村干部、人情的影响渐趋淡化。

但是，当前，长三角农民还不能抹去人情在解决纠纷中发挥的作用，国家法律等正式权威进入农村社会往往需要借助非正式权威的力量，如村干部的面子、人情等，这就使得国家法律权威在农村的实施不是像阳光直射一样，而是像阳光进入水中产生折射。为了使国家法律在长三角农村中更好地发挥作用，建立一整套运用法律和协商的完整机制对农村纠纷解决应该是比较好的选择。

二是农民小事维权容易，大事维权较难。调查中有村民说，"在小事上的维权是越来越容易了，但是在一些大事上，比如一些强拆房屋的问题上还是挺严重的，想告政府的话就难以胜诉。但是现在存在强大的媒体，就更加方便地揭露一些腐败陋习，等等。"②

---

① 访谈者：陆雁蓉。受访者：陆某，江苏省苏州市吴中区临湖镇陆舍村，汉族，男，74 岁，初中，党员，2015 年 3 月 2 日下午。

② 访谈者：张文冰。受访者：张某，浙江杭州市建德洋溪街道小杨坞自然村，汉族，男，54 岁，高中，群众，2015 年 3 月 8 日下午。

3. 农民在村规民约层面认同和知晓度不高

其主要原因在于四个方面：

一是部分条文内容与社会发展脱节。当前，农村治理面临全新的任务和挑战，因而村规民约也需要与时俱进，确保其适应社会发展的需要，不断增强其生命力。对照新形势新要求，需要新增一些与上级中心工作相契合的内容，如公共安全、乡风文明、垃圾分类、社会治理等，融入村庄日常事务以及村民日常规范中。

二是条文内容要接地气。根据调研，现行大部分被调查村庄的村规民约一般采用准公文形式进行撰写，与农民日常生活和认识相差甚远，离农民的认同还有距离。此外，现行村规民约的内容繁杂冗长，这对于文化程度普遍偏低的大多数村民来说，不仅理解、熟悉和记忆非常困难，而且极大地削弱了约束力。

三是宣传引导力度要强化。由于村民的文化素质、法律素养、思想观念、发展理念等方面的差异，加之村规民约是不同村民意见的综合，村民在认知和理解上难免存在一些问题甚至出现偏差，这就需要在宣传教育上下功夫。除了采用黑板报、横幅等传统方式，宣传效果不尽如人意。因宣传教育力度不够，导致村规民约的约束力大为降低。要创新宣传载体，要发挥社会组织善于宣传的作用。

四是执行力有所欠缺。村规民约主要是对法律管不上、政策管不住的现实问题进行有效制约，但是对于违反村规民约的行为应该怎样管理和处罚尚处于缺失和空白状态。如调查地之一的某村现行村规民约缺乏相应的激励和惩处机制，仅仅在第二十六条中提出"对违反村规民约者通过村务公开栏等方式进行批评教育"，既无法调动村民的积极性和主动性，也无法对村民形成有效约束。

三 转型期农民政治参与意识的流变与分化

所谓政治参与意识是公民在实现个体权利和政治参与行为过程中能动的观念反映。中华人民共和国成立以后，农民获得了较高的政治地位，根本改变了历史上相当长时期农民无权少权的局面，其中最为重要的是获得了土地权利,[①] 得到了实在的经济利益。同时也获得了直接选举乡人民代表、村干部的前所未有的政治权利,[②] 还参与了新宪法的起草工作,[③] 农民表现出前所未有的参与热情。人民公社时期,人民公社的特有体制有效控制农民的生产生活以及个人自由,也抑制了农民的自主意识,农民的参与更多的属于一种程式性被动型的参与。在"文化大革命"政治挂帅的狂热时期,农民的参与热情空前高涨,但更多的是一种跟风性站队型参与。改革开放以来,随着家庭联产承包责任制的普遍推行,诞生了村民自治这一新型的农村基层民主形式。[④] 此后,村民自治就成为农民群众政治参与的重要载体,对于农民群众来说,农民群众参与村民自治是否具有普遍性、自觉性、广泛性、深入性,在一定程度上反映农民群众法律认同、政治参与的行为外在状态,也能影响农村公共权力运行的方向和结果。

(一)农民对村民自治的理解非常到位

村民自治制度的基本内容和核心,是"四个民主",即"民主选举、

[①] 中华人民共和国成立后的土地改革,使3亿多无地和少地的农民无偿获得了7亿亩土地和其他生产资料,免除了过去每年向地主缴纳的约700亿斤粮食的地租。土改完成后,占农村人口90%以上的贫农、中农占有全部耕地的90%以上。土地改革的完成,极大地提高了农民的生产积极性和政治热情,农民在政治上不再受压迫。参见靳德行、秦英君、李占才主编《中华人民共和国史》(修订版),河南大学出版社1993年版,第25页。

[②] 从1950年起,全国各地陆续建立民主政府,完善国家体制,健全人民民主制度。1953年下半年开始,中国举行了历史上第一次规模空前的普选运动,参加选举的选民占登记选民(3.238亿人)总数的85.88%,选出基层人大代表566.9万人。参见靳德行、秦英君、李占才主编《中华人民共和国史》(修订版),河南大学出版社1993年版,第112页。

[③] 1954年3月29日,宪法草案先由500多位全国政协委员分组展开讨论,共提出修改意见3900余条;接着是各大行政区、各省、直辖市、自治区以及解放军,8000多人讨论后,又提出修改意见5900余条。1954年6月14日,中央人民政府委员会第三十次会议讨论通过了《中华人民共和国宪法草案》。两天后,《人民日报》全文刊登宪法草案并发表社论,号召全国人民讨论宪法草案。一时间,一场大讨论在全国范围内掀起。短短两个月,1954年宪法草案参加讨论人数达1.5亿人之多,占全国人口的四分之一,征集了118万条意见。参见靳德行、秦英君、李占才主编《中华人民共和国史》(修订版),河南大学出版社1993年版,第116页以及郑谦等《当代中国政治体制发展纲要》,中共党史资料出版社1988年版,第35页。

[④] 中国村民自治第一村,广西宜州合寨村。从合寨村开始萌芽的民主制度,如选举方法、村民议事制度、村务公开等均成为《中华人民共和国村民委员会组织法》中的重要内容。参见徐勇《最早的村委会诞生追记》,《炎黄春秋》2000年第9期。

民主决策、民主管理、民主监督"。调查显示，当被问及"村民自治概念理解"时，66.9%的受访者认为自治就是"自我管理、自我教育、自我服务"，12.7%的受访者认为自治是"减少乡镇政府直接干涉的办法"，9.0%的受访者认为自治"只不过是一个新名词，没有实际意义"，10.8%的受访者表示"不知道"（见表4-42）。

表4-42　　　　　　　　　　村民自治概念理解

		频数（人）	百分比（%）	有效百分比（%）	累计百分比（%）
有效	自我管理、自我教育、自我服务	1143	66.9	67.3	67.3
	减少乡镇政府直接干涉的办法	218	12.7	12.8	80.1
	只不过是一个新名词，没有实际意义	154	9.0	9.1	89.2
	不知道	184	10.8	10.8	100.0
	小计	1699	99.4	100.0	
无效		11	0.6		
合计		1710	100.0		

（二）农民政治参与积极主动

参与意识直接决定人的参与行为，参与意识是反映民主意识及其程度的重要指标。具体可从民主选举、村民大会（民主决策）、民主管理、民主监督和表达等几个方面表现出：

其一，农民能够积极参与民主选举。

民主选举，指村民直接选举产生村民委员会组成人员。[1] 民主选举的主要步骤包括成立选举委员会、宣传动员、选民登记、接受候选人提名、确定候选人、介绍候选人、候选人在正式投票前开展竞选活动、选举投票、公布结果等一系列具体环节。在我国普遍推行的村委会选举中，农民表现出极大的参与热情，表现出较强的现代民主观念和权利意识。

---

[1] 《中华人民共和国村民委员会组织法》，http://www.gov.cn/flfg/2010-10/28/content_1732986.htm。

一是农民对选举还是比较感兴趣。绝大部分受访者认为"对选村干部还挺感兴趣的","因为自己可以去参选,同时也可以选一些人品好的村干部出来,选举出来的结果虽然与自己的切身利益关系不大,但是可以通过自己的那一票选出更为正直的干部,选举的确是能够体现出我们村民自治的权益。"①

二是农民的选举意识趋于理性。以基层党员、群众对村级党组织班子成员的选择标准为例,农民的选举意识趋于理性。农民普遍认为村组干部既代表政府,又代表村民。当被问及"您觉得您村和组的干部,主要代表谁?"时,共有962人认为村组干部"既代表政府,又代表村民",占56.3%;共有454人认为村组干部代表"村民",占26.5%;271人表示村组干部代表"政府",占15.8%(见表4-43)。

表4-43 对问题"您觉得您村和组的干部,主要代表谁?"的反馈情况

		频数(人)	百分比(%)	有效百分比(%)	累计百分比(%)
有效	政府	271	15.8	16.1	16.1
	村民	454	26.5	26.9	43.0
	既代表政府,又代表村民	962	56.3	57.0	100.0
	小计	1687	98.7	100.0	
无效		23	1.3		
	合计	1710	100.0		

三是农民心目中村干部的理想标准为"热心""有能力""作风好"。当被问及"在投票选村支部班子成员时,总体上倾向于什么标准才能承担重任?"时,调查显示,38.9%的受访者认为"人品好,办事公正"为根本标准,33.5%的受访者认为应该"觉悟高,有奉献精神",26.1%的受访者认为"能力强",带领大家致富"的人才能作为村的党支部书记人选,可见,对于经济发达的长三角地区农村来说,选举能带领大家致富的人做村支书已经不是农民群众的最高选择和第一序列选择,富起来的长三

---

① 访谈者:张文冰。受访者:张某,浙江杭州市建德洋溪街道小杨坞自然村,汉族,男,54岁,高中,群众,2015年3月8日下午。

角农民更加在乎所选村支书的人品和觉悟了,做事公正且有奉献精神的人选一定是能够得到绝大多数村民支持的(见表4-44)。

表4-44　对问题"在投票选村支部班子成员时,总体上倾向于什么标准才能承担重任?"的反馈情况

		频数(人)	百分比(%)	有效百分比(%)	累计百分比(%)
有效	人品好,办事公正	665	38.9	38.9	38.9
	觉悟高,有奉献精神	573	33.5	33.5	72.4
	能力强,带领大家致富	446	26.1	26.1	98.5
	其他看法	25	1.5	1.5	100.0
	小计	1709	99.9	100.0	
无效		1	0.1		
	合计	1710	100.0		

对于村支部书记的条件,在我们给定的四个条件中,受访者认为的排序依次为:工作能力强＞群众关系好＞领导信任＞能得到本村百姓的支持。可见,当前长三角农民非常注重村"两委"干部的工作能力(见表4-45)。

表4-45　对问题"您认为具备以下什么条件,才能做你们村的党支部书记?"的反馈情况

		频数(人)	百分比(%)	有效百分比(%)	累计百分比(%)
有效	工作能力强	597	34.9	35.0	35.0
	领导信任	422	24.7	24.8	59.8
	群众关系好	473	27.7	27.8	87.6
	能得到本村百姓的支持	171	10.0	10.0	97.6
	其他	40	2.3	2.4	100.0
	小计	1703	99.6	100.0	
无效		7	0.4		
	合计	1710	100.0		

在访谈中，我们也可以看出，"热心""有能力""作风好"是农民心目中村干部的理想形象，受访者江苏陆某说，"我们有什么事情都会跟我们的大队书记说。我们做邻居也几十年了，他有空也经常端个水杯到村民家来聊聊天。选举，我们都是推选的。在村里，热心的、有能力的、作风好的与大家的关系都比较好的人，我们就会推荐，最后的投票就是挨家挨户地投，但是其实大家心里也都有数。"①

其二，农民群众能够积极参与村民大会。

调查显示，农民还是能够积极主动参与村民决策的最高权力机关村民大会，积极履行自己的职责。当被问及"您参加过您村的村民大会吗？"时，回答"每次都参加"的有446人，占26.1%；表示"有时参加，有时没有参加"的有784人，占45.8%；也有27.1%的受访者表示"没有参加"（见表4-46）。

表4-46　对问题"您参加过您村的村民大会吗？"的反馈情况

		频数（人）	百分比（%）	有效百分比（%）	累计百分比（%）
有效	没有参加	463	27.1	27.1	27.1
	每次都参加	446	26.1	26.1	53.2
	有时参加，有时没有参加	784	45.8	45.9	99.1
	同时选择了两项及以上	15	0.9	0.9	100.0
	小计	1708	99.9	100.0	
无效		2	0.1		
	合计	1710	100.0		

调查显示，村民大会能够较好地履行组织法所规定的议程和事项。当被问及"您参加的村民大会主要讨论什么？"时，约26.5%的受访者表示所参加的村民大会主要讨论"治安"问题，约24.9%受访者表示所参加的村民大会主要讨论"计划生育"问题，约13.6%的受访者表示所参加的村民大会主要讨论"交粮纳税"问题，约33.6%的受访者表示讨论其

---

① 访谈者：陆雁蓉。受访者：陆某，江苏省苏州市吴中区临湖镇陆舍村，汉族，男，74岁，初中，党员，2015年3月2日下午。

他问题（见表4-47）。访谈中再次证实农民参与村民大会积极性较高，村民认为，当年他们的村民大会是全村人参加的，那时候村子还没有现在这么大（现在的村子是三个村子合并在一起之后的大村），而这一届村委班子则是以召开村民代表大会方式来商讨村务，有村民代表、党员代表来商讨大事。该村分18个组，每个组派代表参加村民大会，现在村里的财务是公开的，有什么事情都是村民代表一起讨论，一般村里的重大决策，关系老百姓的事情都会召集起来讨论。因此，村民对此表示非常满意。

表4-47 对问题"您参加的村民大会主要讨论什么？"的反馈情况

		频数（人）	百分比（%）	有效百分比（%）	累计百分比（%）
有效	治安	453	26.5	26.9	26.9
	计划生育	426	24.9	25.2	52.1
	交粮纳税	233	13.6	13.8	65.9
	其他	575	33.6	34.1	100.0
	小计	1687	98.6	100.0	
无效		23	1.4		
	合计	1710	100.0		

其三，农民能够积极参与民主管理。

民主管理是贯穿四个民主始终、连接村民自治各个环节的，是村民自治的重要内容。从调查访谈中，我们可以看到农民对自我管理感受很深。比如，农民能够根据现实中建房用地管理以及财务经费管理在民主管理中的重要性，在实施管理中体现农民特有的聪明才智，懂得如何顺应形势，懂得用管理创造效益。根据有关法律法规制定，村民自治章程和规章制度等没有国家强制力保障执行，但村民一般都比较认同，甚至比对法律更了解和熟悉，大多数也能自觉遵守。访谈中，农民认为农村治安是好的，村委会也会设立治安大队，钱是由村委会支付的，村民是没有摊派的。这是在访谈中村民对村里治安自我管理的评价，说明现在农村都能达到自治程度，能把自己的村子搞好。

其四，农民能够积极参与民主监督。

村级民主监督，其主要形式有村务公开、村民委员会报告工作、民主评议村干部、责任追究制度以及村民的举报、信访与舆论监督和司法监督等。以笔者调查样本地浙江杭州余杭小古城村为例，该村组建法治宣传队伍网络，在文化阅览室开辟"法制角"，在村务公开栏设法制宣传专栏，张贴法治挂图，设置永久性宣传标语和宣传牌，村主干道两旁绘法治文化墙，同时聘请法律顾问，为村民和村委会重大决策提供法律咨询。同时，小古城村强化依法治村管理机制，确定每月28日为村务公开民主理财日，监督理财小组成员对该月村务工作情况、财务发生情况进行审核，并对审核结果发出整改意见通知书，要求及时拿出整改报告；聘请老干部、监督小组成员对各类项目建设的数据进行统计和质量的全程监督，并参与村联席会议和工程项目的预算、结算及招投标；实行"阳光村务"、"一事一议"和组级公益事业项目申报程序制度，提高村务管理的透明度，自觉接受村民的监督。从渠道来看，农民可以通过三种渠道反映民情：民情直通车可让村民用信件形式向村委反映问题，每天有专人开箱；民情热线24小时待机接受村民反映；网格家园群则以网格为单位建立微信群，通过线上互动形式了解民意，解决村民实际困难。从制度上来说，村务监督委员会成为村民对村务进行民主监督的机构，通过建立完善村务监督委员会能从源头上遏制村民群众身边的不正之风和腐败问题、促进农村和谐稳定。

其五，农民表达意识强。

政治表达是指公民通过宪法规定的手段和机会来表达自己的政治观点和政治态度，从而影响政府政策的行为过程。从调查样本来看，长三角农民对自身的表达有比较清醒的认识。

一是从表达的渠道来看，目前主要实行协商形式。在围绕解决"谁来议"的问题，当前农村重点坚持代表的广泛性、专业性、关联性，形成"固定代表（村民代表、老干部、乡贤等）+自由代表（涉利村民、热心村民）+特邀代表（专业人士和法律顾问）"协商模式，这些方式有效解决了农民的表达能力不足问题。此外，如何收集反映农民的诉求问题，从长三角的实践来看，主要通过村党委经过民情恳谈会、村民小组民生实事申报、干部网格联户走访和上级中心任务交办等多元渠道收集并经过分类梳理形成协商议题。通过村民民主协商议事的平台，确保了村民自治工作有序进行，满足了群众意见表达，强化了农民群众的主人翁地位，形成了民主发展与群众支持良性互动的局面，促进农村社会稳定，有力地推动了农村社区各项工作的顺利开展。

> 杭州余杭区运河街道新宇村邻里协商议事中心土地纠纷商讨处理①
> 一、土地纠纷协商背景：
> 新宇村位于余杭区最东北，紧靠京杭大运河，东邻桐乡市大麻镇百富村，西面是喜庵港（杭州市二级水源保护区），面积2.2平方千米，有16个自然村，分14个村民小组，5个网格支部，共有党员83名，常住人口2730人，外来人口287人，工业经济以搪瓷、五金、轻纺为主，农业经济以莲藕种植、生态甲鱼养殖为主。
> 农村土地，是集体所有依法由农民集体使用的耕地、林地、草地，以及其他依法用于农业的土地，简称为农地。农地也可以分为农用地和非农用地两大类。其中，农用地的保护和利用方面，现在已经有了好办法，即"三权分置"制度，把耕地的用途管制、农民社会保障权益和现代农业规模化发展需要，很好地结合起来了。但是，非农用地制度，则仍然在探索之中，仍然在保护与利用之间纠结不已。其中，农村宅基地问题，最为突出。
> 2016年3月，新宇村汪凤林（女，居住地址：运河街道新宇村10组沈家里自然村30号）与沈忠连（男，居住地址：运河街道新宇村10组沈家里自然村13号）因房屋地界问题产生纠纷，汪凤林家新建房屋卫生间部分占用土地属于沈忠连户基地，沈忠连方发现后坚决表示反对，认为汪凤林户在新建房屋情况上侵害了本人的权益，对方应该对自己造成的损失予以赔偿。双方也由此产生争吵，争执不下。
> 二、具体做法及协商过程：
> 《中华人民共和国土地管理法》第十六条第一款规定，"土地所有权和使用权争议，由当事人协商解决。"据此规定，公民之间发生的宅基地纠纷，应当先通过协商的方式加以解决，故此事由村委出面予以调解。
> 双方对峙寻找矛盾焦点。首先，请汪凤林方与沈忠连方到村委进

---

① 资料来源：笔者于2018年在余杭区民政局的调查。

行了一次协商会议，协商过程中，双方首先各执一词并详细讲述了自己的观点，汪凤林方认为，建造房屋肯定需要中规中矩打好地基，否则如果缺上一角，既影响美观又影响实用性，且所占用土地平常并未实际使用，在这种时候就应该让出来，而沈忠连方认为户基地上的土地本来就不可能全部实际占用掉，需要留出一定的空间用来行走或是方便日后派其他用场。

商议方案。听取了双方意见观点后，村委会调解人员展开调解工作，首先分别与双方进行了单独谈话，在了解双方意见及诉求后经村委会调解，确定如下两个方案：（1）维持现状，讲明事实情况，并征求双方同意。（2）如沈忠连坚决要求维护自己权益的，要求汪凤林拆除占地，应采取合理合法手段将事情予以解决。

召集人员议事。方案通过后，村班子人员立即召集协商议事成员，包括村民组长、村民代表、小组党员等一起到协商议事厅参与议事，此事由王其良主持。当王其良讲明相关调查结果后，议事成员展开了讨论，最终在商议后双方确定采用第一种方案。

确定协商内容。双方代表在相关人员的见证下在村委会签订议事内容，做好事件记录留档，协商确定（1）现汪凤林新建房屋的卫生间稍微占用沈忠连户基地，沈忠连表示让给汪凤林户（大约30cm），东西宽30cm，南北长160cm。（2）两户原界限定为老基地向西30cm为界。（3）自协议签订后，双方不得随意更改。

二是从表达的机制方面来看，主要通过规范的"五议两公开"议事机制。"五议两公开"程序是在中组部提出的"四议两公开"的基础上新出台的对村级重大事项进行决策时的规定。上海实行"四议两公开"后在化解农民的矛盾方面取得了良好的成绩，2011年后，浙江、安徽按照升级版的"五议两公开"来推行议事，同样取得好的效果。在村内已开通"党员群众建议—村党组织提议—村务联席会议商议—党员大会审议—村民代表会议决议"的协商议事机制，并坚持将实施情况和表决结果双公开。

上海：1998年因建设郊环线（A30），金石村17个村组2000多名村民的290.55亩土地被征用。2004年，由于政策调整，对征地农民由原经济补偿改为"镇保",由于1999年农民承包地经延包调整,原村民征地只能由各组村民集体共享镇保名额。由于村里4、5、6、12四个村民组的村民意见不统一,涉及的48个"镇保"名额一直没有解决。特别是村五组一村民认为自家被征用的土地较多,强烈要求他家原被征用的土地必须由其家人独享镇保名额,到村、镇、市甚至北京上访已达上百次,是区里挂名的上访老户,村干部们磨破嘴皮也做不通他的思想工作。

邵宅村党总支书记倪建华也有同样的感触。邵宅村近年来由于50万伏高压线等重大市政工程动迁,征用了150多名村民的236亩土地。由于这些土地是"带"状征用,集中管理较难,部分村民仍旧在土地上种植蔬果,圈养家畜,引起其他村民不满,村民矛盾尖锐,给他的工作带来很大压力。

"村民的情绪不难理解,谁觉得自己的利益受到了损害,都难以平心静气。"大团镇党委体会到,在市场经济条件下,群体利益多样化的趋势更加明显,群众之间的利益既有相通共融的一面,也有紧张冲突的一面。越来越多的村民关心并敢于表达和维护自己的利益诉求,多元诉求得不到统一,自然容易引发社会矛盾。矛盾根源不消除,就会影响发展,还会给社会稳定带来很大压力。基层党组织要发挥好"推动发展、服务群众、凝聚人心、促进和谐"的作用,协调好群众利益,解决群众自己最想解决、但单靠个人意志又解决不了的问题,这是一道绕不过的"坎"。

为破解实际工作中的困难,邵宅村成了大团镇第一个"吃螃蟹"的村子——尝试用"四议两公开"工作法解决土地纳管问题。党总支先在村里进行广泛宣传,让村民了解"四议两公开"这件新鲜事;接着,通过个别访谈、座谈会等方式,广泛听取党员、村民代表及广大村民的意见;在基本形成共识后提出提议,经商议、审议后提交村民代表会议决议。当天的村民代表会议上,41名代表无一缺席,同意34票、不同意5票、弃权2票,方案顺利获得通过。

金石村的信访矛盾化解同样得以突破。金石村党总支在广泛征求村民意见的基础上提出"镇保名额采取抓阄,享受人员出资,其他人员得资金补偿"的方案,并将此方案以组为单位,由村干部牵头召开户代表会议反复征求意见；考虑到老上访户的特殊情况，村党总支书记祝林清出面做其工作，提出让其座阐，但必须出资（由于其家庭困难，村党总支给予其适当补助）。出乎意料的是，这个方法得到了绝大多数村民同意，也得到老上访户的认可。经村党总支提议、村"两委"商议、党员代表审议，最后以村民小组为单位在户代表会议上进行了决议，四个生产小组全部以全票通过。①

江苏："以前，群众只知道村里干了啥，怎样实施的，过程什么样，是个啥结果却不清楚。现在，用'四议两公开'工作法决策村里的大小事情，透明度高了，村民的事自己提、自己议、自己做主、自己办，真正让村民自己说了算，群众的心里也敞亮多了。"5月16日，说起"四议两公开"工作法，沂水县高桥镇荣沟村支书李元修的话匣子一下子打开了。荣沟村地处镇驻地西北9千米处，全村723口人，村集体资产有水库、河滩及部分荒地。2015年3月初，村里的水库、河滩及荒地到期，该如何使集体资产产生效益最大化同时又不引起村内矛盾成了摆在村"两委"干部面前的一道难题。

按照"四议两公开"要求及村集体资产处理办法的相关规定，荣沟村在经过支部提议、村"两委"商议、党员审议、村民代表决议后决定对到期的村集体资产进行公开招投标，并当场签订了竞标成功确认书。同时将竞标结果及时张贴向全体村民公开，接受监督。通过公开投标的方式交易村集体资产这种做法非常好，既体现了公平公正又能提高村集体资产的收益，让村民对村务决策从"雾里看花"到"明明白白"。②

三是从程序和效力来看，由于有规范的村、组两级协商议事工作程序，同时形成了"工作由群众提—议题由网格审—方案由班子议—决策由代表决—过程由专人督—结果由群众评"的民主协商工作闭环，因而做到了以村监会为核心的"3 + X"监督小组，即"村监会3人+涉利村民和热心村民"来强化协商事项监督，实现监督程序到位、监督执行到位、质量监督到位。

---

① 《上海浦东"四议两公开"化解矛盾深得民心》，人民网，http://dangjian.people.com.cn/GB/14108865.html，2011年3月10日。
② 《沂水：四议两公开，让百姓"当家"》，《大众日报》2015年6月9日，http://paper.dzwww.com/dzrb/content/20150609/Articel07009MT.htm.

(三）农民参与意识存在偏差和分化

现实中也有部分农民的政治参与意识淡薄，对于自己的政治权利陷于一种漠不关心的状态，这种情况在发达地区仍然存在，表现出明显的不平衡性。

1. 参与民主选举意识不平衡

民主选举作为"四个民主"的首要的基础，直接影响到农民对决策参与、管理参与、监督参与以及协商参与意识的提升。但实践中部分农民对选举法以及选举的意义等尚不是很清楚。综合来看，导致村民对民主选举产生冷漠情绪的原因有以下几个方面：

一是乡镇政府通过控制村党支部间接控制村民委员会的选举，使村委会选举游离于村民自选原则之外。有村民认为，乡镇过度控制基层选举，导致农村自治原则得不到较好体现。

二是村里的集体经济不富裕，部分农民认为也没必要为这点利益而操心谁当村主任的事，因此，表现出无所谓的态度。调查中有村民表示对于村委会的事情能关心就关心，关心不了无所谓等，参与态度消极。

三是"干部难当"也直接影响农民参与的积极性。调查显示，农民认为村主任（或其他职务）最难处理的关系就是与村民的关系（见表4-48）。

表4-48　　　对问题"您认为村主任（或其他职务）最难
处理的关系是什么？"的反馈情况

		频数（人）	百分比（%）	有效百分比（%）	累计百分比（%）
有效	与村民的关系	1015	59.4	59.5	59.6
	与其他村组干部的关系	310	18.1	18.2	77.8
	与党支部或书记的关系	114	6.7	6.7	84.5
	与乡镇政府的关系	93	5.4	5.5	89.9
	与村办企业及其他经济组织的关系	107	6.3	6.3	96.2
	与大姓旺族的关系	64	3.7	3.8	99.9
	小计	1703	99.6	100.0	
无效		7	0.4		
	合计	1710	100.0		

调查中发现，当前不但村干部的工作本身难做，而且村干部的考评压力也很大，村民的参与与支持力度不够，这可以从访谈中看出：

问：我们村在"美丽乡村"的建设中采取了些什么措施呢？

答：当前最为突出的便是"五水共治"，主要是指"治污水、防洪水、排涝水、保供水、抓节水"这五大项，这一项目已经完成全村70%。另外就是自来水改装。原来的自来水管已经出现老化，对其全部进行更新处理，使得水流量大了许多，赢得了很多老百姓的赞扬。还有我们村近期在搞的环境卫生整治与清三河工作，这项工作本身难度系数就很大，不仅需要村里干部的带动作用，更需要村民的支持与行动才能真正做起来。我们是每周安排人员打扫各个村庄的卫生，对于河道则是每周两次进行检查保洁，并将结果上报给上级部门。环境与过去相比有了很大的进步，最为明显的就是苍蝇蚊子少了很多。此外，还有土地收储、养老保险工作、外来人口受理与消防安全巡查、农房确权、村便民窗口的办理及各种群众服务工作、解决困难户审批建房。

问：那么，在整个过程中，有遇到什么困难吗？

答：就拿环境卫生来讲吧，上级要求我们每个村庄做到垃圾分类处理，这难度系数非常大，有生活垃圾、建筑垃圾等等，虽然我们几个干部带头在做这些事情，但因为百姓环保意识相对缺乏，仍号召不起来。同时，尽管我们设置了垃圾箱与垃圾桶，百姓仍自顾自地到处乱丢垃圾。还有流动人口数量较多较分散，因此需要我们每个月至少花一周的时间去检查核实，每进来一个，就必须及时登记上报。每次上级部门下达任务，我们即使很努力地去做，但完成率还是不太尽如人意的。

问：面对老百姓的不配合，你们又是如何解决的呢？

答：在卫生这方面，老百姓不做，那就只能我们行动。在每个自然村，每天派人打扫，或者我们亲自去做一些活，这样来整治环境。通过我们几个干部一点点的带动，希望百姓能一点点的改善，懂得保护环境，人人有责。①

---

① 访谈者：韩栋霞。受访者：潘某，浙江省绍兴市上虞区崧厦镇潘韩村村委主任，2016年10月6日上午。

四是村民委员会成员的贿选状况存在。村委会委员们为了保证自己的"胜算"，在村委会选举之前，都会做些宣传给自己拉选票，给村民一些"报酬"以获取他们的支持。而针对这种情况，很多村民谈到这个事时都觉得这很正常，认为"以前村委会成员是'上面'定的，大家觉得好的话，就让他当村主任，或是乡镇府看重的话就把他提拔上去了，选举搞的时间不长，我还是觉得以前的好。我们萧山有很多，现在搞选举的话，就是'上面'给你十元钱，拉选票，就表明当村干部有奔头有利可图。"可见，在实践中存在较多的贿选情况，严重影响民主选举的公平，是影响基层民主政治健康发展的毒瘤。据了解，在浙江第九届村民委员会选举工作中，全省共查处贿选人员107人，查处破坏选举人员192人，查处其他违法违纪人员95人。[1] 因此，在未来的农村治理过程中，要严厉打击贿选等不正之风，充分实现村民自治，进一步提升农民参与民主选举的积极性和主动性。

五是农民过度关注赚钱而对参与政治关注较少。当被问及"你们对村干部的选举感兴趣吗？选举对你们的切身利益有直接关系吗？请谈谈你们对选举的看法？是否是让你们体会到村民自治的权益呢"时，有受访者回答说，"兴趣不大，也知道和我们切身利益有关，但是我们不参与投票，也没有这方面的想法，说实话，村民自治在农村还是要慢慢改善，主要还是我们意识不够，也不关心，都忙着赚钱，我们对村民自治没有什么概念，也不知道有没有体会到。关心经济比较多，政治也关注，但兴趣不大"。[2]

2. 参与治理与协商存在不足

一是有村民未参与基层治理活动，共治格局有待成型。在杭州余杭区杭南村调研发现，尽管村里会定期举办诸如"最美杭南人""每周六全民清洁日""党建＋活动"等特色活动，但仍有部分村民表示并未参与到事关乡村基层治理的特色活动中，全村范围的共治新格局尚未实现。如45岁的陈大姐说："村里举办的这些活动我从来都没参加过，像'最美杭南

---

[1] 《浙江查处第九届村委会选举贿选人员107人 法制建设提升农村基层选举公信力》，http://www.zjmz.gov.cn/il.htm？a＝si&id＝4028e4813eb59411013ebf866a4d0003.

[2] 访谈者：沈妮。受访者：丁某，安徽萧县马井镇卫生所，汉族，女，41岁，大专，党员，2015年3月12日下午。

人'这些活动和我们都是不相关的。"① 由此可见，加大基层党组织的动员力度，让村民理解党员开办特色活动的初衷，意识到社会治理人人有责、家园建设事关你我，是当前实现"三治合一"乡村治理体系的有效前提。

二是村民民主协商参与度较低，村民自治有待完善。调研发现，仍有部分村民把协商议事视为与自己联系不大的事情。如47岁的刘大姐说："村里的协商议事都是男人们去参加，和我们这些带小孩的妇女都没多大关系的，协商议事就让他们商量么好了，反正生活照样过，也没多大影响。"② 协商议事是发挥村民自治能动性、凸显村民主体地位的重要形式。据了解，杭南村的村干部和受访村民都认同村规民约修订的重要性，因此，通过村规民约修订这一契机，扩充协商议事参与人数、规范协商议事举办形式，让更多村民参与事关杭南村发展的协商中，将有利于发挥村民的主人翁意识，让村民自治焕发活力。

三是村民民情反映渠道模糊，村民自治能力较弱。调查显示，当被问及"您一般采用以下何种渠道反映民情"时，大部分村民表示"从不反映"，有部分村民表示"会直接向村委反映"，仅有少部分村民表示"会通过网格家园群"反映。在对他们进行深入访谈后发现，他们并非不想反映问题，而是不知道如何去反映。如69岁的周大伯说："有些问题我们大家现在都只是说说，也不知道向谁反映，我们这些年纪大的哪搞得清楚。"③ 由此可见，村民对于村委开办的民情反映渠道并不熟知，且年纪大的老人更是不清楚具体反映渠道。党的十九大报告明确指出，"要想实现村民自治必须增强村民自治的能力"，因此，应拓宽民情反映渠道，在宣传的同时注重培养村民自治能力，包括协商议事参与、意见与利益表达等，从而让村民能够更好地投入到乡村治理当中。

四 长三角农民政治意识分化的多维特点

通过上述调研，我们可以比较清晰地勾勒出长三角农民政治意识发展

---

① 资料来源：笔者在杭州余杭区杭南村的调研。
② 资料来源：笔者在杭州余杭区杭南村的调研。
③ 资料来源：笔者在杭州余杭区杭南村的调研。

的轨迹，作为发达地区的长三角农民除具有一般农民的政治意识流变特点外，还可以看出这个流变过程所具有的特点：一是传统性与现代性互融；二是依附性与自主性共生；三是利益性与结果性双驱。

（一）传统性与现代性互融

传统社会时期，在家国一体的政治构架下，农民没有独立的政治意识。中华人民共和国成立后，农民的政治意识呈现出传统与现代交织的双重性。执政党与政府通过外在推动与行政指导，以群众性政治运动模式，来领导农民实行政治行动和利益诉求。这种农民政治参与模式，以人民公社制度为平台，主要是为了保障党和政府对广大农村实施有效与稳定的控制，与农民内在的自主性的各项权利诉求仍然存在一定的距离。广大农民在人民公社制度下的政治生活，主要体现为不停地参加各种政治运动，是一种典型的运动式的"政治卷入"。其权利发展与获取模式具有灌输式和教育式特点。[①]

改革开放以来，中国共产党和政府着力全方位地加强与推动了中国公民权利的建设，这才开始真正体现出农民的主体性。随着家庭联产承包责任制的广泛推行以及农村社会主义市场经济的发展，农民越来越认识到公民应有的权利意识，农民的价值观日益理性化、世俗化，构成现代公民身份的基础的公民责任、社会信任、平等主义以及世俗化个人主义的思想随着市场逻辑和商品主义不断得到强化，农民自身的民主、自由、平等的公民意识也逐渐加强。与此同时，社会的快速转型，导致农村社会利益格局走向多元化，进而导致农民的政治意识在走向现代过程中出现明显的矛盾和错位。如盼富求富心理与淡漠理想信念的矛盾；重视个人利益而轻国家、集体利益的矛盾；期待良好社会治安环境与自我有意无意违反法律的矛盾，等等。

（二）依附性与自主性共生

众所周知，传统中国农民对政治的态度往往是冷漠和不关心，既缺乏

---

① 参见龚上华《农民政治意识分化与政府治理创新研究》，浙江大学出版社2014年版，第165—166页。

主体意识又具有较强的依附性。鸦片战争以后，随着睁眼看世界以及一次次革命运动的洗礼，农民政治意识发生了震荡；随着新民主主义革命时期中国共产党的主张提出及其广泛动员，农民的阶级意识发生了前所未有的变化，从根据地农民来看，"求翻身求解放""当家做主人"的民主意识得到了很大发展。中华人民共和国成立以后，农民获得了前所未有的政治地位，农民主动参与意识空前高涨。1958年后，人民公社实行"政社合一"的管理体制，农民在农业生产上缺乏独立的自主权、经营权，完全依附于生产队、大队、公社等集体生产单位，其主体意识、竞争意识、效益意识和时间观念被压制在强势集体观念之下。农民的政治自主意识和民主参与意识受到压制，农民的政治依附与盲从心理逐渐膨胀起来，同时，也滋生了农民的怀疑、逆反的心理。这种"政治化人格"[1]导致农民的行为表现出强烈的政治化倾向，农民几乎不敢表明自己的立场和观点并从心理上产生了对政治的厌倦甚至恐惧，此外，在自身的利益受到来自国家权力的侵害时，往往选择的是沉默和忍耐。

1978年改革开放以来，随着家庭联产承包责任制的广泛实行，我国农民的生产积极性被充分调动起来。从政治上来说，农民创设了村民委员会制度，1998年11月《村民委员会组织法》的贯彻实施，标志着中国农村以村民自治为主要内容的民主法制建设经过长期的探索逐步走向成熟。在家庭联产承包责任制的推行以及村民自治制度的保障下，农民真正意义上的自主参与意识得到了萌生，并且能够根据自身的利益需要辨别和选择与自己息息相关的政治意义上的话题和行为，农民的政治主动性得到了增强。从长三角来看，农民对自身权益的主动维护能力表现出以下特点：农民不仅仅追求某个单一具体的权利，而是注重普遍抽象的公民基本权利的维护；农民更多地走上主动维权道路，且有逐渐组织化的趋势；从维权方式上来看，逐渐走上制度化、理性化。当然，"从总体上讲，目前农民的政治参与的组织化程度是很低的，政治参与是零散的、个别的，而且非制度化参与占一定比例。"[2] 这种农民的集体维权行动，本质上还是农民的政

---

[1] 李伟：《二十世纪五十年代末中国共产党对农业问题的认识和探索》，中共党史出版社2007年版，第275页。

[2] 程贵铭、朱启臻：《当代中国农民社会心理研究》，首都师范大学出版社2000年版，第57页。

治参与过程。

(三) 利益性与结果性双驱

通过长三角区域农民政治意识的变动，可以看出，农民利益诉求不仅存在，而且已呈现出多元化，这种利益诉求比较琐碎。以相关涉农群体性事件为例，从1993年到2006年，群体性事件从8709起增加到了9万起，2009年10万起，2010年18万起，2011年18.25万起，2012年以及2013都超过了19万起，参与人数年递增12.3%，爆发规模年均递增14.6%。[①]这些典型性利益诉求表现都涉及农民群体，而且利益冲突升级明显。可见，农民的观念、关系以及行为均体现出强烈的利益性，这种利益之争成为主导农民政治意识流变的本质所在。

从另一个方面来看，农民政治意识流变的另一大特点就是结果导向明显，它表现出浓重的实用主义价值观。从长三角区域农民政治意识的变动来看，农民意识的变动都是强调结果，这就要求基层治理要在更加注重公平，更加注重贯彻共建共享的价值观基础上进行创新。党的十九大报告提出的实施乡村振兴战略、加强农村社区建设与服务、以城市群为主体构建大中小城市和小城镇协调发展的城镇格局、加快农业转移人口市民化，这些都为长三角农村地区各级政府推进政府创新提供了更大的空间，注入了更多的资源，提供了更多的机会。

[①]《群体性事件上升到每年9万起》，《羊城晚报》2010年2月27日，http://www.ycwb.com/ePaper/ycwb/html/2010-02/27/content_752762.htm.

第五章 长三角基层治理创新的实践探索与经验启示

基层政府治理创新是基层政府在中央政策和精神允许范围内进行的旨在改善地方治理的制度创新。改革开放以来，为了有效应对农民的政治意识分化带来的影响和挑战，党和国家从"解决好农业农村农民问题作为全党全国工作重中之重"出发，开展了一系列重大理论创新。基层政府也在中央的框架下进行了系列创新。在现有的条件下，基层政府的制度创新主要围绕这几个方面展开：政治改革试点、机构改革、职能转变以及农民政治参与的制度化建设。通过对我国推进农村基层治理创新的理论与实践以及长三角地区基层政府治理创新案例调查发现，治理创新要通过一系列具体制度安排，赋权于农民，使农村各种利益相关者能够参与决策，共同管理公共事务，从而转变政府决策机制，优化政策执行过程，实现地方治理优化。

一 长三角推进农村基层治理创新的实践

（一）以增强农民认同为目标，推进基层民主改革和公共服务体制改革

1. 推进农村网格党建建设，引领农村基层治理创新

如何提升基层治理能力是完善基层社会治理现代化的重要基础。近年来，杭州市余杭区径山镇以网格党建为抓手，积极探索出了"党建+"思维路径，通过夯实"党建+"基础，突出"党建+"治理，拓展"党建+"外延，逐步实现村村示范、整镇推进目标。

夯实"党建+"基础，固本谋远。径山镇高度重视"基础打桩"工作，通过夯实"党建+"工作根基，推动各村社全面进步。（1）网格+支部，两网合一。以属地、适度为原则，自然组设置为主、特色设置为

辅，划小网格单元，调整支部设置。全镇15个村社为15个大网格、下辖82个网格支部。支部成员与网格"一长三员"交叉任职，村社党组织书记担任大网格长，其他班子成员担任网格长，二级支部书记不是村社班子成员的担任副网格长，所有联户党员均纳入参与员队伍，网格工作与支部工作真正合二为一。（2）硬件+软件，规范设置。硬件上，所有二级支部均达到"五有"标准（有房子、有牌子、有桌子、有电教设备、有党报党刊阅览角），且活动场所不少于25平方米。软件上，对上墙内容进行六个方面规范，包括党员形象照片及信息、党旗党徽、党员联户信息、"一长三员"职责和信息、党员固定活动日安排及照片、"五个一"活动纪实。现82个网格支部中，利用集体存量资产80个、租赁民居2个。（3）职责+考核，明晰目标。明确党员"五个一"组织生活制度，全面推行每月15日党员固定活动日和7—8月每周组织生活制度，根据区委组织部统一要求，扎实开展"五个一"组织生活，做到会前公布"五个一"具体方案，会中根据方案每位党员汇报联户工作和认领任务进度，开展具体事务协商并认领新的任务，会后公布有关协商结果等，确保工作有的放矢，活动开出成效。明确网格长要通过"一线+一格""坐班+轮流"的工作方式，兼顾好村社及网格内工作，同时根据网格长黄色预警机制，倒逼责任落实。建立捆绑考核制度，网格"一长三员"考核工作与三大指数信息化考核相挂钩，同时纳入村社和村社干部年度综合目标考核之中，促使部门和人员下沉。（4）线上+线下，严抓过程。线上，深入融合"互联网+党建"，活用党员先锋指数，党组织堡垒指数（包括村社和网格支部）以及镇服务指数三大指数信息化平台，实现党建工作精准发力。利用"径山党建"微信公众号，每周五发布信息，利用新媒体传递党建正能量。线下，分解党建工作责任，开出村社党组织书记责任清单，通过"每周研究—半月督查—每月研判"对党建工作责任落实情况滚动推进。所谓每周研究，即每周开展主要领导碰头会，"问诊"重点工作，研究制定整改落实措施，推动责任落实。半月督查，即每半月11个专项检查组先行检查，组纪宣对检查落实情况进行再督查，实现应急变常态。每月研判，即每月召开基层党建分析研判会议，及时掌握基层组织运行动态，进一步落实组团联村干部一手抓线上业务工作，一手抓联村社工作的"一岗双责"。

突出"党建+"治理，服务发展。径山镇通过深化网格党建，突出

"党建+"治理导向,以网格化推动村社工作全面落实。(1)协商+落实,加强结果运用。在2016年网格支部成立以后,2017年1月及时制定网格支部·组级协商办法,对协商的目录、范围、程序进行优化,提出四步协商法:一提,提出议题;二议,讨论商议;三决,民主表决;四做,组织实施。在2017年环境综合整治拆后修复方面,网格协商发挥了很大的作用,如在环境综合整治过程中,求是村、许家村网格群众在"一长三员"的引导下,通过网格民主协商向村"两委"提议,将辖区内的一宗不雅观建筑,原求是村委大楼区块租赁给政府,将其改建为新潘板中心小学停车场,缓解停车难问题。如前溪村百步网格,通过网格民主协商,把支部门前的一个脏乱差池塘,改造成为村民休憩、散步的场所,成为一道风景线。截至2017年12月中旬,全镇各网格协商共计398次,解决或正在处理有关问题355余件,特别是大会战中,各村社通过网格民主协商,建立大会战拆后修复示范区块12个、美丽乡村示范主线5条和示范副线9条。该项制度现已列入区峰会后社会治理长效机制,在全区进行推广。(2)学习+比武,提升人员素质。为进一步强化镇村干部在"两学一做"中的模范带头作用,提升网格成员在联系服务群众工作的能力水平,开展"三个一"活动。一是下发一本学习手册。制作下发口袋书《网格党建分层分类指导手册》,内含网格党员、支部书记、网格长、指导员四个层面应知应会内容,除便于开展集中学习外,亦方便各层面人员放在身边随时翻阅自学。二是建立一个党课资源库。以网格内重点难点问题为导向,全体网格支部书记和指导员为所属网格支部上一堂党课。评选出指导员组和支部书记组十佳党课,汇编成"双十佳"党课课件,下发到各网格支部;组织"双十佳"党课荣誉获得者到其他支部上课;在"径山党建"微信公众号开辟理论宣讲专栏,扩大受众面,增强影响力。三是开展一次民情大比武。2017年7月15日下午,所有网格指导员、网格长参加村社民情大比武测试,内容包括网格党建知识、网格指导员(网格长)工作职责、所属网格基本情况及存在的问题和对策,考试成绩与组团联村社考核、村社班子考核相挂钩,检验成果。(3)优化+教育,固化网格成效。在大会战、大排查等各项工作任务中,网格党员干部模范带头拆违、联户、排查、宣讲,形成很好的示范效应。为进一步固化成果,推动网格和支部工作制度化、规范化、长效化运作,建立网格支部优化方案。一是优化网格设置。在原有网格基础上,对网格大小、边界、人员、属地企业等重新设置，充分考虑网格实际和网格长个性特点，合理配置网格指导员，确保网格长、网格支部书记和网格指导员精准匹配，优势互补。特别是长乐、龙皇塘、俞家堰三个工业区块网格，由属地村分管工业的同志担任网格长，经发安全办人员担任指导员，并配强网格协管员专职力量，确保党的组织和工作与社会管理、服务职工的实际需求相适应。二是强化教育服务。以网格问题为导向，进一步完善网格工作例会制、定期指导工作制、党员联户包干制、上门宣讲制等制度。包括进一步丰富党员联户内容，在"五上门"的基础上，要求联民情、联问题、联增收，当好宣传员、信息员、安全员、调解员、示范员。上门宣讲常态化，结合阶段性、重点性工作任务，上门讲清讲透精神要求。出租房形成"党员+房东+租客"常态化责任机制等。

拓展"党建+"外延，发挥优势。充分挖掘各村社特色，通过"党建+"课题的申报认领实施验收，打造一村一品，逐步实现盆景变风景。（1）申报认领实施"党建+"课题，实现"党建+"全覆盖。15个村社根据党建+经济、党建+生态、党建+治理、党建+民生、党建+文化的五种工作方式，因地制宜，拓展工作思路，申报认领15个"党建+"课题。如径山村作为"党建+"起源地进一步深化经济、生态、治理、文化4个"+"；小古城村围绕"党建+"治理进一步深化民主协商；漕桥村就党建+治理对服务体系进行再完善；绿景村作为《村规民约》修订试点村以党建+治理深入推进村民自治；长乐、潘板桥和双溪地处老集镇区域，围绕"党建+"治理协助政府做好集镇管理工作；四岭村以党建+生态开展美丽乡村建设；西山和平山以党建+文化分别突出群众文化和红色文化工作；前溪村和麻车头村是农业大村，以党建+经济做好种养殖业文章，帮助老百姓创业增收；桥头社区和径乐社区以党建+治理，深化志愿服务，做好服务居民工作等。（2）召开季度党建现场会，以点带面促提升。每季度选择一个村社召开党建工作现场会，镇主要领导、村社书记及组织委员共同参与"党建+"课题验收，在全面检查"党建+"基础的同时，以展板和现场参观的方式听取"党建+"课题成效汇报。现场会的召开，不仅夯实基础、形成特色，更重要的是增强了村社干部的自豪感。在给予村社介绍经验的同时，也向其他村社传导了更多的压力，从而催生工作推进的内在动力，工作做得越来越扎实，特色做得越来越鲜明，形成长江后浪推前浪的良性竞争态势。从径山村、小古城村、漕桥村等第一批典型,到长乐村结合大会战开展"党建+治理(集镇治理)"、麻车头村"支部+互联网+特色产业"的"党建+经济"新发展模式,平山村"党建+红色文化",对"党建+"课题的探索都有了更进一步的提升。目前已经有三分之二的村社达到示范标准。2016 年以来,该镇党建工作获得了各级领导的肯定,小古城村基层民主治理经验得到了中共中央办公厅调研室回信肯定,时任省市领导夏宝龙、龚正、赵一德、廖国勋等先后到径山镇视察,浙江省基层党建骨干培训班、杭州市双整暨网格党建推进现场会等近 200 批次考察团先后调研。

径山镇持之以恒抓好党建"村村示范、整镇提升"工程,2017 年开展第二轮再提升,横向上,将"党建+"工作覆盖至机关、群团、企事业单位等各领域;纵向上,将"党建+"工作方式深入网格、党员个人。通过打造不同领域、不同类型的党建示范点,真正实现全面提升。[①]

2. 推进农民信任建设,助推农村和谐有序发展

改革开放以来,随着家庭联产承包责任制推行,推动了农村经济体制改革的第一步,使农民生产的积极性大增,解放了农村生产力,也促进了农民自由权的解放。与此同时,农村大包干以来,在发展中也出现了一系列问题,如农村公共事务以及公共权威基本消失殆尽,尤其,在市场经济和城镇化发展的双重冲击下,农村之间、农民之间的信仰缺失现象令人忧虑;此外,农民对党和政府的基层体系建构、权力运行、政策制定、执行和监督、官员选拔的信任方面也存在分化问题。可以说,没有精神文化生活,没有精神寄托以及农村发展的落后,成为一段时期以来农村社会发展的心头之痛。农村精神信仰危机成为村民之间利益冲突及村民与地方政府之间矛盾的一个重要文化根源。为此,重构农民信仰精神纽带成为我国农村发展的必然选择。党的十七大提出要把村庄社区打造成为富有生机和活力的新型的社区生活共同体,党的十八大指出要让广大农民平等参与现代化进程、共同分享现代化成果,成为重构农民信仰精神纽带的出发点和使命。党的十九大提出要"让农业成为有奔头的产业,让农民成为有吸引力的职业,让农村成为安居乐业的美丽家园",进而提出"实施乡村振兴战略","加强农村基层基础工作,健全自治、法治、德治相结合的乡村治理

---

① 龚上华:《以网格党建为抓手,夯实基层治理》,《中国社区报》2017 年 5 月 22 日。

体系"，从而为新时代重构农民信仰精神纽带提供了基本路径。

（1）以自治为基础促进党群互信

大包干以后，农民走向了自治，但随着时间的推进，人与人之间的"原子化"和"隔离化"现象日趋严重，村民互信迫切需要加强，此外，农村"贿选"、老板"治村"的专横等现象导致党群之间互信关系遭到一定程度的削弱。为此，一是抓好村级组织换届选举作为破解村民互信、党群互信的"牛鼻子"和切入点。长三角在严格按照《中华人民共和国村民委员会组织法》、各省《实施办法》和《选举办法》等法律法规的基础上，探索性建立了主要领导包干薄弱村制度、巡查督查制度、律师团服务选举制度、代写员制度、投票开票公证制度等，充分做到了程序合法、过程公开、选民信任。[①]二是抓好村民代表会议制度建设，促进决策和管理信任。村民代表会议是村民自治的关键环节和核心机制，在村民自治中发挥着越来越重要的作用。[②]在浙江农村社区事务决策过程中，通过"五议两公开"等制度的实施，由党员群众建议，经村党组织提议、村务联席会议商议，再到党员大会审议，最终进入村民代表会议决议，从体制机制上保障了党的领导和村民自治相融合，也取得了村民的信任。由于村民互信、党群互信，所以，在村民代表选举过程中，村民积极争取当选村民代表，村民的政治参与意识得到了大幅度提升，农村在村民心目中已逐渐成为安居乐业的美丽家园。

（2）以法治为保障树立法律权威

社会公众对法律的信仰是建设法治国家的要件之一，也是现代法治精神的内核。只有强化依法治村，农村的政治生活才能走上正轨，农民的信仰才有了依托。为此，一是完善依法治村规范体系，制定一套反映社会关系及其发展规律的法制制度体系。以浙江省为例，《浙江省村级组织工作规则（试行）》和《浙江省村务监督委员会工作规程（试行）》等均为农村基层运行走向有轨可循的法制化轨道提供了保障。此外，通过全面推行村党组织主导的村务联席会议制度和"五议两公开"制度，确保了民主决策和民主管理的有效落实。二是做好村社普法宣传工作，提升村民的法律意识。通过农村社区开展普法教育宣传工作，树立法律权威，为基层稳定

---

① 龚上华：《"三治并举"助推乡村振兴战略》，《中国社会科学报》2018年8月14日。
② 龚上华：《"三治并举"助推乡村振兴战略》，《中国社会科学报》2018年8月14日。

提供了法治环境。总之，通过强化法律在维护农民权益、化解农村社会矛盾等方面的权威地位，将政府涉农各项工作纳入法制化轨道，既夯实了党群互信，归正了农民的邪信（即错误的邪恶的信仰），更重要的是提升了农民的法律信仰意识。

（3）以德治为提升夯实村庄互信

德治，即以德治国，是人类社会用道德控制和评价社会成员行为的一种手段。农村的乡土人情对于维持乡村德治秩序、传播邻里互助理念、弘扬中华传统文化有着重要作用。随着每家每户盖新楼、筑起围栏，村民间的人情味正在逐渐变淡。据笔者调查显示，对于"您觉得自己与邻居的关系如何"的回答，认为"关系还行，偶尔串门"的村民占1/3，而认为"关系一般，不会串门"的村民却与前者几乎持平。更值得注意的是，在被问到"您在遇到困难时一般会采取哪种方式应对"时，没有一位受访村民选择"向邻居寻求帮助"。一位受访者说："现在觉得邻里间的感情真是一般，平时也很少和他们交流，有什么事都是自己解决，有事没事在自己家待着就好了，老去别人家干什么。"邻里情是彰显乡村人心凝聚强度的主要体现，邻里间感情和睦、相互关心不仅有利于形成互帮互助的和谐氛围，还能促成崇德向善的德治体系建立。面对当下情境，主要通过榜样示范、道德礼仪、教化活动、制定乡规民约和宗族家法、舆论褒贬等形式来重构村庄互信。通过完善邻里协商议事制度、多举办增进邻里情活动、弘扬村规民约风尚，将有助于形成德治体系下的幸福邻里局面。一是重修《村规民约》，推进以德治村。村规民约既是传统农村社会维系信任的纽带之一，也是村庄自治农民和谐的"小宪法"。因此，将《村规民约》修订与党委政府中心工作结合起来，使《村规民约》更具有时代性、实践性。以浙江省为例，如玉环市的《土地管理村规民约》，龙泉市宝溪乡制定的《河道管理联合公约》，杭州市萧山区开展的"五和众联"项目等，而在江苏省，拥有"枫桥经验"精神传承与创新实践的优秀典型南京市溧水区洪蓝镇塘西村制定了《塘西村村民自治章程》，[①] 镇江探索实行"以村规民约为规范，村级事务议事协商、财务管理监督、居民办事代理、社会组

[①] 《以"村规民约"助推基层依法治理"枫桥经验"在溧水塘西村篇》，http://js.ifeng.com/a/20181213/7096029_0.shtml.

织参与、服务成效评议"的"一规等制",①增强了村民的规矩意识,提高了村庄的文明品位。此外,通过打分评比、公开曝光、舆论公议等形式,监督《村规民约》的执行。总之,通过村规民约,把传统信仰转化为现代信任,从而推进了乡风文明。二是开展民主协商,夯实村民互信。通过推行《关于加强城乡社区协商的意见》,一方面,把传统协商与现代民主实行有机结合,协商民主形式取得了多样化发展,另一方面,明确了协商程序和协商主体,实现了在基层治理中最广泛的民主协商,此外,建立各种议事协商平台,把传统乡贤纳入议事协商。

(4) 以"无邪"为目标打造良性信仰生态圈

强化组织建设。一是高度重视无邪教创建工作,健全组织,统一思想。据笔者调查,浙江余杭塘栖村党委每年初及时根据实际情况优化调整无邪教工作领导小组名单,形成党委统一领导,综治主任具体负责,各村民小组长、代表任信息员的良好工作机制,做到齐抓共管,层层抓落实。二是建立民间反邪教帮教小组。如余杭塘栖村采取由村委会统一聘用任命的方式,发放岗位证,选聘任用17名各自然村德高望重、忠实正直的反邪教会员。对所属辖地村民适时采取交心谈心方式,宣传反邪教知识,掌握其思想动态,发现可疑信息,尤其在"春节上香祈福""菩萨生日"等大型寺庙活动组织时及时向村反邪教领导小组报告情况,在全村建立一个纵到底、横到边的立体联防互动网络。

强化制度建设。一是建立信息预警机制、快速应急处置机制和定期回访制度。如一旦发现可疑人员从事邪教非法活动,可立即启动处置邪教问题紧急预案,对重点目标、重点人群实行定点包干,严防死守。此外,将"反对邪教、反对封建迷信及其他不文明行为""村内非法小庙香火点一律取缔"等反邪教内容纳入《村规民约》,印发至全村各户,做到家喻户晓。树立良好的民风村风,自觉抵制"邪教"势力。二是建立"反邪"信箱举报制度和日常巡查制度。通过推动"无邪"活动向纵深发展,建立"反邪"信箱举报制度,专人负责每周开启记录一次;与流动人口调查、村重点观察对象调查等工作机制相结合,建立日常巡查制度,定期检查与随机

---

① 《镇江农村社区基本完成村规民约修订工作》,http://jsnews.jschina.com.cn/zj/a/201811/t20181116_2047011.shtml.

抽查方式不一，发现问题及时整改。随机抽查不限时间，随机抽取班子人员负责，地点灵活，但均做好检查记录，扎实开展检查工作。如塘栖村组织辖地片警和村干部、治安义务巡逻队每周开展2次联合巡逻活动，将巡逻队分成若干个小组，轮班执行巡逻任务，实时掌握本年度本村"法轮功"等邪教活动人员存在情况，打击对社会有害气功活动及有害培训组织违法犯罪活动，杜绝散发邪教组织非法宣传品，防止和杜绝外地人出入组织邪教活动，防止邪教不法分子对重点目标实施干扰破坏活动，尤其关注在"五一""十一"等重大节假日期间和敏感时期的社会治安稳定，确保"春节上香祈福""菩萨生日"等大型寺庙活动顺利进行。三是制定反邪教帮教小组实施流程。一旦出现可疑新滋生邪教人员，可由民间反邪教帮教小组指定帮教责任人对帮教对象定期上门走访教育，通过交心谈心方式，宣传反邪教知识，掌握其思想动态，帮助解决生产生活中的实际问题，让他们体验到党和政府关怀，真正和邪教划清界限。如余杭塘栖村民间反邪帮教小组17名会员在每年年初都会全力配合镇政府针对上年度辖区内可疑对象进行集中走访教育活动。

强化阵地建设。建设"无邪"村庄不仅要从思想上重视，从行动上落实，从组织上保证，更重要的是健全阵地建设。一是强化文化礼堂建设，使文化礼堂成为基层反邪的集成基地。杭州通过创建"礼堂+红色教育""礼堂+党建""礼堂+家风""礼堂+文创""礼堂+网络""礼堂+乡村游"等模式，不断提高文化礼堂建设标准。主动将当地"非遗"请进文化礼堂，建展陈馆、办培训班、巡回展示等，帮助"非遗"找到"家"，培养"传承人"。如浙江杭州桐庐县坚持"礼堂+美丽乡村"，在文化礼堂内设置荻浦村"农耕文化展陈馆"、阳山畈村"桃文化博物馆"、中门村"畲乡文化主题馆"等特色文化展陈馆30余处，打造了芦茨村剪纸基地、茆坪村"国学堂"、新丰村书画基地等10余个民俗体验地，浙江余杭塘栖村新建文化礼堂，设有大礼堂、农家书屋、排舞房、健身房、道德讲堂、棋牌室、非物质文化遗产陈列室等独立场地，户外文化广场的文化长廊集中展示村史村情、乡风民俗、崇德尚贤等内容。真正让礼堂成为了解当地村容村貌、乡土风情的集散地，成为农村反邪的集成地。二是加强对宗教活动场所和民间信仰场所的管理和引导，促进其合法合规运行。各地还通过精准定位、合理引导，发挥好民间信仰文化传承、心理调适、道德示范、文化交流等作用。加大《宗教事务条例》、宗教活动场所"六统一"管理制度、民间信仰场所"七必须，九不准"等规定及科学知识的宣传力度，引导农村信众崇尚科学，反对迷信。依照《宗教事务条例》的规定，坚持"爱国爱教、知法守法、团结稳定、活动规范、教风端正、管理有序、安全整洁、服务社会"八项标准，积极开展"和谐寺观教堂"创建活动，鼓励和支持宗教团体积极参与各类公益活动和美丽建设，把做"好信徒"与做"好公民"结合起来。对民间信仰活动开展做到"政策规定执行、日常活动安排、大型活动组织"三个落实，确保活动健康有序开展。

强化宣教建设。一是强化文化礼堂的宣讲功能。在宣传栏设置反邪教宣传栏，定期更换宣传内容，长期开展宣传。在"四时八节"等传统节日，结合"文化礼堂"其他活动开展"无邪"专题宣传。在各传统节日，开展丰富多彩的文化礼堂文体活动，不仅借生动活泼的载体来教育基层群众，更引导了社会主义精神文明新风尚，帮助群众树立正确的思想价值观，还大大丰富了村民的业余文化生活，有效防止了邪教乘虚渗透传播。以富阳为例，无论是"周雄孝子祭"还是"越石庙"都是珍贵的文保资源。坚持以社会主义核心价值观为引领，把开展礼仪活动作为内容建设的重点，多渠道、多方式展示和传播民间礼仪文化。早在 2013 年就将重阳敬老礼、成人礼、儿童开蒙礼、春节祈福迎新礼和婚庆礼五大传统礼仪的试点成果拍摄制作教学示范光盘下发至各村，帮助村民强化知礼、崇礼、行礼的自觉性，推动"礼仪"成为农村文化活动的新风尚。二是强化反邪教育培训活动。各地以每次召开定期会议为契机，将反邪教育纳入反邪信息员和民间反邪教帮教小组人员理论学习中心组学习内容，组织学习《基层反邪警示教育宣讲提纲》，使其充分了解反邪教意义，加强自身使命和责任感，传达信息员职责、处置邪教违法犯罪活动工作程序、防控处置方法，宣贯近期邪教活动动向等。利用村民主法制播放点开展基层党员干部"反邪"主题性警示教育，观看警示教育宣传光盘。组织村民参与反邪教教育培训活动，每年分"反邪教政策法规""邪教与宗教的区别""怎么抵制邪教""邪教的危害"四期分四季度滚动循环播放，特别是邪教人员自焚前后的对比视频让前来学习的村民扼腕叹息，印象深刻。血的教训通过生动形象的视频展示，达到警钟长鸣的宣传效果。三是印发"崇尚科学，反对邪教"等宣传材料，并通过反邪教信息员网络，下发到片、组、户,进一步提高了村民认清邪教的本质特征、了解邪教的严重危害和识别邪教的能力,自觉主动抵制邪教,在辖区形成浓厚的"反邪"氛围,使邪教在村内无可乘之机。除通过张贴海报、入户宣传、农户咨询等传统宣传方式,塘栖村每年开展不少于两次的文艺晚会、故事会、图片展览、科普讲座、法律服务等形式的"反邪"警示教育活动,联合区反邪教办公室积极组织民间创作人员,引进一批警示性强、现实性强、说服力强的小品、相声等作品,逐渐形成"反邪"文艺节目库。

(5)开展扫黑除恶专项斗争,巩固党的执政基础

改革开放以来,我国经济取得了翻天覆地的变化,但与此同时,农村黑恶势力犯罪依然存在,破坏了农村地区的生活秩序,阻碍了农村经济发展,威胁到农村基层政权的安全。为保障人民安居乐业、社会安定有序、国家长治久安,进一步巩固党的执政基础,中共中央、国务院发出了《关于开展扫黑除恶专项斗争的通知》,对此有较为明确的界定。最高人民法院、最高人民检察院、公安部、司法部联合出台的《关于办理黑恶势力犯罪案件若干问题的指导意见》把扫黑除恶专项斗争重点打击对象分为十大类。

当前,在部分乡村中,一些黑恶势力利用家族、宗族势力把持基层政权、操纵破坏基层换届选举、垄断农村资源、侵吞集体资产、操纵和经营"黄赌毒"……这些黑恶势力严重侵蚀了基层政权,影响了党在群众中的政治形象,阻碍了乡村振兴战略的实施。因此,开展扫黑除恶专项斗争,全面清除"村霸"势力,恢复党和国家对农村基层政权的掌控,是振兴乡村战略必须要面对的挑战。具体来看,主要是五类:①侵占霸占集体资产的涉黑村干部。一些村干部有很深的涉黑背景,经常与一些不三不四的人来往,动不动就威胁人,农民群众对之是不敢惹,有意见不敢提、遇不平不敢说,这些村干部常常会霸占集体资产,侵占群众利益。②以不正当手段干扰破坏村干部选举的黑恶势力。村干部选举是全体村民正确行使权利,选出"当家人""带头人"的大事,村干部选举要完全公开、公平、自愿,但一些黑恶势力往往介入其中,采用暴力威胁、威逼利诱等手段干扰破坏选举。③利用家族、宗族势力称霸一方、横行乡里的"乡霸""村霸"。这些人依仗家族人多势众,家族成员之间形成利益共同体,互相勾结、相互鼓动,在一个村或多个村称霸作恶、蛮不讲理,甚至对抗法律,对抗执法人员。④在租地征地中煽动闹事的黑恶势力。近年来,随着城镇

化工业化发展，各地征地租地的情况非常多，一些黑恶势力利用征地租地存在的巨大利益诱惑，鼓动煽动群众提无理要求、对抗执法人员。⑤强占各类农贸市场的"市霸""菜霸"。这类黑恶势力在农村较为常见，比如经营某一类产品，这些人以所谓的市场规矩为由，不允许外人经营，一家独占、随意提价；还有的收取所谓的"保护费"，不拿就会有人"找事"，很多常做买卖的农民对此非常痛恨。①

针对当前涉黑涉恶问题新动向，长三角已经形成了一整套行之有效的做法：把专项治理和系统治理、综合治理、依法治理、源头治理结合起来，把打击黑恶势力犯罪和反腐败、基层"拍蝇"结合起来，把扫黑除恶和加强基层组织建设结合起来，既有力打击震慑黑恶势力犯罪，形成压倒性态势，又有效铲除黑恶势力滋生土壤，形成了长效机制。

总之，通过以自治为基础、法治为保障、德治为提升的"三治并举"，打造无邪农村，开展扫黑除恶专项斗争，重构党群互信、村民互信、村庄互信，依法促信，引导村民树立正确信仰，提高村民幸福感，进而重构农民信仰精神纽带，助推农村和谐有序发展。②

（二）以维护农民权利为目标，促进平安社会建设

1. 推进农村"小宪法"建设，夯实乡村社区协商治理

党的十八大以来，习近平总书记提出"社会治理的重心必须落到城乡社区"；2015年7月，中共中央办公厅、国务院办公厅印发《关于加强城乡社区协商的意见》，对城乡社区协商做出整体部署；同年，"两办"又印发《关于深入推进农村社区建设试点工作的指导意见》。2016年，民政部发布《关于深入推进城乡社区协商工作的通知》，要求将城乡社区协商贯穿于基层群众自治全过程。基层协商治理成为新时期我党治国理政一项新的制度安排，也是理论工作者和实践工作者的一项长期性的重要任务。村规民约作为约束规范村民行为，维护乡村社会秩序、促进社会公共道德、村风民俗、精神文明建设良性发展的一种规章制度，可以说是乡村"小宪

---

① 《有黑必打、除恶务尽，这5类黑恶势力农民要擦亮眼睛，举报有奖励》，http://www.sohu.com/a/242411803_100159124.
② 龚上华：《"三治并举"助推乡村振兴战略》，《中国社会科学报》2018年8月14日。

法"，在乡风文明建设以及基层治理中扮演着重要的作用。杭州余杭区作为浙江省省级社区治理和服务创新实验区，不断创新拓展协商治理，把村规民约修订纳入协商治理中来，夯实了乡村社区协商治理。

村规民约是乡风文明建设的重要支撑，为乡风文明以及基层治理提供强大的凝聚力。乡风文明是党的十六届五中全会提出的社会主义新农村五大发展任务体系的精神动力和智力支持。"文明"是目标和归宿，通过丰富人们的精神生活，提高村民的生活质量，提高村民的思想道德素质和科学文化素质等进而促进乡村村民的全面发展。"乡"既表明地域又表明主体，一是指乡村，这是其地域范围；二是指主体，即村民、乡里人、同里人。"风"亦即风气和氛围。村规民约是文明乡风的文本表现，通过村规民约这一有效形式，既是对已有文明乡风优秀成果的总结和提升，又是对文明乡风的发展和扩散保驾护航。

村规民约在内容上实现充分协商。村规民约到底哪些内容可以纳入进去，这需要经过充分协商。这既要考虑传统、本地村情更要紧跟时代步伐。浙江杭州余杭区在村规民约的内容方面，充分考量了各种因素，从而制定出在地化的村规民约。一是围绕当前治理中的难点问题，开展制定修订工作，切实解决群众需要解决的实际问题。二是坚持围绕中心工作，通过问题导向，发动宣传造势，将"五水共治""三改一拆""庭院整治"等与美丽乡村建设息息相关的内容以及精神文明建设纳入村规民约（参见《河西埭村村规民约》），引导村民自觉参与和支持中心工作，将上级的要求有效转化为村民自觉行动。三是坚持因地制宜的原则，充分吸纳本土文化的精髓，制定符合当地风俗民情的有效公约，既通过有效的制约措施达到约束、教育、引导、警示等作用，又防止激化矛盾，促进实现村民自我教育、自我提高、自我服务、自我管理。如良渚文化村把村居民的日常行为用规约的形式约定下来，内容涵盖了健康环保、崇尚文明友爱、提倡邻里和谐等方方面面，全文均以第一人称"我们"来叙述，未出现"不许""必须"等词眼，而是用"乐于""倡导"等，体现了社区的一种文明。

村规民约在制定过程中实行充分协商。一是通过开展"村民大讲堂"活动获取信息。采取召开班子会、村民代表会议、网格支部会议的形式，在不同层面开展大讨论、大讲座，围绕"农村居民需要什么""我们该做什么"等开展大讨论，在讨论中汇聚民意、梳理思路、提高认识、凝聚共识。二是搭建民主协商平台，促成村规民约层层协商。通过召开村民代表会、民情恳谈会、评议会，涉及村规划、发展和村民利益的重要事项的条文，全部交由村民讨论决定入选。从小组层面、网格层面以及村层面，通过自下而上民情议事协商、民主协商的平台，群策群力，把群众的意见及时归纳整理形成条文，通过制定村规民约打造上下联动的矛盾发现、及时处理的闭合链条。同时，充分利用微信公众号、微信群、村报等媒体，加强村民对村规民约的意见建议的互动交流，发挥"互联网+"议事协商模式的作用，拓宽村民参与协商议事的渠道。三是充分发挥农民的主体性。村规民约本身涉及农民自身，如果农民没有进来，村规民约就没有着落，因此，必须广泛发动村民群众共同参与，充分尊重群众意愿，了解群众所需所想所盼，掌握群众中存在的现实问题和苗头性问题，充分表达出群众的意愿和想法，切实解决群众需要解决的实际问题，充分反映民情、顺应民意，切实保障群众的知情权、表达权。如良渚文化村《村民公约》首先由村民发起，经历村民广泛参与，通过调查问卷、电话询问、入户调查等方式，向3931户村居民征求意见，最后有3653户村居民给予了真诚反馈，数易其稿最终定稿为26条。该公约充分尊重民意、吸纳民智，举行各类座谈会18次，收集群众意见建议2651条，得到了群众的广泛支持。又如永西村《村规民约》历经8次修订，每次都通过发动村民广泛参与、调查、征求意见等形式，得到了群众的广泛支持。江苏南京市溧水区洪蓝镇塘西村通过"望、闻、问、切"四步法开展"村规民约"法律体检活动，让村规民约更具法律专业性，用以解决实际问题。①

通过协商后制定村规民约的效果。一是村规民约就是协商的结果，体现和培养了协商精神。习近平总书记指出，"实行人民民主，保证人民当家作主，要求我们在治国理政时在人民内部各方面进行广泛商量。……在中国社会主义制度下，有事好商量，众人的事情由众人商量，找到全社会意愿和要求的最大公约数，是人民民主的真谛"②。可见，所谓协商精神就是有事要商量、有事广商量、有事真商量、众人的事情由众人商量。如小

---

① 《以"村规民约"助推基层依法治理"枫桥经验"在溧水塘西村篇》，http://js.ifeng.com/a/20181213/7096029_0.shtml.

② 《十八大以来重要文献选编》（中），中央文献出版社2016年版，第73页。

古城村围绕村规民约，采取"村民议事会""五议两公开""一事一议"等形式，在进行广泛协商的基础上进行决策，确保决策的科学化和民主化。他们推选出村班子成员、村民代表、企业主，以及种粮大户等15人为民主协商议事会成员。凡是村中涉及全体村民利益的重大事项，都要及时提交村民议事会讨论。他们将村民就村级事务处理过程中的各方面意见、利益诉求等反映到议事会，然后议事会就其关注的问题进行协商、讨论，进而形成解决方案，提交村民代表会议表决。在修订过程中，把群众公认作为核心，充分尊重群众民主权利，将"知情权、评议权、监督权"交给群众。改变了过去"家长式"管理带来的干群对立状况，培养了村民的协商精神。二是促成了良好社会风尚的养成。比如塘栖村党委在制定村规民约过程中，引入了群众自我管理的理念，并进行上墙宣传，通过几年的宣传，民主协商的理念老百姓普遍接受，以前给村民定规矩的"要我做"的模式变成了村民主动参与的"我要做"模式。如径山村现在村民不但自己遵守，还会监督别人，群众自我监督和互相监督的效力越来越大，也形成了非常和谐的村风民风。良渚文化村《村民公约》实施以后，一大批热心公益事业的志愿者纷纷加入社区服务中来，目前在册"公约"志愿者人数已达500余人，积极充当《村民公约》的护卫使者，践行着对《村民公约》的承诺，影响着身边的每一个人。村民公约以润物无声的方式逐渐地渗透到每位村民的心里，对村民日常行为规范的自律自觉性起到良好的引导作用；从而进一步促进社区村居民邻里的融合和文明有序。永西村有村民说："以前隔壁邻居为了钱，把房屋出租给别人，以前我不能说，现在有了村规民约，我可以很名正言顺地说了。"考上大学奖励2000元、家里患重病的补助5000—10000元，60岁以上老年人每月发放100—130元的生活红包，村规民约中的这些普惠型条款，更进一步凝聚了民心，使群众树立了"依规"、依"约"做事的观念，形成了"我参与，我制定，我承诺，我执行"的良好氛围。江苏昆山巴城镇自实施村规民约以来，将集体股份分红、参与公共事务、社会优抚保障、监督村委工作等方面的权利细化，明确写进村规民约，赢得群众支持，此外，坚持公共事务公众参与，定期组织召开村（居）民会议，在评选先进、认定落后上由村民做主，真正履行村民自治要求。同时，村规民约工作全程留痕并公开，接受村民监督，实现村级事务由"干部当家"向"群众做主"转变，管理方式由"命令驱动"向"民主决策"转变。① 三是降低了治理成本。如永西村密集的人口、大量的小散乱企业，带来了很多安全隐患，如消防、安全生产、出租房登记等隐患重重，面对这么大的人口规模和密度，管理上也捉襟见肘。生产方式上没有约束，生活习惯上没有顾忌，垃圾遍地"开花"，污水横流。永西村将违法建设、出租企业标准等写入村规民约，借助村规民约这样"无形的手"，以契约形式，优化管理，降低治理成本。如企业到该村租赁、自建房小作坊，必须符合消防规定，禁止污染企业租赁等，房屋出租后，房东必须落实好家中租赁户的管理，这就从源头上抓好了社会治理工作，有效地降低了治理成本。②

卢梭说，"规章只不过是穹隆顶上的拱梁，而唯有慢慢诞生的风尚才最后构成那个穹隆顶上的不可动摇的拱心石"。镌刻为镜，人人自律，日行成风。只有每个村民都把村规民约铭刻在心中，真正做到持之为明镜、内化为意识、升华为信条、固化为风尚，村庄的和谐有序才能长久。

河西埭村村规民约③
第一章　总则
第一条　为满足村民对美好生活的需要，解决我村在基层治理中的实际问题，促进村民共富、家庭和睦、邻里和洽、家园和美，保障村民群众安居乐业，加强基层政权建设，根据《中华人民共和国宪法》《中华人民共和国村民委员会组织法》和有关法律、法规、政策，经村民代表会议讨论并征求全体村民意见，制订本村规民约。

第二条　坚持党的领导，坚持自治、法治、德治相结合，培育和践行社会主义核心价值观，倡导爱国敬业、诚信友爱、崇德向善，传承优良传统文化，树立良好村风民风。

第三条　本村村民应当自觉遵守本村规民约。党员村民要带头遵守本村规民约，充分发挥先锋模范作用。居住在本村的外来人员，执行本村规民约。

---

① 《昆山巴城：下好农村治理现代化"一盘棋"》，《昆山日报》2016年4月18日。
② 龚上华、赵定东：《以"村规民约"夯实乡村社区协商治理》，《中国社区报》2017年6月5日。
③ 资料来源：杭州余杭区塘栖镇河西埭村。

第二章　婚姻家庭篇

第四条　遵循婚姻自由、男女平等、尊老爱幼原则，共同承担家庭事务，共同管理家庭财产，反对家庭暴力。

第五条　遵守国家有关计划生育政策、法规，实行计划生育，提倡晚婚晚育、优生优育。

第六条　子女应尽赡养老人义务，关心老人、尊重老人；父母应尽抚养未成年人子女和无生活能力子女的义务，不虐待儿童。

第七条　为弘扬孝德文化，村委在每年的重阳节举办孝心节，对60周岁以上的老人进行慰问，60周岁以上老人购买城乡居民医疗保险村委补贴150元/人/年；在每年春节期间对90周岁以上老人按照500元/人/年的标准进行慰问；为关心教育未成年人，为适龄青少年提供良好的学习环境，对于考入普通类平行录取第一批的本村学子，村委给予一次性奖励2000元/人。

第八条　要求立家规、传家训、树家风；倡导文明新风，红白喜事，不铺张浪费，不盲目跟风攀比；不搞封建迷信活动，不搞宗派活动。

第九条　积极参与最美家庭、美丽庭院、美好家庭等创建活动；积极参与关爱帮扶、抗台抢险、扫雪除冰等公益活动；积极参与平安巡逻、清洁家园、垃圾分类等志愿活动；积极参与全民健康活动。

第十条　参军光荣，服兵役是村民的义务，适龄青年应当积极报名参军。

第三章　邻里关系篇

第十一条　在生产、生活和社会交往中以诚相待，坚持互尊互爱、互帮互助、互让互谅，共建和谐融洽的邻里关系。

第十二条　提倡邻里守望，主动关心和帮助孤寡老人和残疾人员，与外来人员和谐相处，不欺生、不排外。

第十三条　孩子之间发生冲突，家长首先教导自家孩子；注意呵护孩子自尊，避免在公共场合责罚孩子。

第四章　美丽家园篇

第十四条　积极参与"垃圾不落地，醉美河西埭"活动，积极参与"美丽乡村"建设，自觉维护美丽乡村建设成果，认真做好"门前三包",认真做好垃圾分类工作,自觉践行"十不"行为规范,争做讲文明有素养的河西埭人。

第十五条　共同遵守村庄整体规划,生产生活设施建设要根据相关规定先报批后建设,严禁未批先建、少批多建;建筑垃圾合法消纳,不随意倾倒;桩基淤泥不直接排入河道、灌溉渠和排水沟;建筑材料堆放有序,不占用公共场地和公共道路;建房期间注意用电安全。

第十六条　增强生态环保意识,节约和保护饮用水,不得使用明令禁止的农药。禁止电鱼和无证捕捞,禁止露天焚烧农作物秸秆。

第十七条　保护文物古迹、古树名木,珍惜和保护农田、水源、渔业等资源,爱护公共设施、景观绿化。

第五章　平安建设篇

第十八条　大力发扬主人翁精神,积极参与平安村创建活动,积极参与平安志愿者、义务巡逻等群防群治活动,共同维护村庄平安和谐,共享平安建设成果。

第十九条　支持配合和积极参与"网格化管理、组团式服务",发现可疑人员、可疑事件、可疑物品等,应及时告知村民小组长、网格员、网格长和村干部,发现违法犯罪行为的,及时报警。

第二十条　家庭有易肇事肇祸精神病人、刑释人员、社区服刑人员或误入邪教人员的,要加强教育引导和帮扶管理,发生异常情况及时向村党组织和村民委员会报告,并配合做好相关工作。

第二十一条　提倡用协商办法解决各种矛盾纠纷,协商不成功的,可申请到"好邻居"议事协商中心调解,也可依法向人民法院起诉。不得无理信访、越级信访和集体上访,不得闹事滋事、扰乱社会秩序。

第二十二条　主动做好平安宣传,村民之间、家庭成员之间要互相提醒帮助、教育监督,不沾"黄赌毒",不参加邪教组织,不参与传销活动,严防火灾、生产、交通、溺水等安全事故。

第二十三条　房屋出租必须先达标后出租,承租人先登记后入住,同时承租人需签订遵守本村村规民约的承诺书。

第六章　经济发展篇

第二十四条　树立勤劳致富、自主创业择业理念,更新就业观念,努力实现充分就业。

第二十五条　爱护村级集体资产（办公场所、房产、道路、水利设施、健身场所等），参与村级集体资产管理。村集体资产购建严格执行《余杭区村级集体工程项目管理办法》，村级集体资产发包、租赁，程序要规范，实行公开招投标，村级集体资产做好村级财务收支公开工作，自觉接受村民监督。租用集体三产营业房等，不拖欠租金。若出现拖欠情况，经村委催缴无果，经村民代表大会表决通过后停止其租赁合同并收回。

第七章　民主参与篇

第二十六条　积极参与村级民主管理，珍惜自身民主权利，坚持从本村公益事业发展和全体村民共同利益出发，按照程序积极议事、决事、督事。

第二十七条　严格遵守村级组织换届选举纪律，自觉抵制拉票贿赂等违法违纪行为；推选奉公守法、品行良好、公道正派、廉洁自律、热心公益、具有一定文化水平的人员担任村干部；严格遵照《村民小组长当选十律》选好村民小组长。

第八章　附则

第二十八条　村民委员会每年进行先进评比，经村评判团商议后，由村民委员会表彰奖励模范遵守村规民约的家庭和村民个人。

第二十九条　凡违反本村规民约的，经村评判团商议后，由村评判团对行为人酌情做出批评教育、告示通报、责成赔礼道歉、写出悔改书、恢复原状或赔偿损失等相应处理决定。

第三十条　本《村规民约》由村民委员会制定并经村民代表大会通过之日起实施，村民委员会和全体村民有权相互监督执行情况，村民委员会负责解释。

2. 推进农民表达渠道建设，维护农村基层社会稳定

建立畅通的农民表达诉求的渠道一直以来都是解决农民问题的重点。从我国长期的实践来看，农民有多种表达渠道，比如通过村"两委"向上级党委政府部门反映，也可以通过信访或者法律的渠道来表达自己的诉求。根据宪法精神，农民具有结社权，在农民利益表达进程中，农民个体难以充分实现自身的权益维护，只有把农民组织起来才能推进农民的现代

化。毛泽东同志说过:"在农民群众方面,几千年来都是个体经济,一家一户就是一个生产单位,这种分散的个体生产,就是封建统治的经济基础,而使农民自己陷于永远的穷苦。"① 关于农民的政治表达的学理分析,从手段来看,主要包括政治集会、政治请愿、政治言论等制度性表达和非制度性表达。从效果来看,主要包括有话语权表达和无话语权表达。从组织形式来看,主要包括正式组织表达和非正式组织表达。②

党的十九大报告提出要发挥社会组织作用,实现政、社、民三者良性互动,打造共建共治共享的社会治理格局,这为当前解决农民政治表达问题提供了一个新思路。因此,在实践中,如何让农民的"无组织、无结构"的表达转化为有组织的表达是当前长三角吸纳农民的合理化建议,推进农民表达的重要任务。浙江杭州余杭区作为"浙江省现代社会组织体制建设创新示范观察点",其创新的"四四四"(四共四动四有)模式,为通过社会组织这种方式来引导和吸纳农民表达提供了范本(见表5-1)。

表5-1　　　　　当代中国政治利益表达的类型及方式

当代中国政治利益表达的类型	表达方式
"有组织、有结构"的表达	高度制度化的会议机制、官办社团、职业协会、听证会等
"有组织、无结构"的表达	民办社团、大众传媒(报纸、期刊、电台和电视等)等
"无组织、有结构"的表达	信访制度、市长热线等制度化的个体化方式
"无组织、无结构"的表达	私人接触、个人极端行为、网络媒体表达、街头政治等

资料来源:冯繁:《当代中国政治利益表达的方式及其特征》,《当代中国研究》2007年第4期。

(1) 探索出了"四共"路径,主动吸纳农民表达

第一,街巷自治、居民共商。余杭区作为"众人的事情众人商量"之"两众"理论发源地,全力打造"1+3"基层协商治理新模式,解决了议

---

① 《毛泽东选集》第3卷,人民出版社1991年版,第931页。
② 学者冯繁在《当代中国研究》上发表的《当代中国政治利益表达的方式及其特征》一文中对当代中国政治利益表达的组织与结构类型及方式进行了详细的归纳和整理,为我们理解和分析长三角地区农民的利益表达意识提供了参考。参见冯繁《当代中国政治利益表达的方式及其特征》,《当代中国研究》2007年第4期。

什么、怎么议、有效议的问题。一是创新组织载体集民智。以社区社会组织备案方式建立村社邻里协商议事中心，实现城乡社区议事协商组织全覆盖。二是拓展协商形式重民情。开展了包括民主恳谈会、圆桌会、书面协商等形式多样的协商议事活动。创新了议事形式，如新港村的"田间议事、草帽协商"模式、渔公桥村的"打茶会"、庙东的"红凳子议事会"、丁河村"乡贤汇"等。三是运用协商成果惠民心。创立"余杭协商五步法"、制定民主协商地方标准《余杭区城乡社区民主协商工作规范》，推进了城乡社区协商制度化、规范化和程序化。

第二，三社联动、三级共创。一是建立区级枢纽型社会组织平台，确保各类社会组织健康有序发展，不断发掘社会治理新思路、新方法。二是建立镇街级社会组织平台，承接区级部门和镇街职能转移工作，挖掘草根领袖，培植本土自组织，进一步发挥镇街社会组织服务平台桥梁及纽带作用。三是建立社区支持型社会组织平台，每个城市社区结对一个支持型社会组织。

第三，多元参与、跨界共融。一是开展全区公益创投项目评选活动，通过评选优秀项目，下拨社会组织发展专项资金、社会化优抚资以及福利彩票宣传资金，并且每月同步监测；二是联合区人社局、区司法局、团区委启动"公益领'杭'，小匠出马"创新创业争霸赛；三是对接村社，开展以自治、法治、德治"三治融合"为内容的公益创投项目，确定社会组织承接善治计划项目；四是推荐区内优秀社会组织入驻阿里3小时公益平台，获得线上支持；五是协助举办余杭区首届全民公益日活动暨社会组织创新发展推进大会，进一步彰显各类公益服务。

第四，资源聚焦、志愿共享。一是依托团区委"志愿汇"平台载体，整合了全区志愿者和志愿服务组织；二是以96345服务热线为载体，收集志愿服务需求，通过网格"微信群"或综合信息治理指挥平台派单，发布需求，由各镇街社会组织平台核实认领，实现"线上""线下"一体化互动模式；三是依托"志愿汇"积分兑换平台，健全完善社会组织志愿服务激励体系，通过志愿汇APP为志愿者提供积分兑换服务，如景区门票、植物盆栽、儿童摄影券等，推动志愿服务常态化，促进社会组织力量参与社会治理。

（2）总结出了"四动"体系，确保吸纳农民表达的社会组织良性发展

第一，党建驱动，确保社区社会组织参与社会治理"不偏航"。突出

党建引领，为社区社会组织发展把脉。成立区社会组织综合党委，进一步健全行业、属地和托底管理相结合的党建模式，采取党组织单建和联建相结合、派驻党建联络员，实施"双报双推"制度、党建写入社会组织章程等具体举措，推进社会组织党的组织和工作有效覆盖。

第二，政策推动，确保社区社会组织参与社会治理"有保障"。在原有基础上出台"1+2"社会组织创新发展新政，加强扶持力度，进一步激发社区社会组织活力和创新力。在项目扶持上，对获得市级以上定向资助项目，按经费50%奖励给予；生活服务类、公益慈善类、居民互助类等项目每年资助不少于20个；评选并奖励年度十佳基层微治理项目；政府部门新增公共服务支出不低于30%向社会组织购买项目。在品牌建设上，对获得3A以上等级的，分别给予3万—8万元的奖励；获得市级以上的品牌和公益服务项目，给予一次性奖励；鼓励引进区外支持型社会组织培育社区社会组织，部分给予运营经费补助。在空间保障上，着力推行社会组织孵化器模式，建立区、镇（街）两级社会组织服务平台，对重点培育、引进的社区社会组织，无偿提供服务活动场地及配套设施；自行租赁办公用房的，给予一定房租补贴。

第三，部门协动，确保社区社会组织参与社会治理"可持续"。整合各部门要素，深度融合，促进社区社会组织参与社会治理。区民政局推出"公益创投""城乡社区善治计划""暑期乐读双百牵手计划""三社联动"项目等多个类别项目，提升其专业化水平。区委政法委推出网群共治平安家园项目；团区委着力打造志愿服务阵地体系建设；区妇联资助社会组织开展妇女儿童家庭公益服务项目，通过部门协动，确保社区社会组织参与社会治理"可持续"。

第四，群众主动，确保社区社会组织参与社会治理"有活力"。余杭区公益创投活动共涉及垃圾分类、外来人口社区融入、小事便民服务等项目，吸引了一批社会组织开展活动；公益小匠创新创业争霸赛，吸引了大量公益热心人士参与，整个赛事得到了余杭区居民、媒体、各部门全面关注；"城乡社区善治计划"项目公益创投由社会组织对26个社区（村）进行调研，出具调研报告，通过评审、初筛、优化、路演等环节，通过线上线下的发动，广泛吸引群众参与。

(3) 取得了"四有"成效，达到了有效吸纳农民表达的根本目标

第一，有序发展，健康成长。截至2018年，全区社会组织建立党组织307个（单建党组织25个、联建党组织282个）。通过开展严把备案登记、年检、评估、监管等，进一步提高了社区社会组织的自律意识，治理结构得到完善、能力建设得到加强，真正成为加强和完善城乡社区治理的重要主体。此外，社区社会组织的品牌、人才队伍以及三级社会组织服务平台得到了发展。2018年全区共登记和备案社区社会组织4023家，其中：登记的枢纽型、支持型社会组织共151家，平均每个农村社区备案登记的达6.05家；获市等级评估3A及以上社会组织108家、市品牌社会组织8家、市品牌项目5个。

第二，有效服务，化解矛盾。发挥各类社区社会组织志愿服务热情高、志愿队伍专业性强等特色，各类社会组织积极参与各项志愿服务、参与应急救援服务、多元参与特殊人员帮扶帮教等。通过"面对面交流""走访式谈心"等形式收集民意、征求意见，以圆桌会、听证协商等方式有效协商解决群众的多元诉求，主动融入社会矛盾纠纷多元化解网络。2017年围绕美丽余杭，邻里议事协商中心共开展1200余场会议，参与量达26875人次，收集建议1250条。

第三，有机更新，政社互动。一是优化了片区结构，提升了服务实力。健全完善由枢纽型、支持型社会组织，社区社会组织，慈善组织，志愿服务组织，社会工作服务机构，行业协会商会等组成的社会组织体系，规范社会组织发展路径，成功打造服务型政府形象。二是扶持了创投项目，活化了资金运转。初步形成以公益项目为载体，政府出资、社会组织服务、居民受益的新型公共服务供给模式。目前，2019年预计投入财政资金1500万元，资助项目200余个，资助社会组织105个，有159家社会组织编入2018年度社会组织承接政府转移职能和购买服务推荐性目录。政社互动的新发展态势让政府减负、社会组织赋能的机制良性运转，社会组织扎根社区、以点带面、传播公益服务的新职能为打造服务型政府形象提分加速。

第四，有益有为，打造幸福家园。一是枢纽型社会组织力量得到了增强，累计开展矛盾纠纷化解1505起，志愿服务7393起，创设出群众参与社会治理服务多元化的新局面，有效提升了村社区居民主人翁意识，助力

形成幸福共同体；二是群众发力，达致基层力量同心共创幸福家园的新高度，通过创设全民公益日与百姓日，让群众广泛参与，齐心聚力，更有力地推进了幸福家园创建。

（三）以扩大农民参与为目标，改善乡村基层治理机制
1. 推进农民监督建设，改善农村政治生态环境

社会转型、农民需求与村务监督制度的内在关联既是理解农民需求变化的理论前提，也为理解村务监督制度提供了一个"立足于农民"的观察立场。中国现代化转型促成农民需求分化，农村社会各个阶层政治利益诉求日益强烈，各种社会矛盾显性化，农村加快发展面临困局。农民日益多样化的公共需求和民主参与意识的提高，迫切要求基层政府在满足农民的现实需求方面有所作为，村务监督制度也就应运而生。

从各地经验来看，当期村务监督制度结构比较稳定，主要表现为"一个机构、两项制度"。村务监督委员会制度以其独特的制度设计在实践中取得了明显的治理效应：村务监督委员会制度的建立为村级党组织、村民自治组织、村民三者之间的良性互动搭建了沟通平台。[①] 村监委会是村党支部、村委会之外的一个村级监督机构，不是村党支部和村委会的下设机构。此外，村监委会对村级事务有建议权，而无决策权；提供了农村自我发现矛盾、内部化解矛盾的纠错机制。通过健全完善的监督制度，按照规定定期向群众公布村里的重大事项和群众关心的财务收支等，受理群众对村里工作的建议、意见及有关违法违纪的举报，使村里各项管理和服务行为都置于广大群众的监督之下，有助于农村自我发现矛盾、内部化解矛盾；提升了村民自我管理、自我监督能力。通过重大决策群众参与、权力运作群众监督、工作好坏群众评说，有力地推进了农村民主政治建设，使广大群众监督权得到了落实，监督能力得到了提升。推动了农村党风廉政建设，从而切实解决农民群众身边的腐败问题。根据制度规定，村监委会对村务实行全程监督。通过事前参与监督、事中跟踪监督、事后检查监督，使村务监督由过去的事后监督转变为全程性监督，有效避免了民主监

[①] 卢福营、江玲雅：《村级民主监督制度创新的动力与成效——基于后陈村村务监督委员会制度的调查与分析》，《浙江社会科学》2010年第2期。

督的滞后性。①

2. 推进农民协商建设，打造社区治理新格局

为贯彻中共中央办公厅、国务院办公厅印发的《关于加强城乡社区协商的意见》，浙江省委办公厅、省政府办公厅联合印发《关于加强城乡社区协商的实施意见》，首次对全省城乡社区协商做出了制度化、规范化和程序化要求，为全省基层治理带来了新的变革。浙江各地以大平安、大治理为统领，在推进基层社区协商工作中形成了一套颇有实效的"特色练气"做法，紧密结合社会治理大联动，严格实行依法建制、以制治村，注重村干部带头公开，所有流程公开，充分发动群众参与，完善村民自治机制，有效解决基层治理的难点、热点问题，发挥出了叠加效应，真正做到通气、顺气和聚气，②基层展现出一幅崇德向善、风正气顺、和睦相处、平安和谐的新风貌、新氛围。

从基层实践来看，各地对协商民主进行了大量行之有效的探索，如听证会、公民评议会、城市居民议事会、民主恳谈会等，在实践中发挥了重要作用。长三角地区高度重视村级民主协商制度，如江苏南京市浦口区永宁街道永宁社区建立"小型工程项目库"创新协商民主决策载体，此外，江苏徐州新沂市统一设立的"村级民主协商群言堂"③受到人民网的大力推介。浙江一直勇立潮头，敢为天下先，在基层协商民主发展方面以杭州、台州为代表的探索一直走在全国前列，基层协商民主实践十分丰富而多样。

杭州余杭区一直勇于实践创新，勇立潮头，推进基层民主。早在2005年，余杭区在全国首创"自荐海选"，提出民主决策六步法，"民主决策流程图"被中国欧盟村务管理培训项目中心确定为推广内容。2009年，在杭州范围内率先推广农村社区服务中心，提供"一门式"服务大厅，实现三级便民服务中心建设全覆盖，形成了以城带乡、以乡促城、优势互补、共

---

① 龚上华、卢福营、赵光勇：《以需求为导向　完善村务监督制度》，《中国社区报》2017年9月4日。
② 龚上华、赵定东、谢江莺：《推进"顺通和"理念　深化治理新方式——杭州余杭塘栖村社区民主协商治理三路径》，《杭州》2017年第15期。
③ 《江苏新沂："群言堂"议出基层民主协商新气象》，http：//js.people.com.cn/n/2015/1126/c360300-27188164.html。

同提高的良好局面。2012 年，出台《关于进一步规范城乡社区民主议事协商工作的意见》，构建了民主协商区、街道、村（社区）三级联动体系。2015 年，发布全国首个地方标准规范《村务公开和民主管理规范》，进一步推进了基层民主规范建设。2016 年，余杭区成功列入浙江省省级社区治理和服务创新实验区，为协商民主的深度推进打下了坚实基础。

余杭区"1+3"基层协商治理是社区治理体系和治理能力现代化的创新实践，是坚持问题导向的基层民主发展的系统化设计，内涵十分丰富。即：一个协商平台（邻里协商议事中心），三个协商要素（内容、形式、程序），打造社区治理新格局。通过明确谁来议、议什么、怎么议、规范议，充分发挥议事协商成效，将城乡社区协商贯穿于党组织领导的充满活力的基层群众自治全过程，把新时期党治国理政的这项新制度落到实处。[①]

一个平台。建立议事协商平台，明确"谁来议"，强化多主体在平台上协商。一是建立社区协商议事社会组织。各镇、街道指导辖区内村、社区普遍建立邻里协商议事中心，作为村社区社会组织形式备案。基层政府及其派出机关、村社区党组织、村居民委员会、村居务监督委员会、村居民小组、驻村社区相关单位等成为协商主体，[②] 并在城乡社区协商中发挥主力军作用。二是建立一支协商议事队伍。邻里协商议事中心理事长由村社区党组织书记或威望较高的乡贤担任，同时吸纳老党员、老干部、群众代表、党代表、人大代表、政协委员、基层群团组织负责人、社区社会组织负责人、业委会负责人、网格员、社会工作者、法律顾问、乡贤、公益代表等为理事会成员。且充分吸收外来务工经商人员、流动人口、城市民间协助管理者等参与协商，从而扩大城乡社区协商多元主体范围。此外，还根据协商内容需要邀请与议题相关专家、居民和第三方机构等参与协商。[③] 如塘栖镇河西埭村邻里协商议事中心邀请了乡贤、老干部、村民组长等 13 人组成民间评判团，共同参与村里的大小事务的协商、监督和

[①] 龚上华：《以"阳光村务"夯实农村社区协商治理——杭州市余杭区塘栖村的探索和启示》，《中共杭州市委党校学报》2017 年第 3 期。

[②] 龚上华：《农村党建嵌入基层治理——以杭州余杭区丁河村"党建+"引领议事协商为例》，《中共杭州市委党校学报》2018 年第 1 期。

[③] 龚上华：《农村党建嵌入基层治理——以杭州余杭区丁河村"党建+"引领议事协商为例》，《中共杭州市委党校学报》2018 年第 1 期。

评判。

三个要素。三要素指协商内容、协商形式、协商程序。一是公开议事协商内容，明确"议什么"。首先，结合实际，提案协商。余杭区规范村务公开和居务公开事项，健全和完善城乡社区协商议事清单目录，推行居民议事提案制。其次，分类甄别，分流处置。各城乡社区邻里协商议事中心围绕依法履职履责和民生需求导向，按照综合性服务或个性化服务等内容，分类处理协商内容。二是丰富议事协商形式，明确"怎么议"。首先，确定"乡贤网格协商日"。以村社区、网格、村居民小组、农户等为协商议事场所，协商讨论社区热点难点问题。其次，根据不同协商议题选择不同协商形式。在实践中采取以圆桌畅聊协商为主，会议协商、实地走访协商、书面协商、网络协商等为补充的协商形式。如良渚街道新港村邻里协商议事中心在义务劳动中创新了"田间议事、草帽协商"模式，仁和街道渔公桥村邻里协商议事中心开启了"打茶会"，塘栖镇丁河村邻里协商议事中心组织召开"乡贤汇"，等等，全区的村圆桌畅聊会现已常态化，2017年围绕"美丽余杭"等中心工作已组织召开1200余场会议，参与家庭数15280户，参与人次26875人，收集建议1250条。同时，还创新了村落院落协商、民主恳谈、参与式预算、社区决策听证、民主评议等形式，进一步拓展了居民协商渠道。协商形式的多样化，确保了协商议事的有效性。最后，发展"互联网＋"议事协商模式。顺应互联网发展趋势，按照"互联网＋"的社区治理理念，利用互联网的手段将社区各类治理服务信息统一纳入社会治理和服务信息平台。三是制定协商议事程序，明确"规范议"。首先，完善协商议事流程。协商议事的一般程序是：广泛收集居民协商事项提案；理事会报村社区党组织审核确定协商议题并提前公示议题；理事会做好协商准备工作，协商方案经村社区党组织审核同意，协商会议要有多数理事会人员到场和议题相关人员参加才能召开；组织协商时，理事长或者召集人说明议题来源、审查情况、具体内容，相关人员就议题发表意见，按少数服从多数原则达成协商共识，形成书面协商意见；明确分工落实协商；监督协商实施等程序。其次，规范协商议事行为。经协商，对于意见分歧较大的事项，待充分交流、条件成熟后另行协商。议事结果实行协商票议制，同时做好会议纪要，提交村社区班子联席会议，重要事项应提交村居民代表会议票决。加强村居务监督委员会建设,及时公开协商成果落实情况,接受群众监督。① 最后,保证协商成果合法有效。在法律法规许可范围内组织城乡居民进行协商,同时,结合村居民委员会换届选举工作,把协商民主的价值取向和规则制度融入《村规民约》《村民自治章程》《居民公约》的修订中,从而成为长期坚持的理念。

通过协商治理的推进,取得了良好的效果。具体可从三个方面来看:

一是民意通气:村务公开与信息透明。

村务公开是我国村民自治中民主监督的重要内容。浙江各地在村务公开层面上逐渐形成组织架构公开、议事方式公开以及村情直通等有效路径,把群众关心的热点问题,以及村里的重大问题都向村民公开,真正做到所有信息透明,做到"给群众一个明白,还干部一个清白",从而达到了民意通气。

首先是组织架构公开。亦即我们常说的"亮牌子、亮身份、亮承诺",通过"三亮",让群众有了主心骨。如余杭塘栖村作为塘栖镇社会治理大联动项目试点村,创新"党员+"联户模式,制作"党员联户卡"上墙至全村各户,形成一张严密的"联户网",确保该村党员联户工作真正做细做实。又如嘉兴沈荡聚金村创新千亩荡水源监管责任全覆盖,建立党总支、网格支部、党员齐抓共管的三级网格化管理模式,落实党员联系群众全覆盖,结合"美丽党员·美丽村落"示范共建,每位党员联系5—10户群众户,每月1次联系群众户做好保护水源地的宣讲员、指导员,引领带动群众逐步达到清洁家园、庭院美化的要求。其次是议事方式公开。即采用自下而上民情议事协商的做法解民忧。如余杭塘栖村在综合环境专项整治工作中紧密结合网格支部会议,健全民情恳谈会机制,不定期召集全村党员和组长代表、企业代表及时研究、讨论和反馈整治工作中出现的各类问题、意见建议,从中提炼出有价值的意见建议,为下一步协商解决打下坚实的基础。又如嘉兴沈荡聚金村在水源地保护工作中,由支部书记、党员中心户、承包组长成立评定小组,对党员落实水源地保护党员责任区,开展清洁家园、庭院美化等情况评定,做到人人心中有数,目标清清楚

---

① 龚上华:《农村党建嵌入基层治理——以杭州余杭区丁河村"党建+"引领议事协商为例》,《中共杭州市委党校学报》2018年第1期。

楚。最后是村情直通。所谓村情直通，就是每个月固定一个时间，由村班子成员，就村民提出的关于村里各项工作的疑问，面对面地、开诚布公地进行沟通和对话，它是对村务公开工作的有效延伸和有力补充。如余杭塘栖村通过"村情直通"信箱、来村登记等渠道收集村民预约事项，经梳理后对商议的议题、议题反馈人、反馈时间和地点公布，在每月25日"村情直通车"发布会日，对议题进行反馈交流同时进行再次公开。又如嘉兴沈荡聚金村通过农民信箱、村民微信群、村广播等渠道进行提前公示，参与者有建议权、参与权和有自我选择权。通过"村情直通车"把原先的被动解释变成主动说明，把原先的笼统说明变成详细说明，把原先的干部单向说明变成干部群众的双向互动，从而把村级民主更加推进一步，让村级事务更加阳光透明，让村级权力运行更加规范。

二是治理顺气：民主参与和协商治理。

村民参与和协商是基层民主的重要表现，一方面，通过民主参与，把"政府想干"的事变成了"群众要干"的事，提高了村民参与村庄治理的积极性和主动性；另一方面，在事关村民切身利益的事情上，严格进行协商，做到不违背村民意愿，让参与者从中体会到协商的价值和意义，进而发自内心地愿意参与协商，使治理更顺气。

在村庄建设中，村庄工程涉及广泛，无论从资金还是所涉及的利益来说，都是村庄治理的重点和难点。近年来，浙江各地逐渐探寻出有效的解决路径。其一，坚持民间监理与村民评议相结合的原则。为确保工程进度及质量，无论是余杭塘栖村还是嘉兴沈荡聚金村都通过组织成立由招投标领导小组、村监会和党员代表组成的"民间监理"队，采取"请上来"和"走下去"双向监督的工作方法，对各项工程进行监督，把项目全程"晒在阳光下"，交由村民自己评议。其二，坚持民主听证与协商治理相结合的方式破解难题。如余杭塘栖村坚持"民主促民生"原则，以民主协商的方法开展思想动员工作，其中三官堂两户因村委上门多次沟通未果，分别启动了民主听证程序，通过有效解决重点疑难户问题，加速了整村拆违顺利实施，形成"和谐拆违"的良好氛围。在村庄环境综合整治过程中，各地形成了"有事要商量、遇事好商量、做事多商量"的协商式"三步法"拆违模式，即"村民自主拆，先签约后拆房""村民自主改，先听证后整治""村民自主管，先规划后美化"，这种拆违带规划，规划促拆违的做法，得到了大多数村民的理解和支持，某种程度上，有效促进了拆违、整改工作的顺利推进。

村社和谐其根本动力来源于村民的积极参与和志愿服务。近年来，浙江在打造平安浙江、两美浙江建设过程中，逐渐形成了一整套基本做法：其一，坚持全网防范与全员参与相结合的方法。余杭塘栖村结合"社会治安大联动"活动，组织召开网格组长代表、党员会议，摸底各网格不稳定因素，反映各网格民诉民求。嘉兴沈荡聚金村通过党员认领美丽村落宣讲团、积存垃圾清理队、绿道补植养护队、治水护水队等服务岗位，争创优美庭院，为美丽村落贡献力量。其二，坚持专业巡防与志愿巡防相结合的方式。如余杭塘栖村以平安志愿者服务队伍为载体，率先成立了一支力量充实、工作规范、组织严密、快速响应的平安志愿者队伍。三是坚持村规民约与社会舆论相结合的方式。如通过依法制定和完善村规民约，形成村民共同遵守的行为规范；充分发挥村调委会、和事佬协会等组织作用，充分发挥社会舆论的正面导向作用，有效地化解了矛盾纠纷，促进了村风民风的明显改善。

三是人心聚气：邻里和谐与文化传承。

村庄治理的终极目标就是做到村庄和谐和人心聚气。只有气通了，气顺了，才能聚气。浙江自推行基层民主协商治理以来，各地治理有了明显改观，达成了共识，提升了社区治理绩效。其一，村情大事迎刃而解。近年来，无论是"五水共治"还是村庄整治、无论是平安巡防还是文化礼堂，每一件大事都能得到有效处理，所遇问题都能迎刃而解，这与社区协商治理是分不开的。如余杭塘栖村，通过协商，最终构建了融入水乡美景、农耕文化、农家韵味、精神文化等特色的"精品观光区"，绘制了一幅地净、物美、人和的"美丽乡村"图景。如嘉兴沈荡聚金村通过协商，制定"美丽家园"两约规范，在生活垃圾、秸秆焚烧、五水共治、三改一拆等环境维护上取得了良好效果。其二，村社和谐贯穿始终。余杭塘栖村通过"一辆单车、一本笔记、一张报表、一周例会"四个一的工作举措，以"一墙一廊一礼堂""一车一会一检查"的软硬件建设，推动"阳光村务"工作。嘉兴沈荡聚金村积极推行"村情村民知、村干部村民选、村策村民定、村务村民理、村事村民管"的村民自治新路子，着力打造"阳光村务"，推进村务公开规范化。通过"阳光村务"，调动和激发了村民参与村级事务管理的积极性、主动性，减少了工作阻力，为村庄和谐发展献计献策。其三，村庄文化焕发新机。以地方传统文韵为特色，凸显本村特色民俗和地域文化，见证老一辈人文特色和生活方式。如余杭塘栖村以"枇杷第一村"文韵为特色，大力宣传塘栖村的农耕文化和王芳珠"米塑"传承的非物质遗产文化；嘉兴沈荡聚金村建造渔文化馆，用捕鱼历史、捕鱼习惯、出土文物等实物、图片、文字资料，展示本地渔业的历史渊源、捕捞技艺、渔具渔船、渔民习俗等渔业生活文化内容，切实保护和传承了本地渔文化；永兴村文溪坞结合村史等梳理村庄故事，融入建筑设计中；此外，沈荡还通过征集能工巧匠和传统艺人，进行手工才艺等的传授，保持了历史文脉的传承；通过文保知识长廊、方言讲故事、非遗手工体验等活动让村民记住乡愁，了解地方文化遗产，让历史文化得以传承和发展。以道德讲堂为依托，增强公民思想道德建设。定期邀请授课老师为大家授课，内容涉及政治、法律、思想、健康等，引导村民投身道德实践活动，不断提升村民思想道德修养和社会文明程度。以文化礼堂为支撑，构建农民精神家园，建设了村民喜爱的、有魅力、有特色的农村文化礼堂。如余杭塘栖村新建农村文化礼堂，打造"千家宴"（千福宴）名片；如嘉兴沈荡中钱村将钱家祠堂改造成文化礼堂，打造"周末来吧"服务新品牌。通过村庄文化建设，和睦了邻里关系，增强了村庄凝聚力。

总之，协商民主工作的实质是"民事民议民决"，让民众自己来讨论决定公共事务，将形成的共识转化为共为，实现从"一元管理"向"多元共治"转变，通过开展形式多样的基层协商，尊重民意，强化协商，达成共识，达到"强聚心、合聚力、抓聚金"的治理效果。可以说，通过社区协商治理，村庄治理更加通气、顺气和聚气。[1]

总之，政府与农民之间通过一种"反射评价"或者"镜式反映"来强化自我身份和利益。有效回应农民政治需求的基层治理创新模式，提高了政府的效率和有效性；密切了地方政府与农民的关系，增强了农民对政府的认同和信任；而且在政治参与过程中教育和塑造了农民，从而有力地推动了地方治理的转型，维护了农村社会稳定，带来了明显的治理绩效。

---

[1] 龚上华、赵定东、谢江莺：《推进"顺通和"理念 深化治理新方式——杭州余杭塘栖村社区民主协商治理三理路》，《杭州》2017年第15期。

二 长三角推进农村基层治理创新的经验与启示

治国安邦，重在基层。习近平总书记提出"社会治理的重心必须落到城乡社区""要创新社会治理体制，把资源、服务、管理放到基层""加强农村基层基础工作，健全自治、法治、德治相结合的乡村治理体系"。近年来，长三角全面贯彻习近平总书记的精神，以"四个全面"战略布局为引领，围绕深入推进中国特色社会主义在长三角的实践、努力推进治理体系和治理能力的现代化上走在前列的目标。浙江以"八八战略"为总纲，先后出台《关于创新基层社会治理的若干意见》以及《关于加快推进"三社联动"完善基层社会治理的意见》等文件；上海市委、市政府发布《关于进一步创新社会治理加强基层建设的意见》等文件；江苏省委、省政府正式出台《关于加强农村社区治理与服务的意见》以及《关于深化"三社联动"创新城乡社区治理的意见》等文件；安徽出台《关于加强和完善城乡社区治理的实施意见》等文件，为加快构建政府治理和社会调节、居民自治良性互动的基层社会治理体系提供了重要的指导。

其基层治理和服务创新做得扎实，立足于江浙沪皖实际，展望于中国社会发展的前台，通过系列有效的制度整合，走出了一条可复制的农村基层社区治理的道路：通过点面结合，以点带面，以面促点；在基层治理过程中，以居民致富为宗旨，顶层设计上的有序治理与居民全面致富有机结合，立足三农，服务百姓，真正抓住了治理的终极价值，因而具有强劲的生命力和远大的发展前途；充分体现了"法治"、"自治"与"共治"的有效统合，既具有理论的前瞻性，又具有实践的可操作性。长三角推动基层治理的生动实践、成功经验，对其他区域不断推进基层社会治理，全面打造和谐乡村，尤其是在当下推进乡村振兴战略具有重要启示。

（一）必须紧密结合乡村区域特色来创新

基层治理的困难源自于如何与千家万户分散的农民打交道。长三角农村基层治理的经验表明，必须紧密结合区域特色，根据各地具体情况，在村民自治基础上创设出一系列有效制度，通过自我创新，才能有效提升基层治理的能力，才能促进乡村和谐有序秩序的构建。

(二) 必须尊重农民的首创精神

农民是基层治理创新的重要主体。在浙江大地，农民创设了许多重要制度，如被习近平总书记称为"符合基层民主管理的大方向，符合当前村务改革的要求"的村务监督委员会制度；如浙江温岭首创的起源于1999年开展的民主恳谈、农民论坛等活动的"民主恳谈会"已然称为全国基层协商民主样本。而这些创新，都有一个共同的特征，即都是土生土长的农民自己的创新，而且都得到了基层党委等多方合力推动，都走出了基层，走向了全国。在江苏，南京市六合区的自然村中的"农民议会"；江苏太仓首创的"政社互动"的社会治理法治化新格局，得到中央领导评价肯定。[①] 考察基层政府治理创新案例表明，地方治理结构向普通公众的开放，既是农民对地方政治和社会生活的有效参与、影响甚至控制，也是农民参与制度创新的结果。可见，只有真正尊重农民的首创精神，不断吸纳农民的智慧，才能为基层治理长效发展提供动力和源泉。

(三) 必须契合农民政治意识变迁的趋势

基层治理的目标是把人民利益摆在至高无上的地位。因此，基层治理的每一次创新都应符合农民的需求。农民政治意识变迁有个过程，亦即农民思想变化具有阶段性特征，不能超越每个阶段来谈创新，超越或者落后这个阶段，任何创新都会夭折，都会失去生命力。长三角基层治理的经验表明，只有紧密契合农民政治意识变迁的阶段性特点，牢牢把握农民群众对美好生活的需要意识与当前基层服务供给不充分不平衡之间的矛盾，不断进行制度创新，按照1.0版到2.0版再到3.0版这样进行更新换代，才能促进农村发展。只要吸纳农村社会各阶层的参与，吸纳农民政治智慧，就能推动地方决策科学化和民主化、降低政策执行成本、增进农民对基层政府的理解、密切基层政府与农民的关系，从而推动地方治理，促进农村和谐有序稳定。[②]

---

① 《央视聚焦太仓"政社互动"》，《江苏法制报》2015年6月10日。
② 龚上华、赵定东：《推进农村基层治理的浙江实践》，《中国社区报》2018年3月26日。

总之，只要吸纳农村社会各阶层的参与，吸纳农民政治智慧，就能推动地方决策科学化和民主化、降低政策执行成本、增进农民对基层政府的理解、密切基层政府与农民的关系，从而推动地方治理，促进农村和谐有序稳定。

第六章　农民政治意识分化下长三角基层治理创新的困境与挑战

中国现代化转型促成农民政治意识分化，呈现出鲜明的"阶段发展"的烙印，又同时形成对政府有效性和合法性的双重挑战，要求转变政府治理模式，寻求一种既有绩效又有民主、既能保证政府能力又能赋予农民权利和主体性的新型治理模式。

一　宏观挑战

（一）长三角新型城镇化背景下农民政治意识分化带来的问题与困境

改革开放以来，我国城镇化迈入了一个新的历史进程。1978年，中国人口城镇化率为17.9%，城镇常住人口1.7亿人，2014年城镇化率达到54.77%，城镇人口接近7.49亿人，到2017年城镇化率已达58.5%，增长到8.1亿人，城市数量从1978年的193个增加到2017年的657个。随着城镇化加快发展，以及农村改革的不断深入，农村社会正在或已经进入一个大发展、大变化的关键时期。城镇化在给乡村发展带来巨大活力的同时，也对农村基层治理运行与发展带来了严峻的挑战。主要挑战体现在三大方面：

一是城镇化促成治理主体发生变动。随着家庭联产承包责任制的推行、民营经济的发展、体制外市场主体的形成，以及人口流动导致农民入市、入政和入团以及外来务工人员的增加，农村出现了多样化的互动主体，如新富参政、民间社会组织发育、外来人口不断增多等，这些主体参与到农村社会事务中来，使得农村自治不单单是农民自己的事务。这样，原有农村的发展由以前的政府和农村的二元互动，转变为市场经济体、农村自治性组织、社会性组织、农民自身的多元互动，厘清他们的关系、定位他们的角色和职能，构建组织的合法性认同，对于多元良性互动至关重要。就当前的现实来看，必须将以前政府主导下的外延扩张、粗放发展的城镇化老路，转变到内涵为主、集约发展的路子上来，转变到政府主导的各种主体协商合作的关系上来，以防止出现职责不清，相互推诿，相互争利，导致越位、错误、失位等现象，从而严重损害农民利益，造成城镇化进程中农民的抵触、不服从以及抗争行为的频繁发生。

二是城镇化促成治理运行发生变动。乡村治理运行涉及施与方与接受方，计划经济时代的农村，政府作为行动的施与方，其行动具有主动性，可以按照政府一方的意志行事，农民是行动的接受方，其行动具有被动性，处在行动消极者的地位。随着市场经济的发展，经济利益体和社会自治性组织的产生，以脚投票的行为不断增多；随着人口流动，企业经济的发展以及中心镇的建立和规模的扩大，很多农村人口锐减，出现空巢老人、留守儿童、空心村现象，加之山区、库区农村遭受自然灾害的搬迁等，使得村庄发生转型和变化，部分村庄衰落和空心化；出现土地流转现象；出现企业经营的兼并、重组、扩大、倒闭等现象，针对这些问题都要开展多元合作和共治。因此，在推进城镇化过程中，如何在自利和利他之间构建行动框架，成为现在城镇化发展的主要逻辑。

三是城镇化促成治理空间发生变动。原有治理仅仅局限于有限的空间，新型城镇化给治理带来新的空间。以长三角为例，《长三角地区区域发展规划》为长三角城镇化发展提供了目标指向。新规划的调整以及新型城镇化的推进必然出现新一轮的征地热潮。此外，城镇化推进带来的大量以城中村、园中村、城郊村等为表现形式的各种城村以及一批"亦农亦居、非农非居"的农村新社区，给乡村管理提出了一系列新的挑战；日益频繁的村庄合并导致了农村利益格局的重新调整，势必会产生各种矛盾和问题。尤其是一些"高度组织起来的具有行动能力要求超额土地非农使用收益的社区性农民群体"[①] 与地方政府的博弈将影响到

[①]《中国城市化面临的威胁》，http://finance.eastmoney.com/news/1371，20170110701282879.html。

基层治理的转型。因此，新型城镇化背景下基层治理必须有效协调处理好新一轮征地利益冲突、农民的重大转型以及村庄结构变动所带来的利益调整问题。①

（二）长三角城市群转型发展背景下农民政治意识分化带来的问题与困境

"转型"已经成为未来相当一段时期内我国城市群发展的主线。长三角作为我国经济发展的重要区域，未来发展也面临着来自社会公平诉求、民生权利保障等的巨大压力。

在社会转型过程中，基层政府承载更多治理转型的压力，不仅要有效应对各种挑战和风险，即如何有效调整城乡变动中的利益格局变化，如何正确看待农村社会的变革，如何有效应对农民的思想变动，等等；② 同时也要增强回应性、服务性和责任性，以满足农民的政治诉求。因此，体现为政府创新的政府改革是治理变革的关键。

政府改革是长三角实现基层治理转型及其现代化的需要。以村民自治为核心的基层治理问题，在理论上和实践中还存在不少有待探讨的问题，尤其是在各种社会元素、城乡要素发生重大变动和重要互动的城镇化进程当中，基层治理的问题也显得更加突出。随着城镇化的不断提速，长三角基层治理也面临着人口空心化、治理主体虚化等矛盾和问题。③ 此外，治理主体的治理边界问题、农村发展中如治理的成本、治理能力、制度科学化水平等的不足、村民自治中多元主体的冲突、管理中的多元互动机制的问题以及新的社会力量的崛起等问题需要我们在理论和实践中加以解决。

政府改革是长三角率先发展的需要。长期以来，长三角实行的农村自治和分治体现了农民自发和政府自觉互动而产生的农村治理路径，调动了农民追求发展的积极性，盘活了农民经济，推动了农村的发展。在新时代，如何借力基层治理进一步推进长三角率先发展，借助于中央以城带

---

① 龚上华：《城镇化进程中的乡村治理变动及策略应对》，《浙江大学学报》（人文社会科学版）2015年第5期。
② 尹成杰：《在城镇化进程中改善乡村治理机制》，《农民日报》2014年5月31日。
③ 刘永忠：《乡村治理是一场意义深远的变革》，《农民日报》2014年5月31日。

乡、城乡统筹发展的决策和政策，推动乡村复兴战略，成为基层治理创新的动力。

（三）长三角农村结构分化和利益格局变动中基层治理在具体实践中存在的问题

1. 村庄结构调整进程中的统合治理问题

一是村庄分支化提出的挑战。长三角村庄分支化主要指农村类型发生了分类，就目前阶段来看，大致可分为传统农业村、工业村、镇村、城村四种类型，[①] 由于村庄的管理环境差异较大，特别是随着城市化进程的不断推进，各类城村及农村新社区的不断涌现，对基层治理创新提出了多样化的要求。因此，如何加快城中（郊）村改造，如何加强新型社区管理成为一种全新的挑战。以浙江为例，随着"三改一拆"的不断推进，涉及大量原有老旧社区原住居民的安置与拆迁补偿问题，如何协调好其中的利益问题就成为长三角基层社会治理的一大难题。二是村庄合并引发的难题。近年来，长三角相当部分县、市、区陆续开展了行政村规模调整，将原有相邻的数个村庄合并为一个村庄，通过村庄合并为推进农村建设拓展体制空间。但是，村庄合并事实导致了利益格局的重新调整，势必会产生各种矛盾和问题。从调查来看，当前表现出来的最主要的新难题是：一方面表现为新村班子难以合心合拍，另一方面表现为新村管理难以统一。以浙江余杭塘栖镇塘栖村为例，该村就是原三官堂村、蔡家埭村两个村合并而成的，两村一直按照"一村两制"来治理。但是由于两村在经济发展、人口规模、思想建设等各方面存在较大差异，村庄在征地拆迁赔偿问题上出现了一些不平衡。原蔡家埭村生死找补按人头进行分配，政策平稳，基本实现了人均土地的公平、合理化配置。而原三官堂村作为塘栖早一批征地拆迁的领头军，整体思想开放，在生死找补实行按户分配，在具体实行过程中出现了较大的不公平事件。如：两家原有相同6亩地，随着子孙后代的繁衍，一家有了两个儿子，一家有了两个女儿。随着子女的婚嫁生子，一家新增了4口人，一家只留下几位老人，如此一来，生儿子的家庭由8口人平分6亩地，而生女

[①] 刘成斌、卢福营：《非农化视角下的浙江农村社会分层》，《中国人口科学》2005年第5期。

儿的家庭 6 亩地只要 4 人平分，人居土地的配置情况出现了较大的差异，村民对此颇有异议。为消除该村不稳定的安全隐患，经民主协商后，由村委出面协调决定，在征地过程中对机耕田、田埂、沟渠等公用面积均进行平均分配，征地后的农民参保问题再统一平均分摊。① 此做法有效地缓和了村民之间的矛盾，拉近了差距，缓解了不平衡，大大地提升了塘栖村整体凝聚力。

2. 农村民主化变革中的自愿治理问题

随着利益诉求的转移变化，农民对自身居住环境、社会环境的诉求都发生了变化，这必然对农村社会的发展和治理提出了新的要求。人们渐渐认识到需要对自己的事务具有知情权、参与权、表达权、决策权，这需要一种自主治理和参与的民主机制予以满足，同时对那些自己不能解决的问题，渴望有新的联合组织来帮助解决，甚至必要时需要政府的帮助。但是由于地域不同，参与主体的目标使命不同、利益主体的心理诉求不同，因而可能出现许多的问题。

一是基层治理民主制度供给和保障不足。在调研中发现，在现阶段长三角基层管理实践中，农民日益增长的利益诉求以及政治参与的热情与相对落后的法律制度建设之间的矛盾日益突出，主要表现为：有法不依、无法可依、操作程序不完善、惩戒性制度缺乏和司法救济困难等。因此，如何将民众参与有效纳入制度化法治化轨道成为新时期的重要课题之一。

二是传统的管理体制和方式尚且适应不了新型变革。随着经济社会发展，村民的民主要求日益增强，以权力高度集中为特点的传统管理体制和管理方式在新的形势下很容易使政府与农民的关系扭曲从而激化矛盾。② 实行村民自治后，乡村管理中并存着乡镇的行政管理和村庄的村民自治，建构了一种独特的"乡政"与"村治"互动关系。然而，由于制度设计的不完善以及乡村管理环境因素的影响，在乡村管理的实际运行过程中，"乡政"与"村治"时常表现出脱节现象，并造成了一些如"附属行政

---

① 资料来源：笔者 2017 年在浙江余杭塘栖村的调查。
② 在以权力高度集中为特点的传统乡村治理方式下，管理者习惯于一个人说了算、少数人拍板、垂直型命令、强制性执行。

化"以及"过度自治化"的难以克服的困境。① 从乡镇来看，属于基层政府机构，其治理能力直接关系到社会的安全稳定，乡镇层面由于人力、物力、财力等原因，难以发挥其主体性作用，在一定范围内出现"基层社会治理真空"的问题。从村治来看，经常出现许多创新，但一些创新不可持续，有些创新非常符合乡村实际，且具有较强的生命力，但在现实运作中还存在许多明显问题。以村务监督治理创新为例，存在着几大明显问题：（1）主管部门的定位问题。当前此项工作在推广过程中，有的地区由组织部门主抓，有的地区由民政部门主抓，有的地区由纪委主抓。现实运作中各部门根据自己对村级事务监督的理解和各自的工作需要制定相应的监督制度，造成了村级监督制度的彼此分割。（2）组织机构的定位问题。村务监督委员会与村党组织、村民会议（村民代表会议）、村民委员会之间的关系需要厘清。从制度最初设计来看，村监委不是村党支部和村委会的下设机构，但可通过村党支部或基层政府提请村民代表大会启动罢免程序。在实际运作中有的地方把村监委与党组织和村委构成"三驾马车"的并列关系，从而出现村监委游离问题。（3）村务内容的界定问题。即村务是仅限本村事务还是包括"派务"，是监督村"两委"干部还是村级权力，是村民为主还是村务为主等等。（4）监督成本和监督绩效问题。村务监督是门技术活，如果要监督有效，必然需要专业的监督队伍，但这需要监督成本，此其一；其二，现实生活中，有的买一把价值不足十元的扫把等也需要走严格的程序，这种状况也提升了监督成本；其三，由于很多村务事实上是上级主管部门下派任务，无法监督；其四，如果上级主管部门抓得紧，监督就有效，反之，就效力不足。可见，无论"乡政"还是"村治"，实现治理有效是新时代需要面对的问题。

---

① 乡政村治实际存在两大倾向：一是乡镇为推行政务而强化对村一级的行政渗透，导致村级组织"附属行政化"；二是以村委会为代表的村民自治权过分膨胀，乡镇正当的行政管理难以有效实施，导致"过度自治化"。前一种倾向在现实情况中更为明显。参见彭向刚《我国村民自治存在的问题与对策探讨》，《吉林大学社会科学学报》2001年第1期；毛丹、任强、余若燕《关于村民自治的三个难题的政治学分析》，《开放时代》2003年第1期；徐勇《村民自治的成长：行政放权与社会发育———1990年代后期以来中国村民自治发展进程的反思》，《华中师范大学学报》（人文社会科学版）2005年第2期；卢福营《村民自治发展面临的矛盾与问题》，《天津社会科学》2009年第6期；唐鸣、胡建华《村民自治视阈中农村民主管理制度的法理分析：一种与政府主导推进型法治国家建设路径中理性安排制度冲突的视角》，《理论探讨》2012年第1期；等等。

三是治理主体的素质问题。制度确定后，干部是决定性的力量，因此，乡村管理运作好坏关键在于村干部。虽然民主选举本要将村民群众"信得过"的村庄能人和精英推上村级领导岗位，在村民群众认同基础上，形成村干部的权威，达到乡村社会的良治。然而，事与愿违，通过民主选举上台的村干部未必都是领导村民自治的理想人才和最佳人选。地方管理者的素质面临的问题主要包括：管理者管理态度消极，不作为；知识偏低，无作为；技能缺乏，难作为；甚至存在违纪违法治理。以杭州市纪委、监察委通报的2018年查处的干部违法违纪情况来看，乡镇、村干部占不小比例，基层干部法律素养有待提升，面对一些基层矛盾或利益冲突问题缺乏法治意识，工作权责模糊不清。

3. 农村反邪正信建设面临的挑战

一是从城镇化发展中农民的变化来看，当前长三角人口的横向流动性急剧增强，而且外来流动人口数量巨大，还伴有族群关系和宗教信仰问题，同时在人员的交流过程中，反邪正信建设具有不完全性、不稳定性和复杂性，增加了反邪正信建设的难度。

二是从农村社会结构来看，大包干以后，农民走向了自治，但随着时间的推进，人与人之间的"原子化"和"隔离化"现象日趋严重，村民互信迫切需要加强，农村很大一部分社会成员处于离散状态。传统的农村组织权威遭到不同程度的弱化，新的条件下民间组织如雨后春笋般出现，但依法建立的占少数，自发组织绝大多数对社会并无危害，但情况复杂，参差不齐，管理缺失。此外，也存在一些非法的组织如邪教组织，其隐蔽性较强，有可能把农民引上邪路。因此，如何有效地对这些组织加以管理，如何引导农民，存在难度。

三是从农民的政治信仰来看，经过多年的民主法治宣传教育，广大农民的公民意识特别是维权意识、参与意识和对公共政策的选择意识不断增强，对参与成效的要求逐步提高。但存在权利意识强于社会责任意识、不少干部的民主意识跟不上农民的参与意识、维权的制度保障落后于维权意识的增强等种种失衡现象，容易引发和激化社会矛盾。此外，有些农村"贿选"、老板"治村"的专横等现象导致党群之间互信关系遭到一定程度的削弱。还有农村有些深层次的社会问题尽管表现不那么明显，但损害人民群众的切身利益，久拖不决会成为经济社会发展的重大障碍，损害党和政府的公信力,破坏党群干群关系,动摇党的执政地位和国家的基本制度,属于"心腹之患"。

四是从农民的道德信仰来看,近年来,长三角在农村文化建设层面取得了长足的进步,农民的道德水准也有了显著的提升,但是社会上用违法违规手段取得暴利实现暴富的现象依然存在,加上部分公务人员和民众对法治缺乏敬畏,导致社会信任严重缺失。这种现象必然会使农民价值观出现迷茫,道德出现失范,从而影响新时代农民的成长。

五是从农民的宗教和民间信仰来看,随着改革开放和社会转型,长三角农村民间信仰日趋兴旺,修庙之风不断,对农民生活影响广泛,且呈现无序发展状态,出现了种种问题。杭州在尊重历史和群众信仰需求,正确认识和对待宗教和民间信仰问题等方面,取得了较好的成绩。但是也存在一些问题:其一,违反规定擅自设立宗教活动场所、乱建寺观教堂、滥塑露天宗教塑像等,还有一些党员干部带头兴建庙宇,对于这些苗头行为需要随时关注;其二,民间信仰中的一些陋俗如巫术迷信、抽签算卦、骗钱敛财等,给在转型期的中国农村和谐社会构建提出了挑战;其三,农民民间信仰带有神祇多、信众多、场所多、活动多等特点,因此协调农民信众的关系也至关重要;四是要高度警惕宗教极端思想,坚决抑制邪教影响。

六是从社会成员联系渠道看,随着时代信息化、智能化快速发展,尤其是作为长三角已成为中国信息化、数字化建设的领先区域,整个社会的组织结构和联系方式迅速扁平化、网络化,民间力量依靠互联网和无线通信,获得了迅速发起和组织群体行动的能力,外部敌对势力、一些宗教势力也能利用这些工具造谣惑众制造动乱。因此,对农村社会来说,如何有效应对经济活动和信息传播的全球化所带来的冲击,是乡村振兴进程中务必重视的问题。

4. 农村扫黑除恶、强化基层政权的治理能力面临的挑战

实施乡村振兴战略是新时代党中央对"三农"工作做出的新的战略部署,是贯彻新发展理念,建设现代化经济体系的重要内容,是习近平新时代中国特色社会主义思想的集中体现。当前长三角部分农村基层政权遭遇灰黑势力的渗透,如把持基层政权、操纵破坏基层换届选举、垄断农村资源、侵吞集体资产的黑恶势力;利用家族、宗族势力横行乡里、称霸一方、欺压残害百姓的"村霸"等黑恶势力;在征地、租地、拆迁、工程项

目建设等过程中煽动村民闹事、组织策划群体性上访的黑恶势力等。这些严重影响了党在群众中的威信，对于国家来说，防止灰黑势力渗透农村基层政权，既需要开展扫黑除恶专项斗争，让灰黑势力获得严惩，维护群众的人身和财产安全，避免国家和地方资源被灰黑势力侵蚀；更要从根本上清除灰黑势力滋生的土壤，强化基层政权的治理能力，重建国家、基层组织与农民之间的关系。①

二　具体挑战

（一）农民认同意识差异对基层治理创新的影响和挑战

一方面，长三角地区农民具有强烈的政治认同感。一是农民对国家具有较高的忠诚度，对国家充满信心。二是长三角农民认识到了民族团结对中国发展的重要性，十分认同维护民族团结是中华民族的根本利益。绝大多数农民能较清楚地认识到民族团结对我国发展的作用。农民十分认同维护民族团结是中华民族的根本利益，也是我们一切有良知的中国人、每一个中华儿女的一致共识，是最广泛的爱国统一战线最基本的前提基础。三是农民在宏观层面上对党的认识非常到位，农民对执政党具有较高的信赖度和依存度，对党的执政充满信心。这也充分说明在农民心目中国家主流意识形态的影响力。农民对改革开放以来党的农村政策满意度较高，长三角农民感受很深，获得感很强。四是农民对基层干部还是较满意的。由于农民处于社会最基层，与基层干部基层党员直接打交道，在农民心目中基层干部和基层党员的形象就直接等同于执政党的形象，因而农民对基层干部的态度也影响了其对执政党的态度。多数农民相信共产主义能实现。绝大多数农民相信党能把改革开放引向深入。绝大多数农民表示愿意入党。

另一方面，长三角地区农民的政治认同感还存在一定的差异。一是对政策层面要求更高。长三角地区农民认为影响民族团结的最主要因素在于"对国家政策的理解问题"。坚决打击民族分裂分子将是我们一段时期甚至是未来很长一段时期的艰辛工作，只有如此，才能有效维护民族团结。二是对基层治理主体要求更高。绝大多数党员还是能够带动全村致富，但也

---

① 《乡村振兴从"扫黑除恶"开始》，https://www.sohu.com/a/234628471_100102324。

有部分党员在这方面做得不够好，群众不是很满意。此外，多数农民认为周围有大量的优秀党员，但也有一部分农民认为身边没有优秀的党员。在长三角地区，虽然农民比较富裕，但是全面致富的愿望非常强烈，而要实现全面致富，仍然需要一个坚强的、过得硬的农村党支部的带领，因此，如何强化党员主体作用；如何凸显党员的旗帜作用，提升农村基层党组织的吸引力、凝聚力和战斗力成为基层治理面临的重要问题。三是对基层治理绩效要求更高。从长三角四省市多地的调查和访谈中可以看出，由于始终坚持全心全意为人民办实事，才真正树立起了党和政府在农民心目中的威信，农民对党和政府的政治认同意识总体上是健康稳定的，主流是积极向上的。但在部分乡村中，存在黑恶势力严重侵蚀基层政权，影响党在群众中的政治形象。因此，如何进一步强化基层治理绩效，促进乡村振兴战略顺利开展，对于密切党和农民群众的联系，提升农民的政治信仰认同意识有着十分重要的意义。

（二）农民权利意识增强与分化对基层治理创新的影响和挑战

一方面，长三角农民的权利意识显著增强。一是农民的法律认知水平显著提高。农民对与自己切身利益息息相关的法律条文有一定了解，对"普法宣传""送法下乡"等活动持支持态度。农民表示通过这些活动获益很多，并且对这些宣传学习形式也都很支持。在农民个体层面，农民可以通过看电视、读报纸、电话咨询等多种方式获取法律知识，法律意识比以前提高了很多，对知法、守法、用法越来越重视。对农村中的"小宪法"村规民约都已知晓且能够了解相关内容，农民也积极主动参与过村规民约的讨论和投票。对法律与政策的关系认识越来越清晰，以法为主的观念取代了以政策为主的传统观念。二是农民权利保护意识提高较快。农民维权意识较强，认为会借助法律手段维护自己的权利；认为广播电视宣传和进行法律讲座是提高维权意识的有效途径。农民对于一般冲突的解决途径基本上是：首先，协商解决；其次，村干部出面调解；最后，如果调解不好，再打官司。从农民维权的内容来看，比较新兴的维权主要表现为三大类：第一类是土地维权；第二类是社会保障维权；第三类是生态维权。总之，农民维权意识强，维权观念比以前相对提高了一点。经济越发展，人们的思想观念转变越快，法治意识越来越强。农民已经习惯于用法律的手段维护自己的权益。

另一方面,长三角农民权利意识存在偏差和分化。一是农民对法律认识存在某些偏差。农民如何选择解决纠纷的方式,如何看待法律手段在解决纠纷中的地位,这是衡量农民法治观念和权利意识变迁的一个较为具体和直观的指标。对法与权关系认识上还存在偏差,习惯于在日常生活中服从权力,缺乏对法律的价值和功能的认同感。农民缺乏对法律的工具性、公平性的认识,没有意识到法律对人权的保护对每个人都适用,农民重承诺、口头约定,轻合同的现象还时有发生。二是农民维权途径存在不平衡。农民维权中人情与法律所占比重不够平衡;农民小事维权容易,大事维权较难。农地矛盾还是比较尖锐的,如何解决这个问题,也是将来发达地区需要解决的一项非常重要的问题。三是农民对村规民约的认识还存在一些问题。农村基层社会治理面临着许多新情况新问题,因而村规民约也需要与时俱进,确保其适应社会发展的需要,不断增强其生命力。因此,如何结合农村公共安全、村庄景区化建设、文明乡风等上级党委政府中心工作的开展;如何进一步根据村庄实际,将各项重点工作以民事约定的形式,融入村民的日常生活和行为规范中,融入村务管理的具体事务中成为亟待解决的问题。四是从农民的赋权体系结构和农民治权行为来看,当前我国的农民权益保护方面,不仅存在赋权不足的问题,还存在治权滞后的问题。[1] 从赋权角度来看,农民享有的土地财产权、公共产品享有权以及户籍、教育、文化、卫生、医疗、就业、社会保障等权利还不够充分;关于治权问题,就是对上述各项权利的保护,即农民为维护正当利益诉求与分配的政治参与、政治表达与政治监督等维权行为,实质上就是农民治权行为问题。在中国,由于农民治权与农民赋权二者之间存在不一致性,导致农民权益得不到有效保护,经常受到侵害。比如,国家在法律、政策上都规定了农民的土地承包经营权利,赋予农民对涉及自身利益重大决策的知情权、参与权和表决权。但农民很难有机会、有渠道充分地表达自己的意愿和实施自己的行为。[2] 尤其是如何有效解决当前农民土地财产权益问

---

[1] 龚上华:《促进农民权利发展的制度选择》,《浙江大学学报》(人文社会科学版)2014年第3期。

[2] 龚上华:《促进农民权利发展的制度选择》,《浙江大学学报》(人文社会科学版)2014年第3期。

题这一社会矛盾的焦点,"给农地确权并明确政府与农民间清晰而排他的权益边界",① 成为新思维下的中国农村赋权改革的重中之重。②

(三) 农民参与意识变动与分化对基层治理创新的影响和挑战

一方面,长三角农民政治参与积极主动。一是农民能够积极参与民主选举。在我国普遍推行的村委会选举中,农民表现出极大的参与热情,表现出较强的现代民主观念和权利意识。农民对选举比较感兴趣。以基层党员、群众对村级党组织班子成员的选择标准为例,农民的选举意识趋于理性。作为经济发达的长三角地区农村来说,选举能带领大家致富的人做村党支书已经不是农民群众的最高选择和第一序列选择,富起来的长三角农民更加在乎所选村支书的人品和觉悟,做事公正且有奉献精神的人选能够得到绝大多数村民的支持。"热心""有能力""作风好"是农民心目中村干部的理想形象。二是农民群众能够积极参与村民大会,积极履行自己的职责。村民大会能够较好履行组织法所规定的议程和事项。三是农民能够积极参与民主管理。农民能够认识到现实中建房用地管理以及财务经费管理在民主管理中的重要性。二者涉及村庄集体利益、个人利益最重要、最实际的问题,也是经常碰到并容易产生矛盾的问题,所以在这两个问题上建立管理章程从来没有中断过。在实施管理中体现了农民特有的聪明才智,农民懂得如何顺应形势,懂得用管理创造效益。四是农民能够积极参与民主监督。尤其能积极主动参与村务公开、村民委员会报告工作、民主评议村干部、责任追究制度以及村民的举报、信访与舆论监督和司法监督等。五是农民表达意识积极主动。从表达的渠道来看,目前主要实行协商形式。围绕解决"谁来议"的问题,当前农村重点坚持代表的广泛性、专业性、关联性,形成"固定代表(村民代表、老干部、乡贤等)+自由代表(涉利村民、热心村民)+特邀代表(专业人士和法律顾问)"协商模式,这些方式有效解决农民的表达能力不足问题。此外,如何收纳反映农民的诉求问题,从长三角的实践来看,主要通过村党委经过民情恳谈会、

---

① 温锐、李永安:《十六大以来农民土地财产权益保障改革的进程与展望》,《中共党史研究》2012年第7期。

② 龚上华:《农民赋权:政策历程、效度分析与思路选择》,《科学社会主义》2017年第1期。

村民小组民生实事申报、干部网格联户走访和上级中心任务交办等多元渠道收集并经过分类梳理形成协商议题。从表达的机制方面来看，主要通过规范的"五议两公开"议事机制。"五议两公开"程序是在中组部提出的"四议两公开"的基础上新出台的对村级重大事项进行决策时的规定。从程序和效力来看，由于有规范的村、组两级协商议事工作程序，同时形成了"工作由群众提—议题由网格审—方案由班子议—决策由代表决—过程由专人督—结果由群众评"的民主协商工作闭环，因而做到了以村监会为核心的"3+X"监督小组，即"村监会3人+涉利村民和热心村民"来强化协商事项监督，实现监督程序到位、监督执行到位、质量监督到位。

另一方面，农民参与意识存在偏差和分化。现实中也有部分农民的政治参与意识淡薄，对于自己的政治权利陷于一种漠不关心的状态，这种情况在发达地区仍然存在，表现出明显的不平衡性。一是参与民主选举意识不平衡。民主选举作为"四个民主"的首要的基础，直接影响到农民对决策参与、管理参与、监督参与以及协商参与意识的提升。这就需要基层治理创新中如何有效协调乡镇政府与村"两委"之间的关系；如何提升基层干部的薪酬体系，解决好基层"干部难当"的困境；此外，在有些村庄，村委会委员们为了保证自己的"胜算"，在村委会选举之前，都会做些宣传给自己拉选票，给村民一些"报酬"以获取他们的支持。在未来的农村治理过程中，要严厉打击贿选等不正之风，充分实现村民自治，进一步提升农民参与民主选举的积极性和主动性。二是参与治理与协商存在不足。主要表现有三点：有村民未参与基层治理活动，共治格局有待成型；村民民主协商参与度较低，村民自治有待完善；村民民情反映渠道模糊，村民自治能力较弱。因此，需要基层治理创新方面要有应对：加大基层党组织的动员力度，让村民理解党员开办特色活动的初衷，意识到社会治理人人有责、家园建设事关你我，是当前实现"三治合一"乡村治理体系的有效前提。通过村规民约修订这一契机，扩充协商议事参与人数、规范协商议事举办形式，让更多村民参与到事关村庄发展的协商中。应拓宽民情反映渠道，在宣传的同时注重培养村民自治能力，包括协商议事参与、意见与利益表达等，从而让村民能够更好地投入到乡村治理当中。

第七章　有效回应农民政治意识分化的基层治理创新路径

党的十九大对基层治理提出了"共建共治共享"的新要求，同时迫切需要解决开始显现的无法满足农民更高品质服务和更多资源需求的问题。因此，从"大气候"来说，农村稳定则国家稳定，要通过不断创新基层社会治理，提升基层政府民主治理的水平，化解矛盾，为长三角平安建设夯实基础；从具体的"小气候"来看，需要我们时刻监控和有效应对长三角农民政治意识分化及需求的变化，以有效的方式、有力的途径来强化基层治理创新。因此，新时期构建一种既有绩效又有民主、既能保证政府能力又能赋予农民权利和主体性、既能满足农民政治需求又能促进基层政府治理创新长效发展的新型治理模式，必将对平安和谐有序发展的长三角农村基础秩序构建起到关键作用。

一　我国推进农村基层治理创新的基本思路

（一）探索中国特色的农民问题解决之路

中国共产党一直高度重视农民主体问题，在解决中国农民问题上，始终坚持尊重农民的利益、尊重农民的首创精神的原则，"把解决好农业农村农民问题作为全党全国工作重中之重"，通过乡村振兴战略，不断推进农民问题解决的进程，为中国农民问题解决创造出一条全新的道路。这是我国积极推进农村基层治理创新的基本理论前提和基础。

1. 始终坚持用阶级分析方法来对待中国农民问题

对于中国这样一个农民占人口绝对多数的国家来说，农民问题一直是中国共产党人高度重视的首要问题。那么，如何予以破解？其实，毛泽东早已交上了一份令人满意的答卷。早在1925年，毛泽东就指出："农民中实际存在着自耕农、半自耕农、佃农、雇农、游民五种，他们分属于小资产阶级、半无产阶级和无产阶级三个阶级、十二个阶层。"在对农民的阶级属性分析的基础上提出并论证了"农民问题是中国革命的基本问题"等许多论断，同时指出要唤起民众，组织农民运动，"从侵略者、地主、买办手下解放农民，建立近代工业社会"。① 可见，毛泽东始终坚持阶级分析的根本方法从而带领中国人民取得革命的胜利。

改革开放以来，人们逐渐脱离阶级分析的基本方法来分析农民及农村问题，在实践中片面注重管理的研究思路，从而导致农民问题解决失之偏颇、缺乏实效。针对这些偏差和偏离，我们要旗帜鲜明地坚持用马克思主义的阶级分析法来看待农民、农业和农村，从而做出具有前瞻性和洞察力的思考。一是始终认清中国农民的分层，认清农民的定位和新时期的符号和特征。二是要根据农民分层，进而破解农民问题以及未来发展。正如邓小平所说："我国百分之八十的人口是农民。农民没有积极性，国家就发展不起来。"② 如果"不解决这百分之八十的人的生活问题，社会就不会是安定的"。③ 江泽民也指出，"没有农民的小康，就不可能有全国人民的小康"。④ 习近平总书记也多次讲过"没有农村的小康，特别是没有贫困地区的小康，就没有全面建成小康社会"⑤ 这样深刻的话语。这些都是新时期基于农民的分层和历史定位所提出的重大思想。当前，我们要牢记习近平总书记所说的，"中国要强，农业必须强；中国要美，农村必须美；中国要富，农民必须富"。⑥ 在迈向现代化的进程中，农村不能掉队；在同心共筑"中国梦"的进程中，不能没有数亿农民的梦想构筑。

2. 始终坚持用联合的观点来处理农民问题

农民问题解决好了，才会有巩固的工农联盟，国家才会稳定，政权才会巩固。这一点，对于在经济文化尚不发达国家执政的中国共产党来说，

---

① 《毛泽东文集》第3卷，人民出版社1996年版，第40页。
② 《邓小平文选》第3卷，人民出版社1993年版，第213页。
③ 《邓小平文选》第3卷，人民出版社1993年版，第117页。
④ 《江泽民文选》第1卷，人民出版社2006年版，第259页。
⑤ 《十八大以来重要文献选编》（上），中央文献出版社2014年版，第658页。
⑥ 《十八大以来重要文献选编》（上），中央文献出版社2014年版，第658页。

具有特别重要的意义。中国共产党无论在革命还是建设时期都非常重视工农联合问题，尤其是在建设时期，强调要解决农民问题，必须依靠工农联合。毛泽东说，"中国农村有五亿多农村人口从事农业生产，每年劳动而吃不饱，这是最不合理的现象"，破解的关键"就在农村大办工业，使农民就地成为工人"。[1] 同时，"城乡必须兼顾，必须使城市工作和乡村工作，使工人和农民，使工业和农业，紧密地联系起来。决不可以丢掉乡村，仅顾城市"。[2] 邓小平也说："农业也是一样，增加农民收入，反过来也会刺激农业发展，巩固工农联盟。"[3] 这种方式不仅有助于解决农民问题，而且有助于政权的巩固。

改革开放以来，我们在解决农民问题方面取得了很大的成就，但现实生活中存在一种趋向，那就是单纯就农民讲农民问题，割裂了工人与农民的天然联系。其实农民问题的解决离不开工人阶级的支持和帮助。在我国，工人阶级的绝大部分就是农民，农民构成中国产业工人的来源。在革命时期需要加强工农联盟，在当前建设时期尤其是在全面建成小康社会的征途中更加要强化工农联合，一方面，要继续坚持工业反哺农业、城市支持农村和多予少取放活的方针，加大强农惠农富农的政策力度[4]；另一方面，大力构建工农联合的新型通道，做到引资入农、引智入农、引法入农，全面提升农业、农村、农民的整体水平，尤其在引智入农方面，大力发展乡贤文化，除吸引优秀农民工回流以外，更为重要的是让那些从农村走出去的各类能人志士，如知识分子精英人士等"新乡贤"，通过柔性人才引进方式参与新农村的发展，真心实意地帮助农民解决生产生活中的实际问题，推动农民问题的最终解决。

3. 始终坚持用利益的观点来处理同农民的关系

中国共产党一直认识到农民问题的重要性，党始终把农民问题既当作一个重要的经济问题，又当作一个重要的政治问题来对待和解决。邓小平认为，农民问题的实质是利益问题。革命和建设时期，我们抓住了农民土地这一核心利益问题。改革时期，我们找到了通过利益格局调整，调动农

---

[1] 《毛泽东选集》第5卷，人民出版社1991年版，第179页。
[2] 《毛泽东选集》第4卷，人民出版社1991年版，第1427页。
[3] 《邓小平文选》第2卷，人民出版社1994年版，第130页。
[4] 《十八大以来重要文献选编》（上），中央文献出版社2014年版，第658页。

民的积极性,发展生产力,提高农民生活水平,有效解决农民问题的基本路子。邓小平指出:"农业本身的问题,现在看来,主要还得从生产关系上解决。这就是要调动农民的积极性",① 而调动农民积极性最直接有效的办法就是给农民更多的自主权,② 农民获得自主权才更有利于经济管理、更有利于提高劳动生产率。③ 要尊重农民的主体地位,坚持以人为本的原则,着力解决农民生产生活中最迫切的实际问题,切实让农民得到实惠。要按照"是有利于调动还是会挫伤农民的积极性,是维护还是会损害农民的物质利益和民主权利,是解放和发展还是会阻碍农村生产力"④ 的标准来制定农村政策和检验政策。可以这么说,正因为抓住农民利益这个牛鼻子,我们在农民的利益保护和农民的主体性发展方面才能取得长足的发展。

但在现实中,我们仍然看到不尊重农民主体性,侵犯农民利益的现象还是时有发生,在一定阶段、一定区域还表现得非常突出。如"拉郎配"现象,⑤ 房屋拆迁过程中的侵犯农民利益的事件,甚至出现农民群体性事件等,这些问题和现象的出现不仅影响到平安中国建设和社会稳定,对解决农民问题也不利。因此,如何解决新时期新形势新任务下维护农民利益、维护农民稳定的问题,其本质上还是要把农民利益放在首位,始终关心农民的冷暖。通过推进农村生产关系理论创新,完善农村基本经营制度,为解决农民问题和促进农业成为有奔头的产业提供重要的制度保障;通过富裕农民、提高农民、扶持农民,使农民成为体面的职业;进一步推进社会主义新农村建设,为农民建设幸福家园和美丽乡村。⑥ 总的来说,

---

① 《邓小平文选》第 3 卷,人民出版社 1993 年版,第 117 页。
② 《邓小平文选》第 3 卷,人民出版社 1993 年版,第 252 页。
③ 《邓小平文选》第 2 卷,人民出版社 1994 年版,第 145 页。
④ 《江泽民文选》第 2 卷,人民出版社 2006 年版,第 210 页。
⑤ "拉郎配"是民间俗语,专指那些思想守旧的人,在儿女婚姻上大包大揽,硬把一对没有感情基础的青年男女撮合在一起的错误做法。现指将没有感情的两个人凑在一起。拉郎配的引申含义是不顾客观规律的人为干预,这种并非你情我愿的行为必然会造成很多苦果。不尊重农民主体性的"拉郎配"现象很多,比如以"换马甲""拉郎配"的方式让农民"被城市化",虽然成为城市中的一员,是很多农民的心愿,但是,可能也不是广大农民希望看到的结果,更不是新农村建设的目标;又比如运用增减挂钩政策支持扶贫开发及易地扶贫搬迁过程中的"拉郎配"现象。总的来说,要充分尊重农民意愿,保障农民的知情权、参与权和受益权,不搞强迫命令。
⑥ 《十八大以来重要文献选编》(上),中央文献出版社 2014 年版,第 658—680 页。

通过"农业现代化"与新型工业化、信息化、城镇化形成"四轮驱动",最终实现农民问题的彻底解决。

4. 始终坚持用组织的观点来解决农民问题

"组织起来"这是以毛泽东为代表的第一代中国共产党人在长期革命和实践中得出的经验,也是列宁农民解放思想带来的历史遗产。马克思主义经典作家非常强调合作社这一经济组织在农民组织起来中的重要作用。中国共产党也高度重视把农民组织起来,在不同时期对"组织起来"有不同的思路。综合起来主要有两个方面,一是政治上组织起来,比如组织农会。毛泽东认为,要有大批的同志,立刻下了决心,去做那组织农民的浩大的工作。从他们的痛苦与需要中,引导农民组织起来。[1] 而组织起来的农民协会"惊人的加速度的发展,是所以使一切土豪劣绅贪官污吏孤立,使社会惊为前后两个世界,使农村造成大革命的原因"。[2] 中国共产党通过农民协会、贫农或农民团等群众集体性团体把农民组织起来,提高了农民组织和农民觉悟程度,使农民在各种斗争实践中得到了实践锻炼。二是从经济上把农民组织起来,这就是合作社。中国共产党通过经济手段,走互助合作化道路,把农民组织起来走集体化道路,从经济上消除农民的落后思想,最终实现农民解放。

改革开放以来,由于实行家庭联产承包责任制,打破了长期以来的大锅饭体制,激发了农民的积极性、主动性和创造性,给生产力带来了极大的发展。但是随着市场经济的深度推进以及农村生产力的发展,一些深层次的矛盾逐渐凸显出来,比如单个分散的农民如何应对市场经济的挑战、农村集体经济的弱化、农村基层组织的涣散以及农村基层治理的松散等现象严重影响农民的解放、影响基层的稳定。虽然在组织农民方面做了大量努力,也取得了很多成绩,但还是有很多不足,也不平衡。比如发达地区在组织农民方面下足了功夫,如组织成立大量的农民专业合作社、家庭农场、农业龙头企业等,而且大面积推广"公司+基地+合作社""公司+合作社+家庭农场+农户"等经营模式来组织农民致富。但欠发达地区农民却尚未完全组织起来,还是一盘散沙。因此,在新时期,我们要认真领

---

[1] 《毛泽东文集》第1卷,人民出版社1993年版,第306页。
[2] 《毛泽东选集》第1卷,人民出版社1991年版,第23页。

会列宁关于组织农民的思想实质，总结我党组织农民的经验教训，真正把农民组织起来。一方面，从经济上加快新型合作组织建设步伐，形成更高层次的利益共同体，从根本上改变农民在利益结构、利益博弈和利益分配格局中的弱势地位；另一方面，从政治上来看，充分发挥农村党团组织、妇联组织、各种社会组织的作用，把农民组织起来，维护农民的权益，帮助农民自己解放自己。

5. 始终坚持用教育的观点来促进农民问题的解决

马克思、恩格斯在《共产党宣言》中指出，共产主义革命的本质和原则之一就是"要同传统的观念实行最彻底的决裂"。列宁在多个场合强调，农民觉悟的提高很大程度上决定了俄国大革命的进程和结局。而农民觉悟的提高，必须要开展农民"文化革命"，列宁所指的"文化革命"，本质上就是要做到让农民与传统的自然经济、小农经济以及小资产阶级思想决裂，提高农民文化素质，提高农民的识字水平，才能实现党的政治任务，才能实现农民的解放。对于中国共产党人来说，农民的教育问题同样是一个重大的课题，列宁教育农民的探索和尝试对我们具有非常重要的现实意义。对于中国农民来说，由于其长期生活在小农经济的汪洋大海之中，又缺乏文化教育，具有落后的非无产阶级思想和小农经济意识的根本特点，因此，在中国，"严重的问题是教育农民"。①

如何有效地教育农民呢？根据列宁的思路，我党在实际操作中主要形成了以下基本做法：一是通过经常性的无产阶级意识教育来克服农民思想狭隘的毛病，对农民加以无产阶级思想领导。二是用文化教育工作提高群众的政治和文化的水平。三是教育农民有清楚的、觉醒的、民主的、独立的意识等等。②帮助农民克服保守、求稳和依赖心理，鼓励农民继承和发扬勤勉、节约、团结、协作精神，增强农民的市场竞争意识、自主创新意识、效率意识和法制意识，真正培养教育出有文化、懂技术、会经营、讲文明、守法制的高素质新型农民。四是强调农业人才培养、农民教育的重要性，加大科教兴农的力度。邓小平曾说："将来农业问题的出路，最终

---

① 《毛泽东选集》第 4 卷，人民出版社 1991 年版，第 1477 页。
② 《毛泽东文集》第 3 卷，人民出版社 1996 年版，第 336 页。

要由生物工程来解决，要靠尖端技术。"① 因此，"要大力加强农业科学研究和人才培养"。② 可见，培养农业人才的重要性，一方面，"提高广大农民的科学文化素质，是一项长期的任务，应该从基础抓起，从普及基本知识入手"。③ 另一方面，要结合农村实际，组织农民和农村干部学习农村实用技术以及法律法规等方面的基本知识，树立农民崇尚科学、破除迷信的思想观念。总之，按照列宁提出的思路以及结合中国的实际，让农民逐渐与传统的自然经济、小农经济以及小资产阶级思想决裂，真正走上农民解放的康庄大道。④

6. 在新时代坚持乡村振兴战略，一揽子解决"三农"问题

改革开放以来，我国在解决"三农"问题上，提出过很多举措，取得了诸多成绩，城乡融合是基本思路。与此同时，也存在许多问题：一是城乡二元化格局依旧存在而没得到有效解决。这些差距都体现着我国城乡发展不平衡，不充分的矛盾。二是农村发展不平衡不充分，在农村现代化发展过程中也出现了很多问题，如农村人口老龄化、农村空心化，以及农业边缘化等问题。三是农民对于美好生活的向往和需求不仅仅只需物质层面得到满足，同时还需要精神和身心健康都得到满足，个人需求变得更加多样化；尤其是农民的政治意识逐渐走向现代化，对权利的诉求意识越来越强。为此，党的十九大报告提出了实施乡村振兴战略，希望以此为契机，一揽子解决"三农"问题。乡村振兴战略，不仅成为我国新时代提高农民幸福感，解决农民问题的新的指导纲领，也为解决我国"三农"问题提供新的行动思路。实施乡村振兴战略，可以发展和繁荣农村经济，让农民有体面而稳定的收入；可以让农民生活在优良的生态环境和和谐的政治生活中；可以在农村建设配套的基础设施、完善的社会保障、多彩的文化生活以及便利的公共服务来提升农民的生活品质，来满足农民日益增长的美好生活的需要，让在乡村的广大农民过上有尊严的、富足的生活。因此，乡村振兴战略不仅是满足农业农村现代化的需要，也非常有利于解决我国城乡发展不充分的问题，从而解决新时代我国社会的主要矛盾。

---

① 《邓小平文选》第3卷，人民出版社1993年版，第275页。
② 《邓小平文选》第3卷，人民出版社1993年版，第23页。
③ 江泽民：《中国农民基本常识读本》（序言），中国农业出版社1999年版。
④ 龚上华：《列宁的农民解放思想及其启示》，《马克思主义研究》2017年第6期。

总之，在当今中国，农民解放关系到中国发展的大局，因此，要把农民解放放在全面建成小康社会、加快推进社会主义现代化、实现中华民族伟大复兴的历史任务中去实现。始终把解决好农业农村农民问题作为全党全国工作重中之重，① 遵循农民解放的发展规律，增强忧患意识，全面推行乡村振兴战略，持之以恒强化农业、惠及农村、富裕农民，走一条具有中国特色的农民解放之路，才能最终实现农民解放的历史重任。

（二）创新基层社会治理，加强平安社会建设"大气候"

党的十八大以来，习近平总书记在一系列重要讲话中提出了创新社会治理的新理念新思想新战略，党的十九大报告则从打造共建共治共享的社会治理格局目标层面论述了加强和创新社会治理的具体路径。2018年，中共中央、国务院发出《关于开展扫黑除恶专项斗争的通知》，决定在全国开展扫黑除恶专项斗争。这是积极回应人民群众对美好生活的需要，努力适应社会结构和利益格局变化的必然要求，不断增强广大人民群众的获得感、幸福感、安全感的有效途径，为新时代加强和创新社会治理工作指明了方向。从当前社会治理创新的实践来看，我们亟须正确把握如下八个关键问题，方能更好地促进平安建设工作。②

一是要用现代治理的理念指导实践。习近平总书记在党的十九大报告中指出，"全党必须牢记，为什么人的问题，是检验一个政党、一个政权性质的试金石"。因此，要坚持人人尽责、人人享有，坚守底线、突出重点、完善制度、引导预期，以形成有效的社会治理、良好的社会秩序。而在平安建设中，应当进一步推进治理主体由单一向多元转变；治理手段由传统管理向依法治理转变；治理范围由平面向立体转变；治理模式由分割向系统转变。

二是要用系统性思维加强治理。习近平总书记指出，要健全公共安全、社会治安防控、社会心理服务和社区治理四个体系，这是用系统的方法论创新社会治理的基本要求。因此，在平安建设中，应当注重创新治理机制，从源头上治理，正确处理好前后关系、标本关系、疏堵关系；坚持

---

① 《十八大以来重要文献选编》（上），中央文献出版社2014年版，第93页。
② 龚上华：《创新社会治理加强平安建设》，《中国社会科学报》2018年5月31日。

系统治理，处理好上下协调、左右协调、内外协调关系；坚持综合治理，注重多维视角、多种手段、多管齐下。

三是要用"推动创新＋挖掘资源"的方式提升能力。在平安建设中，要通过充分挖掘大数据和现有的成熟技术来创新社会治理，提升社会治理的能力。同时，要改变某些政府机构和公共部门"不愿""不敢""不会"开放共享数据资源的状况，通过设立专门的数据管理机构来更好地开发和应用大数据。

四是跳出当地，从一个更大的视野来看平安建设工作。我们应从政治意识、大局意识、核心意识、看齐意识出发，以全省、全国甚至全球视野来看待平安建设工作，把平安建设置于中国特色社会主义事业发展全局中来谋划，紧紧围绕"两个一百年"奋斗目标，把人民群众对平安建设的需求作为前进方向，努力解决深层次问题，着力建设平安中国，为人民安居乐业、社会安定有序、国家长治久安保驾护航。

五是超越就事论事的传统思维模式，跳出平安建设的业务看平安工作。我们需要培养全局意识和前瞻思维，尤其是要认真学习国外先进经验以及国内榜样的先进做法。在决胜全面建成小康社会的进程中，我们应从高处、远处着眼，从小处、实处着手，做好平安中国建设工作。

六是在地方层面有效破解联合执法中的突出难题，建立健全平安建设的长效机制。建设平安中国，是一场持久战。要全面深化平安中国建设，关键在于构建长效机制。我们应尽快改进联合执法这种非常态的治理方式，变堵为疏；变被动应付为主动引导；变"人盯人"为信息化管理；变突击行动为建立长效机制。当然，如有必要还需将专项行动、联合执法等形式作为有益补充。

七是形成政府和群众的双向合力，构建群防群治的良好局面。党的十八大以来，我国广泛开展了形式多样的基层民主协商。协商的本质就是有事好商量，就是寻求社区治理的最大公约数。习近平总书记指出："推进基层民主建设是实现政治稳定、社会和谐的重要保证，基层民主越健全，社会就越和谐。要不断创新领导方式和工作方式，综合采用政治、经济、行政、法律和民主协商等多种手段，提高将矛盾化解在基层、消灭在萌芽状态、控制在局部的能力。"在平安建设中，可以通过规范的民主协商制度平台和体制机制，或者基层协同治理，让城乡社区居民等各行为主体个别分散的意见要求得到有组织、有秩序的表达，使社区治理中的一些社会矛盾和问题在现有的体制框架内得以妥善化解，在社会基层实现利益多元化整合，从而形成多元主体围绕实现公共利益而协同共治的局面。

八是增强补短板的意识，攻坚克难不懈怠。我们应当紧紧抓住平安建设中存在的"短板"，如基层基础短板、安全稳定短板、信访维稳短板、共治共享短板、作风稳定短板等，把"短板"作为着力点，做好"防、处、改"文章，啃"硬骨头"、打"攻坚战"，努力取得标本兼治的成效。①

总之，我们应当通过不断创新社会治理来切实加强平安建设各项工作。首先，要认真学习领会习近平新时代中国特色社会主义思想的核心要义，注重理论与实践相结合，既要把握理论上的精神实质，也要探索实践中的创新发展。其次，要更加重视平安建设和社会治理工作。坚持"人人尽责、人人享有，坚守底线、突出重点、完善制度、引导预期"的原则，不断满足人民日益增长的美好生活需要，积极促进社会公平正义，从而形成有效的社会治理、良好的社会秩序。再次，针对当前涉黑涉恶问题新动向，要切实把专项治理和系统治理、综合治理、依法治理、源头治理结合起来，把打击黑恶势力犯罪和反腐败、基层"拍蝇"结合起来，把扫黑除恶和加强基层组织建设结合起来。② 复次，要更加注重破与立的辩证统一。坚持"立足当前，注重长远""凡事预则立，不预则废"的原则，增强忧患意识、风险意识和责任意识，从最坏处准备、作最大努力、争取最好结果，做好平安建设工作。最后，要更加注重平安建设的责任体系建设。坚持"重在平时、重在日常、重在经常"的原则，重点抓好基层基础建设，时刻牢记"基础不牢，地动山摇"，有效防范各种突发事件，降低事故发生率，严厉打击农村各种黑恶势力，为新时代中国特色社会主义发展提供坚强保障。③

（三）完善村民自治，推动中国农民权利的建设

改革开放以来，中国共产党和政府全方位着力加强与推动了中国公民

---

① 龚上华：《创新社会治理加强平安建设》，《中国社会科学报》2018年5月31日。

② 《中共中央、国务院发出关于开展扫黑除恶专项斗争的通知》，http://finance.sina.com.cn/7x24/2018-01-24/doc-ifyqyqni2014514.shtml。

③ 龚上华：《创新社会治理加强平安建设》，《中国社会科学报》2018年5月31日。

权利的建设。农民作为组成中国公民的最大群体，其基本权利发展状况不仅受到党和政府的高度重视，同时也受到世界各国的高度关注。从执政党和政府赋权农民的政策历程来看，中国农民的权利发展经历了一个从中华人民共和国成立以来的由简单到多元、由低层次到高层次、由单一到全方位的发展和深入过程。这个赋权过程大致可以分为四个主要阶段：

（1）起步阶段：以农民的当家作主和政治参与为核心的"赋权"（1949—1978年）

这期间，中国农民的"赋权"特征，主要是靠执政党与政府的外在推动与行政指导，以群众性政治运动模式，来领导农民实行政治行动和利益诉求。这种农民政治参与模式，以人民公社制度为平台，主要是为了保障党和政府对广大农村实施有效与稳定的控制，与农民内在的自主性的各项权利诉求仍然存在一定的距离。广大农民在人民公社制度下的政治生活，主要体现为不停地参加各种政治运动，是一种典型的运动式的"政治卷入"。其权利发展与获取模式具有灌输式和教育式特点。

（2）强化阶段：以"放权"给农民，发挥农民的主体性为核心的"赋权"（1978—1998年）

这期间，中国的公民赋权运动首先在广阔的农村社会进行拓展，使农民政治参与的形态、动机及效应等和传统相比发生了根本性的变化，并对中国公民权利的发展也产生了深远的影响。在这一历程中，发生了两大具有深远的决定性意义的变革：一是废除人民公社制度，实施村民委员会。广大农村民主自治获得了快速发展，到1992年全国各地都实行了基层民主选举，这对广大农民的权利发展起到了巨大的推动作用。二是确立家庭联产承包责任制，推动农村市场经济的发展。从20世纪80年代初家庭联产承包责任制度实行以来，农民有了生产经营自主权和对劳动产品、劳动力自由支配的权利，农民的生产资料和生活资料有了最基本的保障，减少了对国家和集体的依附，从而增强了农民行为与思想的自由，农民的公民意识也逐渐得到了加强。

（3）税费改革阶段：以"减负"和"让利"给农民，突出农民的民主诉求为核心的"赋权"（1998—2008年）

改革开放以来，虽然农民在权利发展方面取得了重大进展，但是在获取权利的同时，农民也背负了沉重的负担，各种税收压在农民身上，使农民很难在经济上实现真正的富有,更谈不上在政治方面发挥主人翁的主体作用。因此,减轻农民负担就日益凸显了其重要地位,"减轻农民负担不单纯是经济问题,而且是政治问题"。在这一阶段,党和政府一直清醒地认识到农民减负这个重大问题,通过长期酝酿,并深入实际尝试解决这个问题,做出了一系列重大的决策。

从1990年到1993年,再到1998年,赋权的工作重心已由初期的治乱减负转向农村税费改革。改革的主要内容集中在取消行政事业性收费和政府性基金、集资,取消屠宰税;调整农业税和农业特产税政策;改革村提留征收使用办法;等等。2005年12月29日,第十届全国人大常委会第十九次会议决定,废止《中华人民共和国农业税条例》,标志着我国存在了二千六百多年的"皇粮国税"退出历史舞台。2006年又停征了除烟叶税外的农林特产税,废止了《屠宰税暂行条例》,从而为农村税费改革画上了一个圆满的句号。

总的来看,这一时期,通过清理和废除乱收费、取消了农业特产税、牧业税、屠宰税、牲畜交易税以及农业税等税负,"农民的负担成为新中国历史上最轻的时期,也是中国几千年历史上最轻的时期"。这些重大方针政策从根本上卸下了农民的经济包袱,同时提高了农民投身农业生产的积极性。以农业税取消为标志的农村税费改革,在新中国历史上,可以说是继土地改革、家庭联产承包责任制之后的农村"第三次革命"。

(4)综合改革阶段:以给农民提供全方位"服务"为核心的"赋权"(2008年至今)

随着改革发展的推进,城乡二元结构体制对农民各项权利产生的消极影响越来越大。农民生产经营的自由受到各种权利匮乏的制约。最为关键的是农民缺乏主体意识,对承包土地缺乏支配权,在市场竞争中缺乏平等权,对公共物品缺乏享有权,从而严重影响农村稳定这个大局。因此,新一轮农村改革必须破除二元结构,为农民提供全方位服务,赋权于农民。

党的十七届三中全会以"加快形成城乡经济社会发展一体化新格局"为根本目标来推进农村改革发展,体现了"赋权于农民"的基本精神。一是赋予农民拥有承包土地相应的合法财产权。二是赋予农民享有市场参与的公平竞争权。三是赋予农民享有金融资源信用权。四是赋予农民空间权利。五是赋予农民平等的自治权。

党的十八届三中全会全面深化了农村改革的重大决策，进一步突出构建新型工农城乡关系，以服务于民。其赋权于农民的思想主要体现在：一是进一步明晰农民享有承包地权利的清单。二是赋予农民更多财产权利。三是进一步推进农民生产要素权益公平分享权。四是破除城乡二元结构，切实保障农民的权益。五是进一步拓展农民参与社会管理的权利。

从这一时期两次三中全会的精神实质来看，两个关键词就是"赋权"与"服务"，即从根本上破除城乡分割的二元结构，促进城乡发展一体化，深入解决农村上层建筑中不适应生产力发展的、与现实发展相背离的一些深层次问题，同时对新时期政府赋权式治理创新提出了更高的要求，可以这么说，这是一次重大的制度创新和社会变革，其影响深远，任重道远。

在这个权利变迁过程中，对农民赋权的政策实施与农民权利的获得主要体现在以下几个方面：

一是废除人民公社制度，推进村民自治发展。在人类历史的发展过程中，当社会发展需要制度创新时，往往是生活在基层的民众最早感受到这种迫切的需要。制度创新的最初蓝图也往往产生于基层实践者的行动中。在农村推行家庭联产承包责任制不久，农民就充分发挥创造性精神，创造了自己管理本村公共事务的组织形式——村民委员会。随后这种新的基层民主自治形式，很快在全国各地引起反响和得到推广。党不仅认可了农民的这种创造性，给予其大力肯定、支持和推动，如彭真在当年全国人大常委会审议《村民委员会组织法》时曾经高度评价过基层民主的创新，而且还把这种新形式纳入《中华人民共和国村民委员会组织法（试行）》以推动其发展。至此，中国农村"乡政村治"格局开始出现，农民也因此获得了更多的自主权、自由权和自治权，在中国历史上第一次实现了多数村民自主治理与国家法制保障的有效结合。

二是农民恢复与获得完整选举权利。早在1953年，中国政府公布施行《中华人民共和国全国人民代表大会及地方各级人民代表大会选举法》。其中第20条规定："各省应选全国人民代表大会代表的名额，按人口每80万人选代表1人"，"中央直辖市和人口在50万以上的省辖工业市应选全国人民代表大会代表的名额，按人口每10万人选代表1人。"这种城乡选举不平等自此以法的形式出现，1979年虽然对我国选举制度做出一定的调整，但是未从根本上改变农民应然的选举权利。此后，中国的选举法又经过了1982年、1986年、1995年和2004年的4次修改，但仍然没有跟上时代发展的节奏；期间，虽然农民的选举权利得到了明显的提升和保障，但是并没有从根本上给予解决。2007年10月，党的十七大报告明确提出，"建议逐步实行城乡按相同人口比例选举人大代表"，这一重大决策宣告赋权农民的时代真正到来。随后，全国人大常委会广泛深入调研选举法的修改，并于2010年3月14日，正式通过"按照每一代表所代表的城乡人口数相同的原则"选举人大代表的规定。至此，城乡居民选举中的"同票同权"才真正取得成功，中国农民才算真正获得了完整的选举权。

三是破除城乡二元结构，建立统筹城乡发展的制度。中华人民共和国成立之后，我国逐步建立了一套城乡分割的二元体制。这种体制，几十年来逐步固定化，加上有户籍、身份作为划分标准，逐渐形成了"城乡分治、一国两策"的格局。多项城乡分割制度，主要有户籍制度、粮油供给制度、副食品供给制度、燃料供给制度、住宅制度等14项，这些制度的制定和实施一方面出于社会治理和社会稳定的需要，另一方面也是为了对城乡人口加以有效管理。这种通过户籍制度来管控的方式既强化了国家的治理能力又进一步固化了这种二元结构，这样，农民就被限制在封闭和固定的空间形态中，处于排斥性、分割性和隔离性状态。户籍制度被政治化和权力化，造成了城乡空间发展的失衡，加剧了政治的不平等。在新时期，全面深化改革的推进，城乡统筹、农业现代化、新型城镇化等一系列重大战略的推行，对农民来说是一系列重大利好，党和政府高屋建瓴，统筹发展，不遗余力地打破现行的城乡分割体制，从根本上破除二元结构，实现一体化，从而在制度上赋予农民以平等民权。①

（四）全面推进农村社区协商制度化、规范化、程序化

协商本意就是共同商量，当事人双方在发生争议后直接进行磋商，以便自行解决纠纷。作为政治学领域的一个重要研究主题，协商民主近年来越来越受到国内外学者的关注和认同。西方话语体系中的协商民主理论由于强调人民主权、增进共识、妥协包容、辩论说理以及关注公共利益，这契合了中国的议事协商传统，又与党所开创的政治协商制度有很强的共通

---

① 龚上华：《农民赋权：政策历程、效度分析与思路选择》，《科学社会主义》2017年第1期。

性。习近平总书记在党的十九大报告中指出:"有事好商量,众人的事情由众人商量,是人民民主的真谛。"基层"社会中广泛存在的非正式渠道,促进了商谈和私下的利益联盟产生,这成为稳定变革所依赖的社会支撑资源。"[①]

为解决农村基层民主和基层治理问题,党和政府希望借助协商民主来规范和改善农村已有民主形式,从而使协商民主真正成为群众路线的实践形态。在 2007 年 11 月,《中国的政党制度》白皮书指出,"选举民主与协商民主相结合,是中国社会主义民主的一大特点",[②] 第一次明确提出了协商民主的概念。此后,党和政府对协商民主的本质特征及纳入基层社会治理提出了相应的思路。

首先,指明了协商民主制度的地位和作用。党的十八大报告指出,"健全社会主义协商民主制度"[③],明确指出这一制度是我国人民民主的重要形式,是坚持走中国特色社会主义政治发展道路和推进政治体制改革的重要组成部分,可以说,这是党的文件首次正式接纳这一说法。十八届三中全会再次明确指出,"协商民主是我国社会主义民主政治的特有形式和独特优势,是党的群众路线在政治领域的重要体现"。[④]

其次,提出要推进协商民主广泛多层制度化发展的思路。党的十八大报告指出,完善协商民主制度和工作机制,推进协商民主广泛、多层、制度化发展,就经济社会发展重大问题和涉及群众切身利益的实际问题广泛协商。十八届三中全会再次强调要开展形式多样的基层民主协商,推进城乡社区治理、基层公共事务和公益事业等领域的协商制度化。党的十九大报告进一步指出,"推动社会治理重心向基层下移"[⑤],加强协商民主制度建设,形成完整的制度程序和参与实践,保证人民在日常政治生活中有广泛持续深入参与的权利。

---

① 张静:《社会变革与政治社会学——中国经验为转型理论提供了什么》,《浙江社会科学》2018 年第 9 期。
② 《中国的政党制度》白皮书,http://news.xinhuanet.com/photo/2007 - 11/15/content_7080802.htm.
③ 《十八大以来重要文献选编》(上),中央文献出版社 2014 年版,第 21 页。
④ 《十八大以来重要文献选编》(上),中央文献出版社 2014 年版,第 527—528 页。
⑤ 习近平:《决胜全面建成小康社会 夺取新时代中国特色社会主义伟大胜利——在中国共产党第十九次全国代表大会上的报告》,《党建》2017 年第 11 期。

党的十八大以来，习近平总书记提出"社会治理的重心必须落到城乡社区"；2015 年，中办、国办印发《关于深入推进农村社区建设试点工作的指导意见》，明确指出："依托村民会议、村民代表会议等载体，广泛开展形式多样的农村社区协商，探索村民议事会、村民理事会等协商形式，探索村民小组协商和管理的有效方式，逐步实现基层协商经常化、规范化、制度化。"[①] 同年 7 月，中办、国办印发《关于加强城乡社区协商的意见》，明确了城乡社区协商的重要地位和作用。[②] 2016 年，民政部发布《关于深入推进城乡社区协商工作的通知》，要求将城乡社区协商贯穿于基层群众自治全过程，扎实推进城乡社区协商制度化、规范化、程序化。可见，基层协商治理已成为新时期我党治国理政一项新的制度安排，也成为摆脱农村基层民主政治建设现实困境的有效路径。

二 新时期有效应对农民政治意识分化的治理创新具体路径

（一）善政为怀，增能增效，强化认同

1. 创新基层治理体制机制

党的十八大报告提出："积极开展基层民主协商……健全充满活力的基层群众自治机制……保障人民享有更多更切实的民主权利。"党的十九大报告提出："打造共建共治共享的社会治理格局。"在建设精神富有社会进程中，要按照服务型、法治型、责任型、廉洁型政府的目标，不断提高基层治理机制的效果，最终实现政府廉洁高效，决策科学民主，权力运行透明，服务优质便捷，干部清正廉洁。

首先，要完善科学民主决策机制。树立科学民主决策，使之成为基层治理的基本理念。不断完善科学的民主决策制度和机制，如健全社情民意的反映制度、重大事项公示制度、社会听证制度、专家咨询制度以及重大决策的论证制度等等，最终实现决策科学化、民主化和法治化。

---

① 《中办、国办印发〈关于深入推进农村社区建设试点工作的指导意见〉》，《解放军报》2015 年 6 月 1 日。

② 《中办、国办印发〈关于加强城乡社区协商的意见〉》，《人民日报》2015 年 7 月 23 日。

其次，深化行政审批制度改革。加快建设法治政府，全面推进依法行政，进一步简政放权、转变职能，加强行政复议工作，强化行政问责，不断增强政府公信力和执行力。深化行政审批制度改革，是深化行政体制改革和制度建设的重中之重。

深化行政审批制度改革，就是一种还权于民、服务于民的决策和措施。对于加快转变政府职能，建设服务型政府，预防腐败，具有重要意义。行政审批制度改革，其实是政府在革自己的命，是自我限权，自我规范，自我完善，这是一种执政的智慧，同时也是一种执政的勇气。长期以来，"门难进，脸难看，事难办"成了政府行政机关的一大诟病，很多地方办事效率低下，服务态度极差，发展环境极坏，严重影响了党委政府的形象，损害了企业和民众的合法权益，制约了经济社会又好又快发展。因此，行政审批制度改革还有深化的必要，要不断深化"最多跑一次"改革，打造服务型政府，建设人民满意政府，没有最好，只有更好。

最后，健全行政执法体制机制。深化行政执法体制改革。深化行政执法体制改革的总体要求：一是划分清楚中央和地方政府的事权，也就是说条块关系顺畅，上下不重复。二是设立比较合理的行政管理体制。三是创新社会管理，推进社会监督。要适当下移执法重心，从源头上解决多头执法、多层执法和不执法、乱执法问题，减少行政执法摩擦、堵塞行政执法漏洞、解决行政执法争议。要探索开展相对集中行政许可权工作，为改革和创新行政许可制度积累实践经验。加快行政执法信息化建设，推行执法流程网上管理，逐步实现政府部门之间的信息互通和资源共享，整合行政执法资源，提高行政执法效能。深化和完善各项制度，特别是行政执法考核评议制度，对行政执法人员的执法情况进行评议、考核，结果要向社会公布，并作为行政执法人员奖惩、晋升的重要依据。完善行政执法调查取证制度，对调查取证的主体、手段、方式和程序等进行细化，杜绝违法取证行为。积极做好细化、量化行政处罚自由裁量权工作，加强监督检查，严格规范行政处罚自由裁量权的行使。规范行政执法案卷，推行行政执法案卷评查制度。

2. 提升基层治理效能绩效

治理的目的是在各种不同关系处置区域中运用权力去引导、控制和规范公民、企业、第三部门的各种活动，以最大限度地增进公共利益，同时不损害参与各方已有的利益,即实现基层管理的帕累托最优。治理绩效通常是指政府行使各项职能的绩效表现。地方政府治理绩效,是指各级地方政府在管理社会公共事务、提供公共服务过程中所取得的成绩和效益。适应社会公共需求变化,改革和创新地方政府治理,提高地方政府治理能力,改善地方政府绩效,是实现精神富有社会的关键。总之,当政府成为负责任的透明政府,当公民学会了理性表达诉求,政府与公民之间才可能建立起良性互动机制,人民才能享有更多更切实的民主权利,良好社会的基层治理目标才能真正达到。

3. 强化反邪正信建设,夯实农村信仰建设

首先,把农村反邪正信建设纳入社会治理的框架体系中来,从民生和"智治"角度来加以治理。作为发达地区的长三角已经从以经济建设为中心转向以改善民生为中心,政府工作的重点已经从推动经济发展转向社会管理和公共服务。因此,我们要把农村反邪正信建设从思想建设的维度转化为综合治理的维度,要把农村反邪正信建设纳入社会治理的框架体系中来,从民生角度来加以治理。一是要牢固确立农村反邪正信建设的关键在于为人民服务,只有通过尊重和保障公民的合法权益,体现农民的愿望和意志,充分依靠农民的广泛参与,才能做好农村反邪正信建设的长效发展。二是大力创新"智治",提升基层社会治理的专业能力。坚持点线面结合、打防管控结合、网上网下结合,建成立体化社会治安防控系统。以六和塔为基础,整合农村反邪正信建设中的各类信息资源,建立信息汇总分流、矛盾排查分析研判机制,切实提高农村反邪正信建设纳入基层社会治理的智能化、专业化水平。三是发挥广播、手机短信、微信公众号、宣传栏等平台的优势,将《"反邪"警示教育宣讲提纲》等反邪教宣传深入社区、村,宣传到每一个家庭。

其次,把农村反邪正信建设纳入法治的框架体系中来,从法治角度来加以治理。法治是社会有序运行的根本保障。社会公众对法律忠诚的信仰是建设法治国家的要件之一,也是现代法治精神的内核。只有强化依法治村,农村的政治生活才能走上正轨,农民的信仰才能有依托。为此:一是完善依法治村规范体系,制定一套反映社会关系及其发展规律的法制制度体系。强化法律在维护农民权益、规范市场运行、农业支持保护、生态环境治理、化解农村社会矛盾等方面的权威地位。继续强化《浙江省村级组

织工作规则（试行）》和《浙江省村务监督委员会工作规程（试行）》等，为农村基层运行走向有轨可循的法制化轨道提供了保障。全面推行村党组织主导的村务联席会议制度和"五议两公开"制度，确保民主决策和民主管理的有效落实。二是做好村社普法宣传工作，提升村民的法律意识。通过农村社区开展普法教育宣传工作，树立法律权威，为基层稳定提供法治环境。广大乡村要加大农村普法力度，提高农民法治素养，引导广大农民增强尊法学法守法用法意识。三是以《宗教事务条例》《浙江省人民政府办公厅关于加强民间信仰事务管理的意见》为准绳，将民间信仰与其他宗教平等对待，保护合法的宗教活动与民间信仰组织的合法行为，打击非法的民间信仰组织和邪教组织。四是增强基层干部法治观念、法治为民意识，将政府涉农各项工作纳入法制化轨道。五是深入推进综合行政执法改革向基层延伸，创新监管方式，推动执法队伍整合、执法力量下沉，提高执法能力和水平。

最后，整合农村文化礼堂资源，打造"无邪"宣传阵地建设。农村文化礼堂是农村思想文化的阵地，也是打造群众"精神家园"的重要载体，积极利用文化礼堂传播精神文明优势，大力弘扬社会正能量，构建反邪新阵地。一是从反邪层面来看，强化"三整合"。其一，整合文化礼堂为反邪教展示平台，设置"反邪"宣传栏。其二，整合文化礼堂为反邪警示教育基地，在"文化礼堂"书屋中设立反邪教书本专柜，摆放反邪拒邪、揭批邪教、科学健身、科学信仰等方面书籍读本，提供反邪教漫画图册、揭批"全能神"宣传教育资源包和《警钟》等专刊。开展远程教育，通过全国党员干部现代远程教育专用频道"远教大讲堂"和中国"反邪"网、凯风网、钱江潮网等反邪教民间网站等资源，提升基层党员和群众反邪知识和国家政策水平。其三，整合文化礼堂开展反邪教系列活动。借助文化礼堂资源，因势利导，顺势推动，将系列反邪教内容融入文化礼堂的建设与活动开展中，围绕村里"五水共治""三改一拆""精准扶贫""美丽庭院"等中心工作，与基层党建、法治教育，以及人文关怀等活动内容相互融合，相互促进，相互发展，发挥综合性作用，进一步提高干部群众对邪教组织的警惕性、鉴别力和防范能力。二是从正信层面来看，要把握"四落实"。其一，要落实继续坚持把培育和践行社会主义核心价值观融入设施建设、宣传教育、氛围营造等各个环节，大力推动"三个倡导"和当代浙江人共同价值观上墙入室，着力在落细、落小、落实上下功夫，通过传承优秀传统文化，潜移默化的传播核心价值观理念，进而引导村民思想和行为向上向善。其二，要落实将市、县、镇三级的宣讲员队伍整合成"讲师库"，按需求配送，点对点服务，以知识讲座、政策咨询、微党课等形式，主动给各农村文化礼堂送先进思想和政策解读。其三，要落实广泛开展各类村级"最美人物"评选，构建村级"美德档案"体系，健全"美德档案"搜集、上报、宣传、展示机制，引领村民群众崇德向善、争做"最美"。其四，要落实深入开展道德评议活动，完善评议标准，充实评议内容，健全评议机制，启发村民自我监督、自我教育，培树文明乡风。通过组织开展丰富多彩、富有地域特色的文化活动，吸引更多的群众参与，培育家国情怀，真正实现自觉抵制不良思想的渗透，树立正确的信仰，巩固党在基层农村的执政基础，促进农村和谐稳定发展。

（二）法治为本，赋权赋能，夯实基础

1. 加快推进农村法治建设

农民法治意识提升是个重大的系统工程，其目标是弘扬社会主义法治精神，建设社会主义农村法治文化，增强农民厉行法治的积极性和主动性，推进法治农村建设，使农民成为社会主义法治的忠实崇尚者、自觉遵守者、坚定捍卫者，这既是农民法治意识提升的内在要求和逻辑归宿，也是引领农村法治建设走向的风向标。基于上述问题，我们认为，应在国家加强和推进农村法治建设的基础上，加强法律和法治宣传与教育，强化人们的知法、守法、用法意识；强化农村法治实践，重点推动农民权利保护的立法工作，处理好权利与义务的平衡问题，以及发展法律援助制度，降低法律运用成本，增强农民对法治化解决方式的亲近性。具体来看：

（1）加强农村法治教育与宣传

加强法律和法治宣传与教育，从机制、渠道和内容等方面着手，强化农民的知法、守法、用法意识。

一是完善农村普法宣教责任制。建立健全完善的网格化的多中心普法责任制，首先，建立专业人员等以案释法制度，加强农村普法讲师团、农村普法志愿者队伍建设，使农村普法有专业队伍的支持与帮助。其次，强化各类媒体普法责任和功能，健全媒体公益普法制度，加强新媒体新技术在普法中的运用，提高普法实效。最后，把法治教育纳入精神文明创建内容，开展群众性法治文化活动。

二是拓宽农村法治教育与宣传的渠道。习近平总书记说过，"要深入开展法制宣传教育，弘扬社会主义法治精神，引导群众遇事找法、解决问题靠法。"[1] 农村普法由政府主导，各级组织积极响应，采用福利引导型模式，即国家组织人员、资金开展普法，调动农民的学法积极性，引导农民逐渐地学会依法规范自己的生产生活，农民的法治观念与时俱进。这种模式在全国一般有三种类型：[2] "面对面型"是司法行政部门及相关部门组织人员到乡村向农民面对面地普及法律知识，包括到村子里或集市上发放普法资料，进行法律咨询，举办法律讲座，个别地区还组织带有法制内容的戏曲歌舞表演。"媒体渗透型"是通过电视、广播、报纸、杂志等大众传播媒介传播法律信息，主要是以案说法、新闻调查、解释新法等形式，缩短乡村与外界的时空和心理距离，潜移默化地促使农民变革思维和行为方式，最终使法治成为他们的一种生活方式。如今的媒体渗透已出现了农民由过去的被动学法向潜移默化、甚至主动学法的转变。"代理人型"是培养乡土普法宣传员，充分发挥示范作用。这些长在农村的"土著"法律工作者最了解农民的需要，具有解决农民纠纷的丰富经验，表达方式也易于为农民所接受。他们通过广播、放映电影、张贴墙报、编唱地方戏等方式宣讲法律知识，更贴近农民。[3] 送法下乡可以说是法制教育，但农民不能只靠这一种形式，更多时候要靠自己主动接受法制教育，比如收看《焦点访谈》《法治在线》等一些电视节目，购买并阅读法治类的报纸、杂志等，还可以在网上接受法制教育。此外，学校法制教育也是很重要的，村里会应村民需要邀请学校老师、法律机关人员到村里进行法制教育。

三是拓展农村法治教育与宣传的内容。从内容上来看，学习宣传与群众生产生活密切相关的法律法规，提高农民安全生产意识和保护劳动者合法权益意识；学习宣传经济社会发展的相关法律法规；学习和了解社会主义市场经济法律体系，契约自由、公平竞争、诚实信用等市场经济基本法

---

[1] 《十八大以来重要文献选编》（上），中央文献出版社2014年版，第722页。
[2] 郑欣：《乡村政治中的博弈生存》，中国社会科学出版社2005年版，第202页。
[3] 吕艳利：《乡村普法模式之探讨》，《法制日报》2001年2月18日。

律原则和制度，促进村民依法生产经营和管理；学习宣传通过法律途径、运用法律手段进行村庄管理和公共服务，积极学习人口、资源、环境、公共卫生、文化、体育等方面的法律法规；学习宣传维护农村社会和谐稳定、促进社会公平正义的相关法律法规，提升农民依法参与村庄事务的管理的积极性和主动性。

（2）强化农村法治实践与落地

法治意识的提升既是一个系统工程，更是一个实践性很强的工程。提升农民的法治意识不应仅仅停留在宣传教育层面，更重要的是强化农村法治实践。

一是扩大农民有序参与法治实践，提升农民法治意识。政治参与农民的法治实践，有利于巩固和丰富农民的法治思想。农民通过政治参与法治实践尤其是村民自治，能够获取大量的与村民自治相互关联的知识、技能和经验。在参与实践中，农民对权利义务以及相关的法律要求有较深刻的理解，不仅获取了知识，而且形成某种技能，积累相关经验，提升农民自身的法治素养，增强政治责任感。

二是推动农民权利保护的立法工作，处理好权利与义务的平衡问题。要真正提升农民的法治意识，其根本途径之一就在于保护好农民的权益，使农民在维权中能得到平等的公正的待遇。因此，必须推动农民权利保护的立法工作，处理好权利与义务的平衡问题，让农民利益保护上升到国家层面的保护，才能真正维护农民利益。

三是出台法治为民办实事工作规则，建立健全农村公共法律服务体系，推进法治农村建设。其一，出台法治为民办实事工作规则，确保每年落实一批农村法治实事项目。比如说落实农村司法救助制度、加强农村法律援助窗口建设、认真解决农村执行难问题、实施"基层法治文化阵地建设示范工程"等与农民需求一致的法治惠民实事项目，推动农村法治建设实践更加生动直观，提升农民对法治建设的满意度以及认可度。其二，建立健全农村公共法律服务体系，夯实农村法治基础。一方面，建立市法律服务中心，健全区、县（市）司法行政法律服务中心，推动村（社区）法律顾问全覆盖，加快形成覆盖城乡、资源整合、规范便捷、保障有力的公共法律服务体系，深化"律师进社区（村）"，推行"律师进重点项目"。另一方面，完善法律援助机制，发展法律援助制度，扩大法律援助范围，降低法律运用成本,增强农民对法治化在解决与农民相关的纠纷中的作用,圆满解决农民之间的冲突纠纷,提升农民的法治意识。

2. 构建适配农民赋权体系

赋权式治理其实质涉及农民权利如何获得的问题。从本质上来看,农民权利争取过程就是行政赋权的过程,也是党的赋权式治理的基本特色,虽然农民获取了相当的权利,但农民通常是处于被动和从属状态,行政赋权不是源于农民自我规定性的权利意识,因而最终难以保障农民完成向现代性的转变;虽然赋权进程中也有若干法治赋权,但法治赋权在现实中尚未得到更多重视,而在法治赋权的制度结构中,就是用法律来赋权农民并给予制度化支持。因此,进一步推进对农民的法治赋权行为,加强科学有效的机制,把对农民的行政赋权和法治赋权结合好,推动农民权利发展,成为新时期农民赋权的基本目标所在。

农民赋权本质上是通过执政党和政府赋权农民以改变原有不合理、不平等或者不合时宜的结构和关系,来达到一种全新的平衡,在赋权过程中,农民积极参与到赋权中来,提升了农民参与公共事务的能力,也促进了农民意识的觉醒。近年来,社会主义新农村建设和城乡统筹发展,实质上就是广大农民的各项基本权利和自由不断得到尊重、保障和实现的过程。当前,中国已经进入社会转型发展和全面深化改革的关键时期。中国社会转型的一个重要任务是破解城乡二元的社会结构,在我国社会的转型过程中,公民权问题日益突出,尤其是占我国人口大多数的农民权益问题更是重中之重。解决农民的权益问题关键在于赋权。赋权就是要赋予农民完整的权利。其中主要包括以下几大方面:一是政治权利。赋予农民平等权、自由权、参政权、自治权以及表决权,确保农民有权利、有机会、有渠道充分地表达自己的意愿。二是农民的经济权利。积极为农民提供基本医疗、养老等社保权利,享有教育权利、财产权利、土地权益、房产权益以及市场参与的自主权利。三是农民的自由权。赋予农民自由迁徙和自由择业的权利,保障农民在就业服务与培训、基础教育、社会福利、医疗保险、住房等方面与城市市民拥有同等权利。通过赋权,进一步破解城乡二元的社会结构,促进农民权益问题的有效解决。①

---

① 龚上华:《农民赋权:政策历程、效度分析与思路选择》,《科学社会主义》2017年第1期。

要与时俱进地推动更为合理的农民赋权体系，自觉应对一系列变革对农民赋权的影响，从根本上确保农村和谐稳定。

一是从"单方面赋权"提升到"参与式赋权"。从赋权的理念上来看，要从"单方面赋权"提升到"参与式赋权"。所谓"单方面赋权"就是指那种运动式赋权，并非充分考量农民利益以及农民主体性地位而言的赋权。所谓"参与式赋权"强调的是尊重农民的主体性地位，充分考量农民利益的赋权。因此，其一，要改变长期以来把农民置于边缘的趋势，将其纳入中心体系来考量；其二，改变长期以来那种农民被动赋权到充分发挥农民主体性作用上来，让农民参与到村庄治理中来的赋权，唯有如此，才能真正实现农村善治。

二是从"有限赋权"提升到"全面赋权"。从赋权的内容上来看，要从"有限赋权"提升到"全面赋权"。作为弱势群体的农民，由于历史的原因，农民的权利并未得到完全保障。从前文赋权政策实施历程来看，基本上可以称为"有限赋权"，在统筹城乡发展的新时期，我们应该提升到"全面赋权"，亦即全面保障农民的合法权益。具体来看：其一，应在宪法中确认公民的知情权、参与权和表达权，并相应制定一系列法律法规切实保障民众基本权利的实现；其二，要进一步推动农民的民主选举、民主决策、民主管理、民主监督等各项制度，充实和完善农民的赋权体系；其三，除土地财产权、公共产品享有权、空间权以及户籍、教育、文化、卫生、医疗、就业、社会保障等权利以外，还要赋予农民话语权、信息权等新式权利，真正赋予农民主体性权利。

三是从"行政赋权"提升到"法治赋权"。从赋权的方式上看，要从"行政赋权"提升到"法治赋权"。从农民赋权的政策历程来看，党和政府基本采用的是行政赋权的途径和手段，行政赋权更多的是应对性管理。但行政赋权本身存在缺陷，如以权制权、信息不对称等，对于农民来说，农民权益可能还是得不到有效保护。因此，为了形成农民赋权的常态性、长效性和可持续性，为了农民权利能得到切实有效的保护，有必要适度减少行政赋权，增强对农民的法治赋权，实现赋权与治权的对接。

四是实现赋权与治权的实效对接。从赋权的机制和保障上来看，要充分实现赋权与治权的对接，实现赋权的"名"副其"实"，避免各种涉农侵害事件发生，维护农民利益，促进农村稳定。具体来看，其一，应在制度上确保政府各种事务，尤其涉及农民利益的事务公开，使农民能够及时掌握与之利益密切相关的政府决策信息；[①] 其二，应确立农民的利益表达机制，使普通农民也有制度化的渠道表达自己的利益诉求；其三，建立农地产权的确权机制以及激励机制，合理划分国家、集体、农民个体之间的权益边界，促进农地资源的优化配置，从源头上消解农地产权的矛盾；其四，应建立利益协商与谈判机制，使农村各利益集团能够协商化解集团之间的利益矛盾和利益冲突，最大限度地保持社会稳定；其五，党和政府要加强和培育农民的自我管理、自我教育和自我发展行为，在这个过程中要正确引导，"重要的是教育农民和引导农民"，[②] 不强制、不压制、不包办、不代办，突出农民的主体性、自觉性，让农民由单纯被动的旁观群体转变为积极参与的主体，以推动农民的赋权与治权的和谐发展。[③]

（三）需求为导，扩大参与，提升素养

党的十八大报告指出："要健全基层党组织领导的充满活力的基层群众自治机制，以扩大有序参与、推进信息公开、加强议事协商、强化权力监督为重点，拓宽范围和途径，丰富内容和形式，保障人民享有更多更切实的民主权利。"中央一号文件也指出，"要引导发挥村民民主协商在乡村治理中的积极作用。"可见，建设和谐包容、精神富有的农村社会，必须提高农民权利意识，推进民主精神普及，不断健全村民自治制度，使农民在民主政治中增强参与素养，进而促进农村社会的和谐有序发展。

1. 在民主政治中提升参与素养

公民的广泛参与是政治现代化的重要因素，公民参与的成功与否不仅依赖于政府机构的回应能力，还取决于公民的参与素养和水平。基于此，要做好以下四个方面的工作：（1）提升农民政治参与意识，让农民充分认识到参与对于维护自身合法权利的重要性，增强参与的自觉性和主动性；（2）培育农民政治参与的理性，使农民学会适应公共生活，提高参与技

[①] 龚上华：《促进农民权利发展的制度选择》，《浙江大学学报》（人文社会科学版）2014年第3期。

[②] 张乐天：《公社制度终结后的农村政治与经济——浙北农村调查引发的思考》，《战略与管理》1997年第1期。

[③] 龚上华：《农民赋权：政策历程、效度分析与思路选择》，《科学社会主义》2017年第1期。

巧，积累参与经验，发展参与能力；（3）提升农民政治参与的能力，从而促进农民为实现自己的利益与权利做出自主理性的抉择；（4）培育农民政治参与的文化，通过参与唤醒农民的权利意识和民主意识，培养农民的公共合作精神，增进农民的政治认同。总之，通过从低层次意识到次低层次的理性，再到中层次的能力，最后到高层次的文化，逐级打造，不断培育，从而把农民锻造成现代公民。

2. 在民主选举中培育选举素质

选举权是宪法赋予每个公民的基本政治权利，参与选举活动是民主政治建设的有效途径。民主政治建设是一个逐渐发育成熟的过程，民主经验必须通过选民的亲身参与才能得到累积。农村直接选举活动就是一个生动活泼的大课堂，农民通过参与选举活动可以知晓规范选举的基本程序，可以在选举实践中得到学习和锻炼，明确自身的地位和作用，提升分析和判断政治现象、政治问题的能力，增强政治参与意识，从而积极地参政议政。

3. 在民主决策中提高决策水平

决策民主是民主政治的关键和核心，决策是否科学化、民主化和法治化是检验民主政治建设成熟度的重要标准。农村公共政策的制定本质上是利益分配和调整的过程，如果利益分配不公正，必然导致矛盾和冲突，损害公共权威的合法性，威胁农村社会的公共秩序。农民既是决策的客体，也是决策的主体，农民借助村民自治这一法定平台，积极参与农村公共事务管理，直接见证民主决策过程和表达自身意愿，既能提升农民个体的参与决策能力，也能直观理解决策内容，促进决策的正确选择和有效实施，从而确保农村民主治理的有序发展。

4. 在民主管理中增强治理能力

民主治理是治理者在"民主、公平、公开"的原则下，科学地将治理思想进行传播，协调各组织各种行为从而达到治理目的的一种管理方法，也是公民参与政府事务的一种治理方法。实践中增强治理能力要做到以下几点：一是增强农民的民主治理意识。农民作为治理的参与人，必须不断增强民主治理意识，充分发挥自身的积极性、主动性和创造性。二是实现民主治理的良性互动。基层政府能否与民间进行良性互动，实现对民意的尊重，体现对民生的关切，关系到基层政府施政的民意基础是否坚实，进而关系到能否提高管理能力,从而在根本上关系到民主治理能否坚持和完善。三是提升民主治理能力。随着治理的深入,政府与社会事务存在日益专业化的趋势,对基层治理者方方面面的知识要求越来越高,为此,农民必须在民主治理中虚心学习,不断在民主管理中提升治理能力。治理能力不是与生俱来的,必须在民主管理实践中不断增强。

5. 在民主监督中提高监督质量

农村基层民主监督是农民个人依据宪法和法律赋予的广泛政治权利,以批评、建议、检举、申诉、控告等方式,对基层政治权力主体进行的一种自下而上的监督,有助于促进农村良好社会的形成,更成为反腐倡廉、防范滥权的民间力量。因而,必须做好以下几个方面的工作:

一是扩大农民知情权。知情是监督的基础,只有知情,才能监督到位。因此,应不断扩大农民知情的范围和参与程度,基层政府要主动加强与农民的联系与沟通,关注群众关心的热点焦点问题,为履行民主监督奠定坚实基础。

二是完善监督制度化渠道。民主监督应通过制度化的渠道参与,切实维护农民正当权益。基层政府应进一步完善政府与农民或组织的联席会议制度,完善新闻发言人制度,完善定期通报重要情况及重大决策事项的制度,为提升监督能力和监督质量创造良好条件。[①]

三是以农民需求为导向,补齐村务监督制度短板,实行"四定"原则,即定主管、定关系、定内容、定权责。定主管。要改变原有各自为政的状况,花大力气进行制度整合。针对制度失衡,可以采取梳理、清理、复位、强化的方式来加以解决。针对制度滞后,需要我们及时梳理和清理现有村级民主监督制度,废除部分制度、更新部分制度、迭代部分制度,对同实践要求不相适应的制度,应及时修订或宣布失效、废止,始终保持与时代同步、与事实同步。针对制度错位,需要我们及时复位相关制度,厘清制度边界。针对制度弱化,需要我们强化制度的执行力、公信力和权威。针对制度缺位,主要采取制度创新的方式来加以解决。强化制度供给的意愿和能力,形成有机统一的村级民主监督制度体系。定关系。要改变

[①] 龚上华:《在民主政治中提升农民有序参与的素养》,《浙江大学学报》(人文社会科学版)2016年第1期。

目前这种不管监督、不能监督以及监督游离的状况，实际上可以引入纪委监督的概念，通过专兼结合、巡督结合的方式，把村务监督纳入纪委监督体系，从而杜绝群众身边的腐败现象。定内容。国内最早研究村务监督制度的学者卢福营教授建议，将"村务监督委员会"改为"村民监督委员会"。通过村务2.0升级版，既管"村务管理行为"又管"政务协助行为"，从而破解原有制度困境。定权责。梳理村民的民主监督权力，确认村监组织的权力清单和责任清单，规范村监组织的监督权力与监督责任。[①]总之，只有有效回应农民分化需求的村务监督制度，才能提高基层运作的效率和有效性；才能密切与农民的关系，增强农民的认同和信任；才能在参与过程中教育和塑造农民，从而有力地推动城乡社区治理的转型，维护农村社会稳定，进而带来明显的治理绩效。

6. 以农民需求为导向，畅通农民表达渠道

邓小平认为："一个革命政党，就怕听不到人民的声音，最可怕的是鸦雀无声。"[②] 1957年，他又说："要让群众能经常表达自己的意见……使他们有意见就能提，有气就能出。有小民主就不会来大民主。"[③] 习近平总书记认为："要处理好维稳和维权的关系，要把群众合理合法的利益诉求解决好，完善对维护群众切身利益具有重大作用的制度，强化法律在化解矛盾中的权威地位，使群众由衷感到权益受到了公平对待、利益得到了有效维护。"[④] 其实质就是指只有倾听群众呼声，充分发扬社会主义民主，及时疏导群众中的不满情绪，畅通农民表达渠道，排放社会中积累起来的各种冲突因素，才能真正地避免政治动乱，实现政治稳定。[⑤]

一是强化农民表达权。农民表达权是农民作为公民享有的由法律确认，受法律保障，将内心的感情及思维所得的成果，用语言或其他方式显示、反映、表示出来，到达接收对象，而不受他人和社会组织非法干涉或

[①] 龚上华、卢福营、赵光勇：《以需求为导向完善村务监督制度》，《中国社区报》2017年9月4日。
[②] 《邓小平文选》第2卷，人民出版社1994年版，第144—145页。
[③] 《邓小平文选》第1卷，人民出版社1994年版，第273页。
[④] 习近平：《坚持严格执法公正司法深化改革　促进社会公平正义保障人民安居乐业》，《人民检察》2014年第1期。
[⑤] 龚上华：《试论邓小平的政治稳定思想》，《湖州师专学报》1997年第4期。

侵犯的权利。① 因此，在实际生活中，我们要引导农民不断增强主人翁意识，激发农村基层社会自治、自主、能动的力量，让大众的问题由大众来解决。

二是健全农民表达机制。改革开放以来，农民的政治表达发生了根本的变化，主要体现在三大方面，即表达意愿井喷、表达主体的个体诉求与群体诉求叠加、表达途径和方式多样，与此同时，在应对农民政治表达方面存在诸多问题：即供给能力有限，应对能力低效，吸纳能力不足等等。② 为此，从机制上来说，要健全农民利益表达、利益协调、利益保护机制；从阶段上来说，要落实事前、事中、事后表达机制③，要把解决农民的利益诉求放在首要位置，切实解决农民的根本利益，让农民得到实惠、看到希望，从而赢得广大农民发自内心的认同和拥护。

三是畅通农民表达渠道。中华人民共和国成立以来我国已经建立了一套以人民代表大会制度为核心，包括政党制度、政治协商会议、人民信访制度及基层群众自治制度等表达渠道。④ 但在实际运作中，这些渠道有所淤塞，很多时候难以做到上情下达，"下情上达"，尤其是在一些群体性事件和突发性事件的处理过程中，农民的表达渠道不够通畅。为此，在疏通和优化原有通道（如村委会制度、信访制度、控告检举制度、批评建议制度、诉讼制度等）基础上，要进一步完善行政复议、仲裁、诉讼等法定诉求表达渠道，创新听证会制度、座谈会制度、网络论谈制度等。

四是提供农民组织化水平。长期以来，农民缺少自己的组织，均以个人形式表达利益，容易导致农民利益受损，而且农民在表达自己的诉求时容易走极端甚至被非正规的利益集团所蒙蔽，从而导致政局不稳定。为此，在充分发挥和依托农村的党政权力组织、村民自治组织以及专业经济合作组织和农产品专业协会外，还可组建农民自治组织和维护农民权益的农民协会等。从长三角的实践尤其是浙江的实践来看，把这些组织纳入社

---

① 覃福晓：《论农民表达权的保障》，《学术论坛》2009 年第 5 期。
② 卢春雷、丁跃：《对中国农民民意表达存在的问题及其对策思考》，《理论与改革》2004 年第 3 期。
③ 刘彤、尹奎杰：《论农民利益政治表达机制的健全与完善》，《政治学研究》2008 年第 1 期。
④ 方江山：《非制度政治参与——以转型期中国农民为对象分析》，人民出版社 2000 年版，第 75 页。

会组织加以管理，一方面能保证它们在帮助农民表达权益时有所作为，另一方面又能对社会组织纳入可控管理。从长三角的经验来看，纳入社会组织管理的农民组织是未来提升农民表达权的最好选择。

当前，只要我们坚持和完善村民自治的基本政治框架，依靠农民和基层的智慧，充分尊重和引导农民的自我治理，引导和支持农民群众通过合法途径维权，理性表达合理诉求，实现有序参与，就一定能最终实现农村政治昌明。①

（四）"两众"为源，三社联动，推进协商

党的十九大报告指出："有事好商量，众人的事情由众人商量，是人民民主的真谛。""两众"理论（"众人的事情由众人商量"简称为"两众"）的精髓在于协商。协商民主是中国民主发展的一种可行的选择。② 当前，我国全面深化改革已进入"深水区"，如何在社区这个矛盾聚焦地，走出一条共建共治共享的社会治理新路，是长三角各级党委政府面临的重大课题。

1. 坚持党的全面领导，引领基层协商发展航向

党的十九大报告指出，"党政军民学，东西南北中，党是领导一切的。"③ "基础不牢，地动山摇。"治国安邦的根基在基层。社区作为居民生活共同体，是社会建设的重要基础，也是党建工作的立足点。习近平总书记指出："党的工作最坚实的力量支撑在基层，经济社会发展和民生最突出的矛盾和问题也在基层，必须把抓基层打基础作为长远之计和固本之策，丝毫不能放松。"④ 而基层社区党建的抓手就是基层协商。通过基层协商，能有效增强居民自治能力、培育居民互助意识、扩大社会参与、促进社区融合、增进社区和谐，进而扩大和巩固党执政的群众基础。因此，要

---

① 龚上华：《在民主政治中提升农民有序参与的素养》，《浙江大学学报》（人文社会科学版）2016 年第 1 期。
② ［美］詹姆斯·博曼：《公共协商：多元主义、复杂性与民主》，黄相怀译，中央编译出版社 2006 年版，第 4 页。
③ 习近平：《决胜全面建成小康社会　夺取新时代中国特色社会主义伟大胜利——在中国共产党第十九次全国代表大会上的报告》，《党建》2017 年第 11 期。
④ 转引自《新华时评：农村党建堡垒绝不能失守》，http://www.gov.cn/xinwen/2015 - 06 - 23/content_ 2882896. htm。

切实加强党对基层协商治理工作的领导，确保基层协商治理工作发展的正确方向；基层政府要切实履行基层协商工作的宏观规划、标准规范、政策引导、资金投入、监督管理等方面职责。基层党建要取得实效，务必寻求有效的载体。在当前农村社区转型发展中，我们要抓住时机，充分发挥议事协商的黏合力，把农村社区打造成良好的和谐社区，使基层党组织真正成为战斗堡垒。为此，一是在议事主体中，要充分发挥基层党组织在议事协商中的引导作用。村党组织在农村社区协商中要发挥主力军作用，在协商主体的选择中要发挥引导作用，要充分吸收村民委员会、村务监督委员会、村民小组、驻村相关单位等共同成为协商主体。村党支书要成为邻里协商议事中心理事长，或者推荐威望较高的乡贤担任。此外，基层党组织在理事会成员的选择方面要充分吸纳老党员、老干部、群众代表、党代表、人大代表、政协委员、基层群团组织负责人、社区社会组织负责人、网格员、社会工作者、法律顾问、乡贤、公益代表等加入。二是在议事内容、规则、程序等方面要发挥引导作用，教育村民同时也使得党员得到历练。如在协商议程中，党组织要广泛收集居民协商事项提案；理事会报村党组织审核确定协商议题并提前公示议题；理事会做好协商准备工作，协商方案经村党组织审核同意，协商会议要有多数理事会人员到场和议题相关人员参加才能召开；组织协商时，理事长或者召集人说明议题来源、审查情况、具体内容，相关人员就议题发表意见，按少数服从多数原则达成协商共识，形成书面协商意见。[①]

2. 加强议事制度建设，强化基层协商内涵建设

可以从五个方面着手：一是要界定议事协商的主体，明确"谁来议"。首先是要建立社区协商议事社会组织亦即邻里协商议事中心，作为村级社会组织形式备案。此外，要建立一支协商议事队伍。充分吸收外来务工经商人员、流动人口、城市民间协助管理者等参与协商，培育扩大城乡社区协商多元主体。还需要根据协商内容邀请与议题相关专家、居民和第三方机构等参与协商。二是要公开议事协商内容，明确"议什么"。"党建+"在引领民主协商中还需要规范村务公开事项，健全和完善社区协商

[①] 龚上华：《农村党建嵌入基层治理——以杭州余杭区丁河村"党建+"引领议事协商为例》，《中共杭州市委党校学报》2018年第1期。

议事清单目录，推行村民议事提案制，同时全力扩充社区协商范围，可以包括各类民生事项。此外，要围绕依法履职履责和民生需求导向，按照综合性服务或个性化服务等内容，分类处理协商内容，通过社区协商维护群众利益，提高村民参与社会治理的积极性。三是要丰富议事协商形式，明确"怎么议"。首先，要充分发挥大党建引领下的社会治理大联动工作，以村、网格、村民小组、农户等为协商议事场所，协商讨论社区热点难点问题。其次，要根据不同协商议题选择不同协商形式，拓展居民协商渠道。鼓励村民群众通过移动终端反映问题、咨询难题、互动交流，提高居民议事协商的参与率。四是要制定协商议事的系列程序，明确"规范议"。从长三角基层治理实践来看，必须完善协商议事流程。协商议事的一般程序是：广泛收集居民协商事项提案；理事会报村党组织审核确定协商议题并提前公示议题；理事会做好协商准备工作，协商方案经村党组织审核同意，协商会议要有多数理事会人员到场和议题相关人员参加才能召开；组织协商时，理事长或者召集人说明议题来源、审查情况、具体内容，相关人员就议题发表意见，按少数服从多数原则达成协商共识，形成书面协商意见；明确分工落实协商；监督协商实施等程序。其次，必须规范协商议事行为。经协商，对于意见分歧较大的事项，待充分交流、条件成熟后另行协商。对不需提交村民代表会议或户长会议表决的，可由村、网格直接组织实施。若邻里协商议事中心无法解决的，可上报镇进行处理。议事结果实行协商票议制，同时做好会议纪要，提交村班子联席会议，重要事项应提交村民代表会议票决。加强村务监督委员会建设，每月底在村务公开栏及时公开协商成果落实情况，接受群众监督。五是要充分发挥议事协商作用，明确"有效议"。所谓有效议，就是要在法律法规许可范围内组织村民进行协商，保证协商成果合法有效。此外，村社区、村邻里协商议事中心可通过开展和谐（平安、文明）示范区、村社区公共服务、准入制度实施工作等群众满意度测评，确保议事协商真正达到目标。[①]

3. 强化议事制度保障，推进基层协商有序发展

制度是关键的社会资本，是构成人际交往和社会发展的"软件"。按

---

① 龚上华：《农村党建嵌入基层治理——以杭州余杭区丁河村"党建+"引领议事协商为例》，《中共杭州市委党校学报》2018年第1期。

照博曼的说法，建立充满活力的公共领域是协商民主发展的要件之一。从浙江杭州余杭区实践来看，余杭区出台了一系列文件来确保协商民主有效运行，如《余杭区推进"三社联动"创新社区治理和服务工作实施方案》《余杭区2016年"三社联动"推进社区治理和服务创新工作基层创建计划》《余杭区建设省级社区治理和服务创新实验区实施方案》《余杭区社区治理和服务创新及创建省级实验区工作经费补助办法》等。其次，在全区设立城乡社区"邻里协商议事中心"，以城乡社区、村居民小组、社会组织立体运行，以村社区社会组织备案，按《村社区邻里协商议事中心章程》运行，协商讨论村（社区）和村居民小组的热点、难点问题，从而打造社区治理新格局。此外，余杭区健全社区赋权增能长效管理机制，实施进村、社区工作任务准入制度，为基层自治提供了制度保障。

4. 发挥三社联动作用，助推基层协商有效发展

按照博曼的说法，要具有各种形式的社团的公民社会是协商民主的要件之一。一方面，浙江余杭区在各镇街普遍建立村社区邻里协商议事中心，而且以社区社会组织备案，这个形式的主体机构是一种创新。另一方面，以项目化形式推进协商治理和联动服务，重点鼓励社工作为项目负责人或个案介入者，指导社区社会组织承接项目，以专业技能来解决社区突出问题，改善社会矛盾。通过专业社工带动项目实施，项目推进反哺社工能力成长的良性循环过程，创新了"三社联动"的载体和模式。此外，浙江余杭区大力开展基层干部和村、社区工作者专题培训，提高组织开展协商工作的能力和水平，逐渐形成由城市督导人才指导农村督导人才，辐射带动周边区域，提高社工个案介入、承接项目的专业能力，有力地支撑了协商民主发展。

5. 健全公民协商文化，引导基层协商长效发展

首先，建好参与平台。建立邻里协商议事中心协商平台，可按贴近村居民的文化习惯来命名，如好邻居议事会、百姓议事厅、相邻相亲协商议事中心、南客五方议事会、聚贤议事会等。其次，做好服务文化。以农村社区来说，结合生态环境建设、产业经济转型、村落文化融合发展、多元参与治理等途径，开展各类便民生活、社区服务、志愿互助、文体教育、精神文明宣传等公益服务，提升居民生活品质。再次，倡导协商精神，培育协商文化，引导群众依法有序表达意见，积极参与协商。一方面，基层

社区党组织不定期开展多层面的民情恳谈、老干部座谈,走村入户,广泛听取群众意见和建议,提高决策的科学性、民主性,积极倡导协商精神。另一方面,按照"遇事好商量,遇事多商量,众人的事由众人商量"的工作思路,积极探索社区村居民参与民主、协商民主的方法与途径,将民主渗透于人们的日常生活之中,调动全体村居民共建共享社区成果的热情。

总之,农民政治意识分化状况支配着农民行为和党的农村政策的有效性,影响着农村和谐社会建设的程度,也影响着农民对基层政府的认知程度。当前我国社会处于转型发展的深水期,农村社会各个阶层政治利益诉求日益强烈,各种社会矛盾显性化,农村加快发展面临困局。与此同时,目前政策过程农民参与不足,利益表达渠道不畅通,导致农民与政府的疏离,产生了很多社会问题。农民日益多样化的公共需求和民主参与意识的提高,迫切要求基层政府在满足农民对政治改革、行政改革和公共服务日益增长的现实需求方面有所作为,这是基层政府得以存在并得到高度认同的逻辑前提。有鉴于此,在社会转型过程中,基层政府承载更多治理转型的压力,不仅要有效应对各种挑战和风险;同时还要增强回应性、服务性和责任性,以满足农民的政治诉求。因此,体现为政府创新的政府改革是治理变革的关键。通过考察长三角基层政府治理创新案例表明,地方治理结构向普通公众的开放,这既是农民对地方政治和社会生活的有效参与、影响甚至控制,也是农民参与制度创新的结果。可见,只要吸纳农村社会各阶层的参与,吸纳农民政治智慧,就能推动地方决策科学化和民主化、降低政策执行成本、增进农民对基层政府的理解、密切基层政府与农民的关系,从而推动地方治理,促进农村和谐有序稳定发展。

三 讨论与思考

(一) 农民政治意识分化与基层治理创新的内在关联和生成机理

1. 社会转型中的农民政治意识分化

中国现代化转型促成农民政治意识分化且呈现出鲜明的"阶段发展"的烙印。

如前所述,农民政治意识说到底是一种文化、一种心理,是对政治体系的认知、情感和态度。农民政治意识借助各种方式帮助农民对政治统治体系形成正确的认识，进而形成情感心理的认同，在正确认识、情感认同的基础上，政治意识帮助农民对政治统治做出正确的评价从而形成一种政治秩序的稳定，最终促进农民和谐有序发展目标的实现。这三个方面的作用效果综合起来，最终在农民的政治行为中体现出来，即形成自觉的内心认同感和行为上的一致性。

判断农民政治意识水平高低的根本标准就是"三个有利于"，即是否有利于促进政治共识的达成；是否有利于促进稳定政治秩序的建立；是否有利于和谐有序发展的目标实现。从第一层面来看，农民对政治统治体系形成正确的认识，进而形成情感心理的认同，这就是达成政治共识，也就完成了农民政治意识的第一层级任务。从第二层面来看，农民政治共识一旦形成，必然发生转化，形成强大的政治力量，从而指导农民进行政治行为，固定化为一种行为规范，支配人们对政治行为目标和政治行为方式的选择，时时处处指导着人们的政治行为，促进稳定政治秩序的建立。也就完成了农民政治意识的第二层级任务。从第三层面来看，农民形成了对政治体系的政治共识，政治体系不断激发和培养农民的民主意识和参政意识，约束农民的政治行为，提高农民参与国家事务和社会生活的积极性和政治责任感，使农民以主人翁的态度投身到国家政治生活中去，[①] 农民、社会、国家三者之间不断良性互动，正向博弈，农民、国家、社会在不断的互动和博弈中，寻求一种平衡点，从而形成一种良性循环，最终实现农村社会和谐有序发展的目标。这也就完成了农民政治意识的第三层级任务，也是最高的目标。共识、秩序、目标三者之间既是一个递进关系，也是一个包含关系，在每一个层面实现过程中，都存在其他两个层面的阶段性实现。

从动态上来看，农民政治意识发展状态如何影响农村发展状态的呢？我们知道，发展是一种趋势。农民政治意识的发展状态也必然是一种趋势，这种趋势的两种结果如何走向，如何变动，关键在于四种机制在起作用：即开放机制、涨落机制、干扰机制和分叉机制。[②] 具体来看，一是农

[①] 龚上华：《当代中国农村有序发展的特征、价值指向及实现理路》，《浙江学刊》2013年第4期。

[②] 毛建儒：《论发展的含义及其机制》，《理论探索》1997年第6期。

民政治意识系统通过同外界的交流，不断地进行着结构重组，使得农民政治意识最终走向良性和非良性两种状态。二是由于农民政治意识本身发展的偏离使得农民政治意识系统的结构处于瓦解之中。农民政治意识变动促使整个农村社会系统有可能向两个方向变化：其一，走向无序，其二，系统变得更加有序，到底哪一个方向能够实现，要看各方面的条件。三是干扰。主要指外界环境影响两个系统的运行，使其偏离原来的轨道，最终导致结构瓦解。四是分叉。由于偏离和受到外界干扰使整个系统处于不稳定状态并日益加剧。当达到某一点（或区域）时，系统开始失稳。这时系统或者崩溃进入无序状态，或者由于结构的重组而进入新的稳定态。无论是从农民政治意识发展系统来看，还是农村发展系统来看，还是两个系统之间的关联来看，二者按照这种发展趋势进行变动，二者之间互为交错、互为因果、互为条件。农民政治意识发展状态是农村发展状态的必要条件，农村发展状态是农民政治意识发展状态的必然结果。二者密不可分，共同统一于中国特色社会主义的农村发展道路的伟大理论与实践中。①

2. 社会转型中的社会治理创新

如前所述，社会转型带来了经济体制深刻变革、社会结构深刻变动、利益格局深刻调整以及思想观念深刻变化，从外部不断地撞击着基层政府，促使政府必须回应与反馈。

从社会发展的特点看，当经济发展到一定水平、市场化改革走向相对成熟的时候，必然会触及政治、经济、文化、社会心态等更深层次的矛盾，人们对社会治理的水平，对权利维护的诉求，对公平正义的呼吁，都会大大增强。在社会剧烈转型的发展阶段，人口结构的变迁，利益纠葛增加，人们心态复杂，社会矛盾触点多、燃点低、处理难的特点也越发突出，细微的矛盾导致群体性事件的概率大大增加，由此引发的社会公众政治参与和民主管理的热情也日渐高涨。因此，社会治理的体制、运行机制以及管理的方式方法、服务的水平都需要随着经济和政治结构的变化而变化，满足人们的需求，维护社会的稳定与发展。

从国外来看，社会治理创新已成为理论界、学术界和政府高度关注的重要理念。如美国"高度重视非营利组织参与社会治理"的经验、德国

---

① 龚上华：《当代中国农民政治意识的良性发展理路》，《观察与思考》2014年第8期。

"高度重视社会保障"的经验、英国"大社会"管理模式的经验以及新加坡"小政府、大社会"的社会治理经验,从这些国家加强社会治理的实践来看,编织覆盖面广的社会安全网、非营利组织充分参与社会治理、重视社会治理中的社区发展以及基于不同人群实施不同的社会政策等经验对我国社会治理创新有重要的启示作用。

从我国来看,新时期社会处于改革的深水期,在农村来看,农村的社会结构、利益格局发生了深刻的变化,为此,必须高度重视农民的政治意识分化对政府创新的影响与挑战。就长三角农村来看,参与和推动农村基层社会治理创新,回应了农民群众对美好生活的需要,通过提升社会治理水平,来适应农村社会结构和利益格局变革,从而增强了广大农民群众的获得感、幸福感、安全感。

3. 基层治理创新是农民政治意识发展程度与农村有序发展状态动态平衡的中介和纽带

中国现代化转型促成农民政治意识分化的进程中同时形成对政府有效性和合法性的双重挑战,迫切要求政府治理模式转变,从而寻求一种既有绩效又有民主、既能保证政府能力又能赋予农民权利和主体性的新型治理模式。因而,在农民政治意识发展程度与农村有序发展状态这一动态平衡中,基层治理创新就呼之欲出,从而成为二者之间的中介和纽带。

一方面,有效应对来自农民政治意识分化的挑战是农村基层治理创新的动力和源泉。从农民信仰认同意识来看,农民对党和政府的体系建构、权力运行、政策制定、执行和监督、官员选拔的合法性认同变化,对公共物品和事务的管理认识变化,有效应对不利因素,需要基层治理创新来解决;从农民政治参与意识来看,需要基层治理创新来解决,尤其是着眼于农村公共事务参与渠道、方法和机制层面上的创新;从农民的政治表达意识来看,需要基层治理创新来解决,尤其是着眼于农民利益表达畅通机制层面上的创新;从农民维权意识来看,需要基层治理创新来解决,尤其是着眼于农民权益维护的有序合法机制层面的创新。而基层治理创新的根本目的就是推进平安建设,构建农村和谐有序发展的良好氛围。

另一方面,促进农村有序发展是农村基层治理创新的目标和题中应有之义。考察基层治理创新案例表明,只要吸纳农村社会各阶层的参与,吸纳农民政治智慧,就能推动地方决策科学化和民主化、降低政策执行成本、增进农民对基层政府的理解、密切基层政府与农民的关系,从而推动地方治理,促进农村和谐有序稳定。因此,在当前中国农村社会利益分化加剧、社会结构转型加速的情况下,加强对农民政治意识的正确引导,寻求农民政治行为的正向发展,防范农村社会的矛盾与冲突向政治的动荡滑行,通过倾向性的基层治理创新,建立与完善稳定的农村政治秩序,无论从长三角农村来说还是从全国来说,意义重大。从这个意义上来说,促进农村有序发展是农村基层治理创新的根本目标和题中应有之义。

(二) 需要进一步探讨的几个问题

1. "分化"抑或是"整合":提升农民政治意识发展水平

亚历克斯·英格尔斯提出了衡量"现代政治人"的九大标准[①]:根据英格尔斯的衡量标准,农民政治意识现代化程度的评价标准可以这样来表述:即政治上是否积极、专注和有理性。具体来说,是否超越狭隘和原始观点的领导人和组织认同,并效忠于他们;是否对公共事务感兴趣并熟知其情;是否积极参加政治;是否了解可以认识的政治和政府进程,并持肯定态度;是否接受合理的规则和章程结构并认为是可取的等。这一标准也成为区别传统农民政治意识与现代农民政治意识的分水岭。[②] 在现代化发展的进程中,存在这样一个悖论:即在对农民进行政治动员的同时,由于农民个体自身素养的不一致性以及区域发展不平衡性,农民的政治意识必然会走向分化,而这种分化必然对政治体系带来严峻的挑战。因此政治体

[①] 九条标准为:(1)现代人准备经受新的政治经历,比他的传统先辈更愿接受政治革新和改革。(2)他喜欢对不仅是他周围环境中而且还有环境以外所发生的数量众多的问题形成或持有政治看法。他在政治上也更为容忍。他更意识到他周围的态度和观点是五花八门的。他可以毫不担忧地承认这些差异,不需要专制地或按等级制度对待这类差异。他既不机械地接受在权力等级中高于他的那些人的意见,也不机械地拒绝低于他的那些人的意见。(3)他倾向于现在或将来,而不是过去。时间是不应浪费的资源。(4)他倾向于并参与政治规划和组织,认为这是处理生活的一种方式。(5)他认为,人可以学会支配他的环境,以推进他的目的和目标,而不是受环境的支配。(6)他更为确信,他的世界可以依赖,可以期待他周围的其他人和政治机构履行他们的义务和责任。命运或一时的奇想并不支配行为。(7)他更意识到别人的尊严,更愿意对别人表示尊重。(8)他更相信科学和技术。(9)他相信分配正义,这就是应该根据贡献,而不是根据一致的奇想或个人的特点行赏。参见[美]格林斯坦、波尔斯比编《政治学手册精选》下卷,储复耘译,王沪宁校,商务印书馆1996年版,第181—182页。

[②] 龚上华:《当代中国农民政治意识的良性发展理路》,《观察与思考》2014年第8期。

系在发挥整合功能时已不能走传统整合模式的老路,政治主体应该重点考虑通过服务型组织的建设,成为治理主体的动员和整合力量;在农村基层自治中应该动员积极力量,并不断克服消极力量和因素,如基层村治中的腐败、资本的掠夺、宗族的力量、迷信观念等;充分发挥农村政治文化价值资源使传统与现代相结合,充分发挥农村文化礼堂的建设效用;进一步强化法治在农村基层自治中的地位与作用等等,在提升农民政治意识发展水平的同时又能确保政治体系良性运转。

2. "维持"抑或是"重塑":促进农民政治意识良性发展

观念引导行为,行为产生结果。农民政治意识基本按照这一逻辑思路来建构农民政治行为。随着农村经济社会的发展,农民收入大幅提高,农民生活水平和质量已实现了质的飞跃,农民政治意识变迁呈现出多维性,农民政治意识是在过去和现在的社会、经济和政治过程中形成的种种观念。农民在过去的经历中形成的态度类型对未来的政治行为有着重要的作用,因此农民政治意识影响着政治体系中每一个政治角色的行为,农民政治意识影响着政治生活中所有正在发生的活动,是构成这些活动的基础。特别是在当前整个中国社会发生深刻变革的大背景下,农村社会各个阶层的政治、经济利益诉求日益强烈,社会分化明显加剧,各种社会矛盾显性化,农村加快发展面临着诸多问题。如何引导农民政治意识良性发展,克服农村发展的"无序"状态,将农村发展纳入"有序"的轨道,需要认真理顺身份、观念、行为之间的关系,是解决上述问题的一个值得重视的思路。①

3. "放任"抑或是"维稳":解决好农民合理合法的利益诉求

习近平总书记指出,离开政治稳定,改革无从继续,要处理维权与维稳关系,秩序与活力关系,解决好人民群众合理合法的利益诉求。②从农民政治意识的发展来看,一方面农民政治意识取得发展必然促进政治稳定,另一方面,现存政治体系不能满足农民自我意识的唤醒后对政治体系的期待值和需求水平,从而导致社会挫折感,引起社会政治动荡,

---

① 龚上华:《当代中国农民政治意识的良性发展理路》,《观察与思考》2014 年第 8 期。
② 习近平:《坚持严格执法公正司法深化改革 促进社会公平正义保障人民安居乐业》,《人民检察》2014 年第 1 期。

带来政治不稳定。因为"现代性产生稳定性,而现代化却产生不稳定性"。① 可见,农民政治意识现代化发展也具有双刃剑的作用。从笔者的调研和访谈以及若干公开报道来看,长三角农民利益的表达既有积极的一面,也有消极的一面,但农民最关心的还是其切身权益问题。因此,如何处理好农民利益诉求问题,对政府治理体系与治理能力均是一种考验。如果完全以"维稳"的方式来处理农民政治意识的表达,从实践上看并非长久之道,但完全以"放任"的方式来对待农民政治意识的分化,无疑也是不可行的。因此,要实现农村的可持续进步,政治体系就必须有包容的思路,可控的方式。"吸收农民参加政治体系的方式,能够决定今后的政治发展方向。……在一个政治意识和政治参与不断扩大的体系内,农民阶级则变成了关键性的集团"②,进一步创新农村有序发展机制,提高农村治理的科学化水平,强化基层治理创新,增强农村社会的整合程度,从而推进农村社会进步。③

4. "压制"抑或是"引导":激发农民的活力

政治体系的运行过程也影响着政治意识的形成和变化。政府的态度,它所提供的信息、教育、宣传从未被设计来削弱大众的支持与忠诚。国家的每一件事都为公民所关注,许多行为都明确地向公众解释或展示了政府的态度。不过,政府控制农民政治态度的能力是有限的,因为几乎所有的信息和经验都要通过与亲属、伙伴等小群体的谈话,用他们自己的兴趣或既定的态度来解释,才能到达个人。在与社会分离的异化群体中,通常是家庭和共同体的"社会化"使他们的孩子不喜欢政府,无论政府在相反方向做出多大的努力。④ 在一个政治体系中,农民始终是一个重要的决定力量。因此,如何正确对待新时代农民的定位,即在社会治理创新中如何定位农民是一个重要课题。如果忽视甚至侵害农民权益,忽视最大限度激发

---

① [美]塞缪尔·P. 亨廷顿:《变动社会的政治秩序》,张岱云、聂振雄、石浮、宁安生译,上海译文出版社1989年版,第45页。
② [美]塞缪尔·P. 亨廷顿:《变动社会的政治秩序》,张岱云、聂振雄、石浮、宁安生译,上海译文出版社1989年版,第137页。
③ 龚上华:《当代中国农民政治意识的良性发展理路》,《观察与思考》2014年第8期。
④ [美]迈克尔·罗斯金等:《政治科学》第6版,林震等译,华夏出版社2001年版,第146页。

社会活力、最大限度增加和谐因素、最大限度减少不和谐因素这个总要求，就会最终背离"一切为了人民，为了人民的一切"的根本宗旨和情怀。因此，政治体系必须以包容性发展理念，从农民政治意识变迁切入，关注农民身份与国家身份的互动，以及农民对国家认同观念的习得、模仿和内化，要高度关注农民的国家意识和公民意识的培养和生成，高度关注政治社会化，建立新型农村社会治理方式，通过基层治理创新，争取最终获得农民对其制度的内心认同，有效激发社会活力、增加和谐因素、减少不和谐因素，化解各种政治风险，从而最终实现农村社会安定和谐有序的发展。①

---

① 龚上华：《当代中国农民政治意识的良性发展理路》，《观察与思考》2014 年第 8 期。

参考文献

一　著作类

《马克思恩格斯选集》第1卷，人民出版社1995年版。
《马克思恩格斯全集》第44卷，人民出版社2001年版。
《毛泽东选集》第1卷，人民出版社1991年版。
《毛泽东选集》第3卷，人民出版社1991年版。
《毛泽东选集》第4卷，人民出版社1991年版。
《毛泽东选集》第5卷，人民出版社1991年版。
《毛泽东文集》第1卷，人民出版社1993年版。
《毛泽东文集》第3卷，人民出版社1996年版。
《邓小平文选》第1卷，人民出版社1994年版。
《邓小平文选》第2卷，人民出版社1994年版。
《邓小平文选》第3卷，人民出版社1993年版。
江泽民：《中国农民基本常识读本》（序言），中国农业出版社1999年版。
《江泽民文选》第1卷，人民出版社2006年版。
《江泽民文选》第2卷，人民出版社2006年版。
习近平：《摆脱贫困》，福建人民出版社1992年版。
《十八大以来重要文献选编》（上），中央文献出版社2014年版。
《中国大百科全书：政治学》，中国大百科全书出版社1992年版。
陈胜祥：《分化与变迁——转型期农民土地意识研究》，经济管理出版社2010年版。
程贵铭、朱启臻：《当代中国农民社会心理研究》，首都师范大学出版社2000年版。
程同顺：《当代中国农村政治发展研究》，天津人民出版社2000年版。

方江山：《非制度政治参与：以转型期中国农民为对象分析》，人民出版社 2000 年版。

龚上华、吕元祺：《杭州市农村群众法治意识的现状调查与对策研究》，载《杭州蓝皮书》（社会卷），杭州出版社 2016 年版。

龚上华：《农民思想意识流变视域中的乡村治理：基于改革开放以来长三角地区的实证分析》，浙江大学出版社 2015 年版。

龚上华：《农民政治意识分化与政府治理创新研究》，浙江大学出版社 2014 年版。

郭正林：《中国乡村的治理结构：历史与现状》，"公共管理研究与教育"国际学术研讨会论文集，2001 年，载尹冬华选编《从管理到治理：中国地方治理现状》，中央编译出版社 2006 年版。

靳德行、秦英君、李占才主编：《中华人民共和国史》（修订版），河南大学出版社 1993 年版。

李连江、欧博文：《当代中国农民的依法抗争》，载吴国光《九七效应》，太平洋世纪研究所 1997 年版。

李培林：《改革开放 30 年丛书》"序言"，载袁金辉《冲突与参与：中国乡村治理改革 30 年》，郑州大学出版社 2008 年版。

李强：《当代中国社会分层与流动》，经济管理出版社 1993 年版。

李伟：《二十世纪五十年代末中国共产党对农业问题的认识和探索》，中共党史出版社 2007 年版。

李元书：《政治发展导论》，商务印书馆 2001 年版。

厉以宁：《转型发展理论》，同心出版社 1996 年版。

陆学艺：《当代中国社会结构》，社会科学文献出版社 2010 年版。

陆学艺：《"三农论"——当代中国农业、农村、农民研究》，社会科学文献出版社 2002 年版。

马振清：《中国公民政治社会化问题研究》，黑龙江人民出版社 2003 年版。

牟成文：《中国农民意识形态的变迁——以鄂东 A 村为个案》，湖北人民出版社 2008 年版。

孙柏瑛：《当代地方治理：面向 21 世纪的挑战》，中国人民大学出版社 2004 年版。

孙关宏：《政治学概论》，复旦大学出版社 2003 年版。

汪民安：《文化研究关键词》，凤凰出版传媒集团、江苏人民出版社 2007 年版。

俞可平等主编：《马克思主义研究论丛：农业农民问题与新农村建设》第 5 辑，中央编译出版社 2006 年版。

俞可平主编：《政府创新的中国经验——基于"中国地方政府创新奖"的研究》，中央编译出版社 2011 年版。

俞可平：《治理与善治》，社会科学文献出版社 2000 年版。

郑欣：《乡村政治中的博弈生存》，中国社会科学出版社 2005 年版。

朱光磊：《当代中国社会各阶层分析》，天津人民出版社 2007 年版。

朱海波、柯卫：《社会主义法治意识与人的现代化研究》，法律出版社 2010 年版。

［法］卢梭：《社会契约论》，何兆武译，商务印书馆 1980 年版。

［荷］何·彼特：《谁是中国土地的拥有者？——制度变迁、产权和社会冲突》，林韵然译，社会科学文献出版社 2008 年版。

［美］E. O. 考克斯、R. J. 伯森斯：《老人社会工作：权能激发取向》，赵善如、赵仁爱译，中国台湾：扬智文化出版社 2001 年版。

［美］J. C. 斯科特：《农民的道义经济学：东南亚的反叛与生存》，程立显等译，译林出版社 2001 年版。

［美］阿玛蒂亚·森：《以自由看待发展》，任赜、于真译，中国人民大学出版社 2002 年版。

［美］戴维－伊斯顿：《政治生活的系统分析》，王浦劬译，华夏出版社 1999 年版。

［美］格林斯坦、波尔斯比编：《政治学手册精选》下卷，储复耘译，王沪宁校，商务印书馆 1996 年版。

［美］格罗斯：《公民与国家》，王建娥译，新华出版社 2003 年版。

［美］罗纳德·德沃金：《认真对待权利》，信春鹰、吴玉章译，中国大百科全书出版社 1998 年版。

［美］迈克尔·罗斯金等：《政治科学》第 6 版，林震等译，华夏出版社 2001 年版。

［美］塞缪尔·P. 亨廷顿：《变动社会的政治秩序》，张岱云、聂振雄、石浮、宁安生译，上海译文出版社 1989 年版。

［美］塞缪尔·P. 亨廷顿：《变化社会中的政治秩序》，王冠华、刘为等译，上海人民出版社 2008 年版。

［美］J. C. 斯科特：《弱者的武器》，郑广怀、张敏等译，译林出版社 2007 年版。

［美］西奥多·W. 舒尔茨：《改造传统农业》，梁小民译，商务印书馆 2006 年版。

［美］亚历山大·温特：《国际政治的社会理论》，秦亚青译，上海世纪出版集团 2008 年版。

［美］詹姆斯·博曼：《公共协商：多元主义、复杂性与民主》，黄相怀译，中央编译出版社 2006 年版。

［苏］B. B. 姆什韦尼耶拉泽：《政治现实与政治意识——评当代西方政治学》，王浦劬等译，杨淮生校，中国社会科学出版社 1990 年版。

［英］坎迪达·马奇等：《社会性别分析框架指南》，社会性别意识资源小组译，社会科学文献出版社 2004 年版。

Susan P. Robbisn Pranab Chatterjee & Edwarb R. Canda, *Contemporary Human Behavior Theory: A CriticalPerspective for Social Work*, Published by Allyn and Bacon, 1998.

The Commission on Global Governance, *Our Global Neighborhood: the Report of the Commission on Global Governance*, Oxford University Press, 1995.

二 论文、报刊类

习近平：《坚持严格执法公正司法深化改革 促进社会公平正义保障人民安居乐业》，《人民检察》2014 年第 1 期。

习近平：《决胜全面建成小康社会 夺取新时代中国特色社会主义伟大胜利——在中国共产党第十九次全国代表大会上的报告》，《党建》2017 年第 11 期。

《部分地方现逆城市化现象：市民要求换农村户籍》，《经济参考报》2013 年 9 月 24 日。

蔡禾：《行政赋权与劳动赋权：农民工权利变迁的制度文本分析》，《开放时代》2009 年第 6 期。

陈国申：《以农民平等选举权缓解"三农"问题》，《东南学术》2008 年第

5 期。

陈家刚:《协商民主引论》,《马克思主义与现实》2004 年第 3 期。

陈剩勇:《协商民主理论与中国》,《浙江社会科学》2005 年第 1 期。

范燕宁:《当前中国社会转型问题研究综述》,《哲学动态》1997 年第 1 期。

冯繁:《当代中国政治利益表达的方式及其特征》,《当代中国研究》2007 年第 4 期。

高斐:《试论新中国成立初期农民政治意识的构建》,《河南师范大学学报》(哲学社会科学版) 2016 年第 5 期。

龚上华:《城镇化进程中的乡村治理变动及策略应对》,《浙江大学学报》(人文社会科学版) 2015 年第 5 期。

龚上华:《创新社会治理加强平安建设》,《中国社会科学报》2018 年 5 月 31 日。

龚上华:《促进农民权利发展的制度选择》,《浙江大学学报》(人文社会科学版) 2014 年第 3 期。

龚上华:《当代中国农民政治意识的良性发展理路》,《观察与思考》2014 年第 8 期。

龚上华:《九十年来中国农民政治意识的历史演进与启示》,《观察与思考》2013 年第 6 期。

龚上华:《列宁的农民解放思想及其启示》,《马克思主义研究》2017 年第 6 期。

龚上华、卢福营、赵光勇:《以需求为导向 完善村务监督制度》,《中国社区报》2017 年 9 月 4 日。

龚上华:《农民赋权:政策历程、效度分析与思路选择》,《科学社会主义》2017 年第 1 期。

龚上华:《"三治并举"助推乡村振兴战略》,《中国社会科学报》2018 年 8 月 14 日。

龚上华:《试论邓小平的政治稳定思想》,《湖州师专学报》1997 年第 4 期。

龚上华、朱俊瑞:《我国农民政治信仰认同意识的现状与对策——基于江西省吉安市的调查》,《江西师范大学学报》(哲学社会科学版) 2013 年第 4 期。

龚上华：《以网格党建为抓手，夯实基层治理》，《中国社区报》2017 年 5 月 22 日。

龚上华、赵定东：《推进农村基层治理的浙江实践》，《中国社区报》2018 年 3 月 26 日。

龚上华、赵定东、谢江莺：《推进"顺通和"理念 深化治理新方式——杭州余杭塘栖村社区民主协商治理三理路》，《杭州》2017 年第 15 期。

龚上华、赵定东：《以"村规民约"夯实乡村社区协商治理》，《中国社区报》2017 年 6 月 5 日。

龚维斌：《基层社会管理创新的探索与思考》，《国家行政学院学报》2012 年第 3 期。

龚维斌：《我国农民群体的分化及其走向》，《国家行政学院学报》2003 年第 3 期。

郭德宏：《20 世纪中国的社会转型与评价》，《史学月刊》2004 年第 7 期。

郭正林：《当代中国农民的集体维权行动》，《香港社会科学学报》2001 年春/夏季号。

国家统计局农村经济调查总队：《我国建制镇发展迅速聚集能力和经济实力不断增强》，《调研世界》2003 年第 9 期。

韩庆祥：《当代中国的社会转型》，《现代哲学》2002 年第 3 期。

何绍辉：《隐性维权与农民群体性利益表达及困境——来自湘中 M 村移民款事件的政治人类学考察》，《人文杂志》2008 年第 6 期。

胡永佳：《村民自治、农村民主与中国政治发展》，《政治学研究》2000 年第 2 期。

郎友兴：《商议式民主与中国的地方经验：浙江省温岭市的"民主恳谈会"》，《浙江社会科学》2005 年第 1 期。

李君如：《协商民主是重要的民主形式》，《人民日报》2006 年 4 月 7 日。

李俊：《转型期农民维权的行为逻辑——基于政治心态的检审》，《政治学研究》2016 年第 3 期。

李小云等：《参与式贫困指数的开发与验证》，《中国农村经济》2005 年第 5 期。

李晓莉：《我国公民法治意识的培育路径研究》，硕士学位论文，兰州大学,2013年。

李晓伟:《政治学范畴探析——政治文化与政治意识》,《昆明大学学报》2008年第19期。

李永安:《十六大以来农民土地财产权益保障改革的进程与展望》,《中共党史研究》2012年第7期。

李增元等:《农民"自由"及其当代实现途径》,《马克思主义与现实》2014年第5期。

林后春:《当代中国农民阶级阶层分化研究综述》,《社会主义研究》1991年第1期。

林尚立:《协商政治:对中国民主政治发展的一种思考》,《学术月刊》2003年第4期。

刘成斌、卢福营:《非农化视角下的浙江农村社会分层》,《中国人口科学》2005年第5期。

刘彤、尹奎杰:《论农民利益政治表达机制的健全与完善》,《政治学研究》2008年第1期。

卢春雷、丁跃:《对中国农民民意表达存在的问题及其对策思考》,《理论与改革》2004年第3期。

卢福营:《村民自治发展面临的矛盾与问题》,《天津社会科学》2009年第6期。

卢福营、沈威、龚上华、赵光勇:《创新和完善村级民主监督制度的几点建议——基于村务监督委员会制度的调查与分析》,调研报告,2017年7月16日。

吕艳利:《乡村普法模式之探讨》,《法制日报》2001年2月18日。

马长山:《公民意识:中国法治进程的内驱力》,《法学研究》1996年第6期。

马建中:《论现阶段影响我国政治稳定的社会心理问题》,《政治学研究》2003年第2期。

毛丹:《赋权、互动与认同:角色视角中的城郊农民市民化问题》,《社会学研究》2009年第4期。

毛丹、任强、余若燕:《关于村民自治的三个难题的政治学分析》,《开放时代》2003年第1期。

毛建儒：《论发展的含义及其机制》，《理论探索》1997年第6期。

彭向刚：《我国村民自治存在的问题与对策探讨》，《吉林大学社会科学学报》2001年第1期。

钱玉英、钱振明：《走向空间正义：中国城镇化的价值取向及其实现机制》，《自然辩证法研究》2012年第2期。

《上海市村民自治整体水平提高》，《解放日报》2001年8月23日。

《事必躬亲的塘栖村党委书记唐国标》，《余杭晨报》2017年5月25日。

孙中伟：《从"个体赋权"迈向"集体赋权"与"个体赋能"：21世纪以来中国农民工劳动权益保护路径反思》，《华东理工大学学报》（社会科学版）2013年第2期。

覃福晓：《论农民表达权的保障》，《学术论坛》2009年第5期。

谭德宇、张业振：《乡村治理中的农民政治认同问题探讨》，《湖北社会科学》2015年第11期。

唐鸣、胡建华：《村民自治视阈中农村民主管理制度的法理分析：一种与政府主导推进型法治国家建设路径中理性安排制度冲突的视角》，《理论探讨》2012年第1期。

万智奇：《让村委会选举跟上时代步伐——〈上海市村民委员会选举办法〉修订草案将提交市人大常委会审议》，《上海人大月刊》2013年第6期。

王晶：《社会转型期中国农民信仰问题研究》，博士学位论文，东北师范大学，2004年。

王友明：《中国农村土地产权制度的历史变迁》，《中共党史研究》2009年第1期。

魏文彪：《平等赋权比设农民工日更重要》，《江苏农村经济》2008年第1期。

吴恒波：《试论现代法治意识的培育与成长》，《人民论坛》2014年第29期。

吴毅：《"权力—利益的结构之网"与农民群体性利益的表达困境——对一起石场纠纷案例的分析》，《社会学研究》2007年第5期。

《"五和众联"村民通则出炉 全国首创》，《萧山日报》2017年12月12日。

邢乐勤、刘涛：《论农民的权利缺失与保护》，《浙江工业大学学报》（社会科学版）2011 年第 3 期。
邢亮：《农民权利缺失的宪政分析》，《马克思主义与现实》2006 年第 5 期。
徐国余：《加大力度培育农村致富带头人》，《安徽农业》2003 年第 1 期。
徐勇：《村民自治的成长：行政放权与社会发育——1990 年后期以来中国村民自治发展进程的反思》，《华中师范大学学报》（人文社会科学版）2005 年第 2 期。
徐勇：《最早的村委会诞生追记》，《炎黄春秋》2000 年第 9 期。
燕继荣：《协商民主的价值和意义》，《科学社会主义》2006 年第 6 期。
杨帆：《浅析农民权利保护之实现》，《农业经济》2011 年第 3 期。
杨海蛟：《农民民主意识》，《政治学研究》1993 年第 1 期。
杨雪冬：《近 30 年中国地方政府的改革与变化：治理的视角》，《社会科学》2008 年第 12 期。
应星：《草根动员与农民群体利益的表达机制——四个个案的比较研究》，《社会学研究》2007 年第 2 期。
于建嵘：《当代中国农民的以法抗争——关于农民维权活动的一个解释框架》，《乡村中国评论》2008 年第 3 期。
于建嵘：《当前农民维权活动的一个解释框架》，《社会学研究》2004 年第 2 期。
于建嵘：《转型期中国乡村政治结构的变迁——以岳村为表述对象的实证研究》，博士学位论文，华中师范大学，2001 年。
余逊达：《民主治理是最广泛的民主实践》，《浙江社会科学》2003 年第 1 期。
俞可平：《当代西方政治理论的热点问题》，《学习时报》2002 年 12 月 16 日。
郁建兴、刘大志：《治理理论的现代性与后现代性》，《浙江大学学报》（人文社会科学版）2003 年第 2 期。
张静：《社会变革与政治社会学——中国经验为转型理论提供了什么》，《浙江社会科学》2018 年第 9 期。
张乐天：《公社制度终结后的农村政治与经济——浙北农村调查引发的思考》，《战略与管理》1997 年第 1 期。

张锐:《普法教育与法治观念的形成》,《中国司法》2005年第10期。

张文雅:《影响农民政府信任的心理机制研究》,《云南行政学院学报》2017年第3期。

张宪文:《论20世纪中国的社会转型》,《史学月刊》2003年第11期。

章秀英:《城镇化对农民政治意识的影响研究》,《政治学研究》2013年第3期。

《浙江"逆城市化"现象调查》,《法制日报》2010年8月19日。

郑建君:《政治沟通在政治认同与国家稳定关系中的作用——基于6159名中国被试的中介效应分析》,《政治学研究》2015年第1期。

《中办、国办印发〈关于加强城乡社区协商的意见〉》,《人民日报》2015年7月23日。

《中共杭州市委关于全面深化法治杭州建设的若干意见》,《杭州日报》2015年1月5日。

《中共中央关于全面推进依法治国若干重大问题的决定》,《人民日报》2014年10月29日。

《中共中央 国务院关于实施乡村振兴战略的意见》,《人民日报》2018年2月5日。

《中组部发文要求学习借鉴浙江农村基层党建经验》,《党建文汇:上半月》2016年第2期。

周红彬、褚月霞:《"村委会主任"不宜简称"村长"》,《检察日报》2004年5月1日。

周晓虹:《当代中国研究的历史与现状》,《南京大学学报》(哲学·人文科学·社会科学版)2002年第3期。

朱勤皓:《对"一法两条例"实施情况的回顾与思考》,《上海人大月刊》2001年第11期。

朱勤军:《中国政治文明建设中的协商民主探析》,《政治学研究》2004年第3期。

《抓队伍 促导向 树榜样:塘栖村发挥党员先锋作用有实招》,《杭州日报》2015年12月22日。

B. B. Solomon, "Black Empowerment: Social Work in Oppressed Communities", *Journal of Social Work Practice*, Vol. 2, No. 4, 1976.

C. H. Kieffer, "Citizen empowerment: a developmental perspective", *Prevention in Human Services*, Vol. 3, No. 2-3, 1984.

Scheyvens R., "Ecotourism and the empowerment of local communities", *Tourism Management*, Vol. 20, 1999.

三 网络类

《2017年上海市国民经济和社会发展统计公报》, http://www.stats-sh.gov.cn/html/sjfb/201803/1001690.html.

《安徽含山：党员当好带头扶贫引领致富"红管家"》, http://www.ah.xinhuanet.com/2017-11/09/c_1121929508.htm.

《"地方创新"如何持续？——"地方政府创新奖"十六年回望》, http://www.sohu.com/a/118866279_481396.

《第七届"中国地方政府创新奖"揭晓 独立评估体现公正性》, 人民网, http://politics.people.com.cn/n/2014/0112/c1001-24092625.html.

《改革开放40年——农村篇：全面推进农村改革 三农发展铸就辉煌》, http://tj.jiangsu.gov.cn/art/2018/11/12/art_4027_7877614.html.

《改革开放四十年 浙江农村劳动力转移成效显著》, http://www.zj.gov.cn/art/2018/11/12/art_5499_2295647.html.

《改革开放四十年 浙江农业谱新篇》, http://www.zj.gov.cn/art/2018/10/26/art_5499_2294078.html.

《改善农民进城就业环境 增加外出务工收入——访国务院发展研究中心农村经济研究部部长韩俊》, http://www.people.com.cn/GB/shizheng/1026/2336512.html.

《关于开展扫黑除恶专项斗争的通知》, http://www.xinhuanet.com/2018-01/24/c_1122309773.htm.

《关于龙泉市宝溪乡开展"省级城乡社区治理和服务创新实验区"中期评估报告》, http://www.lishui.gov.cn/zwgk/zwxxgk/002645208/02/201712/t20171215_2580151.html.

《关于深入推进农村社区建设试点工作的指导意见》印发, http://news.xinhuanet.com/politics/2015-05/31/c_1115463822.htm.

《国家统计局浙江调查总队发布最新统计数据》, http://news.gmw.cn/

2018-01/22/content_27406207.htm.

《国务院关于农民进入集镇落户问题的通知》，http://www.people.com.cn/item/flfgk/gwyfg/1984/112102198403.html.

《"后陈经验"：从治村之计到治国之策》，http://www.qnsb.com/fzepaper/site1/qnsb/html/2018-09/21/content_652308.htm.

《"辉煌40年——安徽改革开放发展成就"新闻发布会：风雨兼程四十载 开拓进取铸辉煌》，http://www.ahtjj.gov.cn/tjjweb/web/hdhy_zxft_view.jsp?strId=5f14c1f73f5f40fb9bf89b867413a5bf&strType=zxft&_index=4.

《坚持党员带头引领——马鞍山七房村的蟹苗致富经》，http://www.ah.xinhuanet.com/20170401/3689499_c.html.

《建设社会主义新农村》，http://cpc.people.com.cn/18/n/2012/1102/c351073-19470287.html.

中共中央宣传部、中央广播电视总台：《"平语"近人——习近平的"三农观"》，http://www.xinhuanet.com/politics/2015-12/29/c_1117601781.htm.

《群体性事件上升到每年9万起》，《羊城晚报》，http://www.ycwb.com/ePaper/ycwb/html/2010-02/27/content_752762.htm.

《"三农"发展新篇章 乡村振兴新征程——改革开放40年系列报告之五》，http://tjj.zj.gov.cn/art/2018/11/19/art_1562012_25890997.html.

《上海浦东"四议两公开"化解矛盾深得民心》，人民网，http://dangjian.people.com.cn/GB/14108865.html，2011年3月10日.

《射阳县盘湾镇知识型农民党员成致富带头人》，http://jsnews2.jschina.com.cn/system/2016/06/20/028969957.shtml.

《沈荡镇创建经验值得示范推广》，http://site.zjol.com.cn/hyxww/system/2017/09/22/030410627.shtml.

《松江泖港镇焦家村创新农村社会综合治理模式》，http://jjdf.chinadevelopment.com.cn/xw/2018/08/1342368.shtml.

《台州基层民主政治建设的创新机制——民主恳谈》，http://paper.taizhou.com.cn/tzrb/html/2016-06/20/content_699083.htm.

唐悦：《江苏省第九届村委会换届选举结束》，http://js.people.com.cn/html/2011/10/26/41633.html.

《桐乡"三治"之风吹向全国，引央媒聚焦》，桐乡发布，2018年1月6

日，http：//www.sohu.com/a/215107535_ 212916.

《我省乡村振兴与城乡融合发展研究》，http：//tj.jiangsu.gov.cn/art/2018/10/31/art_ 4027_ 7858574.html.

《象山"村民说事"成为全国民主村治的创新模式》，http：//zj.ifeng.com/a/20180818/6815873_ 0.shtml.

谢志强：《改革开放以来，中国农民阶层发生了怎样的变化》，http：//theory.people.com.cn/GB/40764/105054/105055/15275889.html.

《新华时评：农村党建堡垒绝不能失守》，http：//www.gov.cn/xinwen/2015-06/23/content_ 2882896.htm.

《新中国成立60周年乡镇企业发展综述》，http：//finance.people.com.cn/nc/GB/61154/9804661.html.

《沂水：四议两公开，让百姓"当家"》，《大众日报》2015年6月9日，http：//paper.dzwww.com/dzrb/content/20150609/Articel07009MT.htm.

《以"村规民约"助推基层依法治理"枫桥经验"在溧水塘西村篇》，http：//js.ifeng.com/a/20181213/7096029_ 0.shtml.

《浙江查处第九届村委会选举贿选人员107人 法制建设提升农村基层选举公信力》，http：//www.zjmz.gov.cn/il.htm？a＝si&id＝4028e4813eb59411013ebf866a4d0003.

《浙江慈溪全面取消农业户口》，http：//www.gov.cn/xinwen/2015-12/31/content_ 5029929.htm.

《浙江德清：乡贤参事 推动政府治理与村民自治良性互动》，http：//zj.people.com.cn/n2/2016/0508/c228592-28293788.html.

《镇江农村社区基本完成村规民约修订工作》，http：//jsnews.jschina.com.cn/zj/a/201811/t20181116_ 2047011.shtml.

《中国城市化面临的威胁》，http：//finance.eastmoney.com/news/1371，20170110701282879.html.

《中国的政党制度》白皮书，http：//news.xinhuanet.com/photo/2007-11/15/content_ 7080802.htm.

《中华人民共和国村民委员会组织法》，http：//www.gov.cn/flfg/2010-10/28/content_ 1732986.htm.

索 引

B

变迁 4,6,9,11,14,15,17,31,39,40,45,53,60,111,112,164,176,191,214,217,219

C

长三角 1,2,14,15,17,18,20,23,26,45,47,48,52,53,60,61,63—65,70,71,75,87,91,92,99—102,108,112,116,117,120,128—132,137,143,151,156,162—164,166—170,172—177,179,196,207,208,210,212,215,216,218

城镇化 2,8,11,45,55—57,75,136,142,166—168,172,183,192

D

党 1—6,9,11,15,19,20,22,23,25—27,29,32—37,44,51,52,58,61,66—75,77—86,88—91,98—101,106,110,112,114,116—125,127—144,146,147,149—155,157—161,164,171—181,183—195,197,198,201—203,206—210,212,215

德治 28,136,138,143,147,152,163

F

法治 11,19,28,35,38,51,68,88,101,102,104,111,120,136—138,143,145,147,152,163,164,170—173,175,176,186,188,194—202,204,217

分化 1—4,13—15,17,30,33,35,36,39—42,55,57—61,101,111,113,124,128,129,132,136,155,166,168,169,175—179,194,206,212,215—218

G

共建共治共享 1,151,179,186,194,208

国家治理体系 1,38

J

基层治理创新 1—3,8,9,13,15—17,23,28,30,36—39,42,132,162,164,166,169,174,175,177—179,212,215,216,218,219

N

农村和谐有序发展 1,61,136,143,215

农民 1—16,19,24—27,30,34—36,40—42,45—48,53—67,69—75,77,81,86—88,90—94,96,97,99—125,127,129—132,136—138,142,143,145,150—152,154—156,160,162—168,170,172—186,188—192,196—208,212,213,215—219

农民解放 183,185,186

农民政治意识 1—3,5—9,13—15,17,20,25—27,30,33—36,39—46,48,60,61,128—131,164,166,168,179,194,212—219

Q

权利意识 7,15,27,35,101,104,111,115,129,172,175—177,201,203,204

S

社会结构 1—4,12,14,30—32,45,55,172,186,201,214—216

社会转型 5,6,30—33,39,42,45,155,168,173,201,212,214

X

协商 2,3,11,12,16,24,26,27,35,37,53,75,76,79,106,107,112,120—122,124,125,127,128,133—135,138,139,143—147,149,151,152,154,156—162,164,167,170,175,177,178,187,192—194,203,207—212

Z

政治参与意识 15,34,35,113,124,137,178,203,204,215

政治认同意识 15,34,61,101,175

政治体系 2,33,36,40—42,61,101,212,213,216—219

政治文化 9,19,33,34,217

治理 1—3,7—9,11—14,16,24—30,32,33,36—42,45,48—50,52,53,69,77,82,84,91,96,99,113,127—129,131—136,139,143,144,147,151—176,178,179,183,186—188,191—196,201—206,208—212,214—219

治理能力现代化 1,27,157

自治 3,5,11,14—16,20,27—29,48—51,53,59,64,114—116,119,

120,125,127,128,130,135—138,143,146,147,151,152,155—157,159,161,163,166—168,170—172,178,188—191,194,200,201,203,204,207,208,211,217

后 记

本书是在国家社会科学基金项目(14BZZ012)"长三角农民政治意识分化与基层治理创新研究"结项报告基础上修改完成的。研究同时还受到浙江省哲学社会科学重点研究基地"浙江省中国特色社会主义理论体系研究中心"项目(17JDZZ02)、杭州市哲学社会科学重点研究基地"杭州市委党校杭州基层党建研究中心"研究项目(2019JD33);杭州师范大学人文艺术社会科学优秀作品资助项目、杭州师范大学公共管理省级一流学科经费的资助。

在结题送审时,国家社科基金盲审专家提出了许多中肯的意见,我也根据各位专家的意见进行了修改。再次感谢各位盲审专家!由于笔者才疏学浅,对于农民政治意识分化这个敏感而又复杂的热点话题进行研究,说实在的,有点自不量力。由于个人学术素养有限,报告还有提高改进的空间。在书稿修改编撰过程中,我对架构做了小幅调整,同时在论述上和内容上也做了一些修订。

报告的完稿只是新征程的起点与开始。然而,感激之情却从心底不断涌现。

首先,感谢引领我步入学术殿堂的硕士生导师余逊达教授。我从浙江大学公管学院政治学系毕业后,余老师一直关心和帮助我,在报告送审之前,得到了导师的精心指导和热情鼓励,在此,向导师致以崇高的敬意和真诚的谢意。

其次,要感谢我的博士生导师丁晓强教授。在报告送审之前,导师通读后提出了中肯的意见,感谢导师的热情鼓励、精心指点和无私帮助。在此,向导师致以崇高的敬意和真诚的谢意。

同时我还要感谢国家社科基金申报、立项、调研、中检、完成过程中给予帮助的各位领导、同人。在这里，要特别感谢我所在的杭州师范大学公共管理学院的朱俊瑞教授、赵定东教授、王光银教授、卢福营教授、赵成斐教授、张孝廷博士、赵光勇博士等诸位领导和同人，他们为课题提出了诸多宝贵意见和诸多支持，谢谢你们一直以来的帮助和支持。

课题得以完成还要感谢为本课题提供调查研究帮助和支持的各位同学、各位研究生以及各位本科生。我的师弟：颜安、任杨文。我的学生：周玲、沈妮、刘晨、刘凤凰、吴洛奇、罗丽娜、饶雯琪、方潇兰、陆佳丽、黄芬芬、杜婷婷、蒋琳、何丽以及思政121、131、141、151的同学们。

在课题研究过程中，还要感谢我的同学祝灵君、贺新元、黄宇、肖剑忠、柯红波、万雪芬对我的支持和鼓励，谢谢你们！

本书能够出版，感谢中国社会科学出版社的张靖晗女士以及她所在的团队，他们为本书的编辑出版做了很多细致的工作，谢谢你们的辛勤劳动！

最后要感谢我的家人。感谢我的妻子陈蔚女士和儿子龚诚乐，感谢我的岳母胡觉敏女士，感谢我的母亲姚三香女士，感谢他们的给予与付出，为我创造了温馨和谐的家庭环境，使我心无牵挂地全力投入研究写作过程中。此时此刻，我还要感谢已经过世的父亲和岳父，是他们给了我力量，使我能不断坚持。

在研究过程中，课题组参考了大量国内外文献，借鉴了许多专家、学者的研究成果，在此也向他们表示感谢。尽管付出了大量的精力和时间完成了这本专著，但疏漏难免，还请学界前辈和同人及各位读者批评指正！

龚上华
2020年5月1日
于杭州西子湖畔